JUSTICE ON TRIAL
JUSTICE EN QUESTION

PASCALE FEUILLÉE-KENDALL
& HELEN TROUILLE (EDS)

JUSTICE ON TRIAL

THE FRENCH 'JUGE' IN QUESTION

JUSTICE EN QUESTION

LE JUGE MIS EN EXAMEN

PETER LANG
Oxford · Bern · Berlin · Bruxelles · Frankfurt am Main · New York · Wien

Bibliographic information published by Die Deutsche Bibliothek
Die Deutsche Bibliothek lists this publication in the Deutsche Nationalbibliografie; detailed bibliographic data is available on the Internet at ‹http://dnb.ddb.de›.

British Library and Library of Congress Cataloguing-in-Publication Data: A catalogue record for this book is available from The British Library, Great Britain, and from The Library of Congress, USA

Cover design: Thomas Jaberg, Peter Lang AG

ISBN 3-03910-184-6
US-ISBN 0-8204-6994-7

Hochfeldstrasse 32, Postfach 746, CH-3000 Bern 9, Switzerland
info@peterlang.com, www.peterlang.com, www.peterlang.net

Contents

Preface 9

Acknowledgements 13

List of Abbreviations 15

Brève chronologie de la procédure pénale contemporaine 17

PASCALE FEUILLEE-KENDALL
Introduction: Justice en France: un état des lieux 29

Part I: The *juge*: 'the most powerful man in France'?

JOËLLE GODARD
Qui juge le juge en France?
La réforme du Conseil Supérieur de la Magistrature 63

ALEXANDRE NANCHI
L'immunité pénale du Chef de l'Etat
face à l'action du juge en droit français 81

GILLES SAINATI
Mythes et traditions de la responsabilité des juges en France:
Le modèle français de justice retenue 105

Part II: The *juge* abroad: international perspectives

FRANCESCA SINISCALCHI
Democracy and the judiciary: the Italian case 123

HELEN TROUILLE
The *juge* and the European Union 137

SIR THOMAS LEGG Q.C.
The English judiciary: some current issues 161

JAMES RAYMOND
Ideology and jurisprudence:
French theory and Anglo-American law 171

Part III: The future of the *juge*

MALCOLM HARVEY
The new French Revolution:
recent changes to the *cour d'assises* 187

JACQUELINE HODGSON
The role played by the *juge* in the protection of the
suspect's rights during the police investigation 207

PASCALE FEUILLEE-KENDALL
Entretiens avec Pierre Lumbroso 229

HELEN TROUILLE
Conclusion:
From the twentieth century into the twenty-first:
should we still fear the *juge* in the new legal framework? 249

PASCALE FEUILLEE-KENDALL
HELEN TROUILLE
Epilogue – *Faut-il avoir peur des juges?* 275

Petit lexique français 279

Notes on Contributors 293

Preface

The general public's interest for the administration of justice has never been keener. Our newspapers are filled, day after day, with the description of criminal cases. The judgments of the courts are quoted, scrutinized in minute detail, lauded or bitterly criticized. Of late, governments, particularly in the United Kingdom, have accused judges of challenging their policies, and they thus undermine the traditional and sacrosanct doctrine of the separation of powers. All over Europe, judges have become a crucial centre of interest, not only because of their professional role as guardians of the law and individual freedoms, but also because they are increasingly perceived, rightly or wrongly, as the interpreters of a constantly changing society.

A number of factors may explain this relatively recent phenomenon. First, new perceived societal dangers such as the dissemination of hard drugs, terrorism, the arrival in increasing numbers of so-called economic migrants on European shores, have compelled governments to contemplate new measures to counteract what they regard as threats to the very existence of democratic institutions. Often, however, these measures challenge, if not negate, generally accepted individual rights which contribute to the definition of democratic freedom. Faced with the internment without trial of suspected terrorists as in the United Kingdom, or mass trials in similar cases as in France, the judge is placed in the invidious position of having to apply restrictive legislation while attempting to safeguard the traditional rights of the defence.

A second factor is the gradual 'europeanisation' of domestic law within the European Union, with the prospect of this evolution being soon extended to ten new Member States. Since various treaties and conventions, once ratified, supersede existing domestic laws in most countries, the judge is widely seen as the authority charged with the implementation of European law when it is applied in well-publicised cases. This is particularly true in the case of the European Convention on Human Rights, which has substantially modified criminal legislation throughout the European Union.

Lastly, judges, of late, have often been suspected or accused of playing a political role because, in France and Italy in particular, they do not hesitate to charge and try well-known and powerful politicians. Here, public prosecutors play an important part, and the media relish the opportunity to publish interviews with those prosecutors prepared to describe in great detail the nature of crimes allegedly committed by leading political figures and other 'celebrities' as well as to explain the progress of proceedings.

The increased power of the judiciary throughout Europe raises important questions as to its rightful place in our modern democratic systems. Some argue that the people's elected representatives should keep the power of such a non-elected professional body in check. They question the legitimacy of a *corps* which uses its acclaimed and self-perpetuating independence to oppose and often defeat the Executive's policies and decisions. However judges continue to remain, at least in theory, fully independent from the Executive. Depending on one's point of view, this constitutes a *sine qua non* guarantee of impartial justice, or allows a dangerous encroachment on political institutions. The growing number of European Union rules and regulations further strengthens the judges' power since, when they are evoked, the courts have the final word as to their interpretation and the role they play in the legal arsenal of any given country.

However, a comparison between various legal systems shows that crucial differences subsist, especially in criminal law and procedure. The role of the public prosecutors, where they exist, is particularly important and is steadily gaining greater prominence. It is often they, rather than the trial judges, who wage war against politicians and powerful corporations and, as a result, seem to define, at any given moment, the ever-changing borderline between the judiciary and the rest of society. It is somewhat ironical to note that the public prosecutor, the centrepiece of the accusatory system developed in Roman law countries, should currently be regarded by some as the champion of liberties, when his/her ancestors traditionally acted as the strong arm of authoritarian régimes. In common law countries, the remarkable increase in the judges' power is largely the result of challenges to the Executive's authority through the repeated use of procedural mechanisms such as the judicial review of government decisions.

Recently in Great Britain, the Hutton inquiry, presided by a senior judge, went one step further by interrogating the prime minister, civil servants and representatives of the media in connection with the death of a government scientist. This almost unprecedented high-level judicial inquiry is the latest example of the vital part played by judges in a modern democracy. Remarkably, public opinion in general, and politicians in particular, never expressed any doubt as to the legitimacy of the judge's role in this case.

Faced with anachronistic procedures and the need to delineate more precisely the relationship between the judiciary and political institutions, several European countries have attempted to reform their judicial system. In the United Kingdom, recent government proposals aiming to abolish the ancient institution of the Lord Chancellor and to entrust a new independent body with the appointment of judges is the latest illustration of this reformist trend. Other countries have not or, like France, have not fully succeeded in doing so. At the same time, the Council of Europe since 1949 and the European Union since 1958 have encouraged the creation of a European judicial area allowing for a closer cooperation between States with tangible effects in various fields of activity.

Justice on Trial is a collection of papers presented at a colloquium held at the Institut Français in London. Most speakers commented on different aspects of the French judicial system. Other contrasting national systems and the European judicial area were also examined. The debates, which followed the presentation of each paper (but are not reported here), gave the participants an opportunity to discuss various topics in greater detail.

The organisers of this colloquium must be commended for its success. It is hoped that readers will find this book interesting and stimulating in its attempt to explain and analyse further some of the fundamental elements of our varied judicial systems and their current evolution.

Roger Briottet
Senior Consultant, United Nations Organization

Acknowledgements

The editors would like to express their gratitude to those who have made possible this volume and the conference from which it proceeds, *Faut-il avoir peur des juges,* which took place on 15–16 September 2000 at the Institut Français, Queensberry Place, London. We would like to express our appreciation to Geraldine D'Amico of the Service Culturel de l'Ambassade de France in London for her advice and assistance in organising the conference, and we are particularly grateful to all the participants at the conference who made it such a success.

We would like to thank the Association for the Study of Modern and Contemporary France, the Service Culturel de l'Ambassade de France in London and the University of Reading for their financial support in organising the initial conference; the Franco-British Lawyers Society for its award of a Vivendi prize enabling us to publish this volume; the Law Society of England and Wales for publicising the conference nationally; the services of the Documentation Française for allowing us to reproduce an edited version of its *Brève chronologie de la procédure pénale*; secretarial staff at the Department of Modern Languages, University of Bradford for administrative assistance; Graham Speake, Sue Leigh and Andrew Ivett at Peter Lang for their guidance and editorial expertise; Jacques-Alexandre Trégouët, *avocat auprès de la Cour d'appel de Paris*, Thierry and Régis Berland, *avocats auprès de la Cour d'appel de Dijon* for their specialist advice; Lewis, for her formidable IT talents; and, of course, our families, friends and colleagues for their unfailing encouragement and support.

Our heartfelt thanks go to our conference chairman, Roger Briottet, without whom this project would quite simply never have been: for his sound advice, his level-headedness and all his work behind the scenes.

List of Abbreviations

Al.	alinéa
A.P.J.	Agent de police judiciaire
Art.	article
B.R.I.	Brigade de recherches et d'intervention
bull. crim.	Bulletin criminel
c/	contre
Cass. Ass. Plén.	Cour de Cassation, Assemblée plénière
Cass. Ch. Crim.	Cour de Cassation, Chambre criminelle
C.C.	Conseil constitutionnel
C.I.V.I.	Commission d'indemnisation des victimes d'infractions
Cm.	Commons
C.N.A.V	Conseil national de l'aide aux victimes
C.N.R.S.	Centre national de recherche scientifique
Cons.	considérant
C.P.P.	Code de procédure pénale
Chap.	chapitre
C.S.M.	Conseil supérieur de la magistrature
D.C.P.J	Direction centrale de la police judiciaire
D.G.P.N.	Direction générale de la police nationale
D.O.M.–T.O.M.	Départements d'outre mer – Territoires d'outre mer
E.C.H.R.	European Court of Human Rights
E.N.A.	Ecole nationale de l'administration
E.N.M.	Ecole nationale de la magistrature
F.R.C.	Fichier des recherches criminelles
Gaz. Pal.	Gazette du Palais
H.E.C.	Hautes études commerciales
I.G.S.	Inspection générale des services (de la police nationale)
I.N.A.V.E.M	Institut national d'aide aux victimes et de médiation

J.A.P.	Juge de l'application des peines
Jur.	Jurisprudence
L.D.H.	Ligue des droits de l'homme
L.O.P.J.	Loi d'orientation et de programmation pour la justice
L.P.S.	Laboratoire de police scientifique
O.C.R.B.	Office central pour la répression du banditisme
O.I.P.C.	Organisation internationale de police criminelle – Interpol
O.P.J.	Officier de police judiciaire
P.T.S.	Police technique et scientifique
Rec.	Recueil
R.D.P.	Revue du droit public
R.F.D.A.	Revue française de droit administratif
R.F.D.C.	Revue française de droit constitutionnel
R.P.R.	Rassemblement pour la République
S.C.D.C.	Service central de documentation criminelle
Sect.	section
s.d.	sans date
s.l.	sans lieu
S.M.	Syndicat de la magistrature
U.S.M.	Union syndicale de la magistrature

Brève chronologie de la procédure pénale contemporaine[1]

1808
Détention préventive illimitée, jusqu'à la fin du procès, admise, en matière criminelle, par le Code d'instruction criminelle.

1865
Loi du 14 juillet 1865 élargissant le champ de la liberté provisoire.

1897
Loi du 8 décembre 1897 autorisant un avocat à assister son client lors des interrogatoires. Le Parquet et la police, pour éviter la présence de l'avocat, mettent en place des enquêtes officieuses se traduisant souvent par des détentions arbitraires. Cette loi favorise ainsi indirectement le développement de pratiques de garde à vue hors du cadre légal.

1943
Circulaire du Ministère de l'intérieur encadrant la pratique de la garde à vue, qui pourtant n'est pas officiellement légalisée.

1958
La garde à vue, assortie de quelques garanties, est légalisée par son inscription dans le Code de procédure pénale (adopté par ordonnance) qui remplace le Code d'instruction criminelle.

1 D'après La Documentation Française, site Internet, in 'Dossier sur la présomption d'innocence'.

1970
Loi du 17 juillet 1970 transformant la détention préventive en 'détention provisoire' ne pouvant être ordonnée qu'à raison des nécessités de l'instruction ou à titre de mesure de sûreté. Apparition du contrôle judiciaire destiné à éviter les détentions qui ne seraient pas absolument nécessaires.

1975
Loi du 6 août 1975 visant à renforcer les droits de l'inculpé détenu et à limiter la durée de son incarcération; l'inculpé peut être assisté d'un avocat lors de son placement en détention.

1977
Loi du 3 janvier 1977 prévoyant pour la première fois un régime subsidiaire d'indemnisation pour les victimes d'infraction qui sont dans l'impossibilité d'obtenir à un titre quelconque une réparation ou une indemnisation effective et suffisante, l'auteur des faits étant inconnu ou insolvable. Cette loi instaure une *Commission d'indemnisation des victimes d'infractions* (C.I.V.I.) auprès de chaque cour d'appel.

1981
Loi du 2 février 1981, dite *Loi sécurité et liberté*, étendant notamment les prérogatives de la police en matière de contrôle d'identité et de flagrant délit, ainsi que celles du parquet, restreignant la liberté d'appréciation du juge (restriction des possibilités de sursis, de peine de substitution et de circonstances atténuantes) et réduisant d'autant les droits de la défense. La possibilité d'une indemnisation pour les victimes d'infraction est soumise à une condition de nationalité.

Après l'élection de François Mitterrand à la Présidence de la République, mise en place d'une commission chargée de préparer l'abrogation de la loi du 2 février 1981. Cette commission, présidée par Jacques Léauté, présente ses conclusions le 9 novembre: les principales recommandations concernent la procédure des flagrants délits (le prévenu pourrait demander un délai de 5 jours pour préparer sa défense), la limitation des contrôles d'identité et de la garde à vue et, pour l'essentiel, le retour à la procédure criminelle antérieure.

1983
Loi du 10 juin 1983, abrogeant les principaux articles de la loi du 2 février 1981.

Loi du 8 juillet 1983 renforçant la protection des victimes d'infractions pénales. Elle supprime notamment la condition de situation matérielle grave. Les commissions d'indemnisation des victimes d'infraction (C.I.V.I.) sont placées auprès des tribunaux de grande instance.

1984
Loi du 9 juillet 1984 visant à créer un véritable débat contradictoire avant tout placement en détention provisoire en matière correctionnelle.

1985
Loi du 5 juillet 1985 tendant à l'amélioration de la situation des victimes d'accidents de la circulation et à l'accélération des procédures d'indemnisation.

Loi du 10 décembre 1985 instituant des 'chambres d'instruction' auprès de chaque tribunal de grande instance composées de 3 magistrats du tribunal, dont le juge d'instruction, chargées de se prononcer sur les mesures privatives de liberté. Entrée en vigueur prévue au 1er mars 1988.

Loi du 30 décembre 1985 supprimant toute condition relative à la durée de l'incapacité totale de travail pour les victimes de viols et d'attentats à la pudeur.

1986
8 juin
Création de l'Institut national d'aide aux victimes et de médiation (I.N.A.V.E.M.), regroupant l'essentiel des associations d'aide aux victimes bénéficiant d'un soutien des pouvoirs publics.

9 septembre
Loi relative à la lutte contre le terrorisme et aux atteintes à la sûreté de l'Etat définissant la procédure d'indemnisation des victimes d'actes de terrorisme.

1987
Loi du 30 décembre 1987, abrogeant celle de 1985 avant même sa mise en application, mettant en place des chambres des demandes de mise en détention provisoire dont le juge d'instruction est exclu. Apparition du statut de 'témoin assisté': les personnes nommément visées par une plainte avec constitution de partie civile peuvent, sur leur demande, lorsqu'elles sont entendues comme témoins, être assistées par un avocat ayant accès au dossier, mais ne pouvant en obtenir copie qu'après la première audition par le juge. Jusqu'alors l'article 104 du Code de procédure pénale permettait à ces personnes de refuser d'être entendues comme témoins, le juge d'instruction devait alors les entendre comme inculpées ce qui les autorisait à se faire assister d'un avocat.

1989
Loi du 6 juillet 1989, abrogeant celle de 1987, redonnant au seul juge d'instruction toute compétence en matière de détention provisoire.

1990
En juin, remise du rapport de la commission *Justice pénale et droits de l'homme*, présidée par Mireille Delmas-Marty, sur la réforme de la procédure pénale.

Loi du 6 juillet 1990, posant le principe de la réparation intégrale des dommages qui résultent des atteintes graves à la personne.

1992
Présentation par Henri Nallet, ministre de la justice, d'un projet de réforme de la procédure pénale visant à mieux garantir les libertés individuelles et la présomption d'innocence en même temps qu'à rendre plus efficace et à accélérer la procédure d'instruction.

1993
4 janvier
Promulgation de la loi portant réforme du Code de procédure pénale, Michel Vauzelle étant alors ministre de la justice. Cette loi reprend en partie les propositions formulées en 1990 par la commission Delmas-Marty. L'expression 'mise en examen' remplace le terme 'inculpation'. L'intervention de l'avocat est prévue dès la première heure de garde à vue, sauf en cas de trafic de stupéfiants et de terrorisme. Cette disposition aurait dû entrer en application le 1er janvier 1994, l'avocat n'intervenant qu'à la vingtième heure durant la période transitoire débutant le 1er mars 1993. Les personnes entendues comme témoins assistés peuvent bénéficier de l'ensemble des dispositions applicables aux personnes mises en examen. A compter du 1er mars 1994, le contentieux de la détention provisoire doit être confié à un organe collégial composé d'un magistrat et de deux échevins. La loi prévoit également la protection civile de la présomption d'innocence sur le fondement de l'article 9–1 du Code civil. Elle réaffirme les droits et obligations de la presse en matière d'informations judiciaires et précise qu'un journaliste entendu comme témoin au sujet d'une affaire sur laquelle il détient des informations acquises dans le cadre de son activité professionnelle n'est pas tenu de révéler l'origine de ses informations.

24 août
Promulgation de la loi portant de nouveau réforme du Code de procédure pénale. Elle est votée par la nouvelle majorité issue des élections législatives de mars 1993, Pierre Méhaignerie étant ministre de la justice. Elle revient sur le dispositif prévu par la loi du 4 janvier avant même son application et maintient l'intervention de l'avocat à la vingtième heure de garde à vue, sauf pour les cas de crime ou délinquance organisés (elle est alors repoussée à la 36ème heure) et

les cas de trafic de stupéfiants et de terrorisme (elle est alors supprimée). Cette dernière disposition étant annulée par le Conseil constitutionnel (décision du 11 août 1993), le régime de droit commun s'applique aussi aux cas de trafic de stupéfiant et de terrorisme.

Une nouvelle catégorie de témoin assisté est prévue concernant les personnes visées par un réquisitoire du procureur de la République et non mises en examen: ces personnes bénéficient de tous les droits de celles mises en examen. En matière de détention provisoire, apparition du mécanisme dit du 'référé-liberté' permettant à une personne mise en détention de former une demande de libération immédiate en même temps qu'elle interjette appel de la décision du juge d'instruction.

1994
Loi du 1er février 1994 repoussant l'intervention de l'avocat pour les cas de terrorisme ou trafic de stupéfiants à la soixante-douzième heure de garde à vue.

1996
Octobre
Remise au ministre de la justice, Jacques Toubon, du rapport de Michèle-Laure Rassat intitulé *Propositions de réforme du Code de procédure pénale*, insistant sur la présomption d'innocence, le respect du secret de l'instruction et les règles de la détention provisoire.

30 décembre
Promulgation de la loi introduisant la notion de durée raisonnable de la détention provisoire, notion directement issue de la Convention européenne de sauvegarde des droits de l'homme qui stipule qu'une personne arrêtée ou détenue doit être 'jugée dans un délai raisonnable', la Cour européenne des droits de l'homme exerçant un contrôle rigoureux sur ces durées et les appréciant au cas par cas.

1997
20 janvier
Allocution radiotélévisée de M. Jacques Chirac, président de la République, annonçant notamment l'installation d'une commission de réflexion présidée par M. Pierre Truche, premier président de la Cour de Cassation, chargée de lui faire des propositions de réforme. La commission est mise en place le lendemain.

10 juillet
Remise au président de la République par M. Pierre Truche, premier président de la Cour de Cassation, du rapport de la commission de réflexion sur l'indépendance du parquet et le respect de la présomption d'innocence qui recommande le maintien de la définition de la politique pénale par le ministre de la Justice et propose notamment l'interdiction des instructions du ministre de la Justice dans les dossiers particuliers.

29 octobre
Présentation en Conseil des ministres d'une communication d'Elisabeth Guigou, garde des sceaux, ministre de la justice, développant les trois axes autour desquels doit s'organiser la réforme de la justice:
– une justice au service des citoyens
– une justice au service des libertés
– une justice indépendante et impartiale.

1998
janvier
Déclarations de Mme Elisabeth Guigou, ministre de la justice, devant l'Assemblée nationale le 15 et devant le Sénat le 22, explicitant les 3 grands axes de son projet de réforme de la justice pour une justice indépendante et impartiale, au service des libertés et au service des citoyens.

13 juillet
Circulaire d'Elisabeth Guigou, ministre de la justice, relative à la politique pénale d'aide aux victimes visant à assurer une meilleure prise en compte des difficultés et intérêts des victimes aux différents

stades de la procédure, y compris lors de l'exécution des décisions judiciaires

16 septembre
Présentation en Conseil des ministres d'un projet de loi renforçant la protection de la présomption d'innocence et les droits des victimes

17 septembre
Dépôt du projet de loi à l'Assemblée nationale.

1999
23–25 mars
Débat en première lecture à l'Assemblée nationale du projet de loi renforçant la protection de la présomption d'innocence et les droits des victimes, sur la base du rapport de Mme Christine Lazerges (1ère partie et 2ème partie).

30 mars
Adoption en première lecture du projet de loi sur la présomption d'innocence et les droits des victimes par l'Assemblée nationale.

19 avril
Réunion d'un Conseil de sécurité intérieure au cours duquel sont définis les grands axes de la politique publique d'aide aux victimes de la délinquance et arrêtant un plan d'action sur trois ans s'inspirant des propositions du groupe de réflexion présidé par Marie-Noëlle Lienemann.

15–25 juin
Débat en première lecture au Sénat du projet de loi sur la présomption d'innocence et les droits des victimes, sur le rapport de M. Charles Jolibois et l'avis de M. Louis de Brossia.

25 juin
Adoption du projet avec amendements par le Sénat.

3 août
Signature du décret portant création d'un Conseil national de l'aide aux victimes placé auprès du garde des sceaux, ministre de la justice. Ce conseil est chargé de coordonner l'action du gouvernement avec celles des institutions non gouvernementales en matière d'aide et d'assistance aux victimes d'infractions pénales.

29 septembre
Installation du Conseil national de l'aide aux victimes (C.N.A.V.). Déclaration de Mme Elisabeth Guigou.

2000
10 février
Adoption par l'Assemblée nationale, en deuxième lecture, du projet de loi amendé sur la présomption d'innocence et les droits des victimes, sur le rapport de Mme Christine Lazerges.

17 février
Remise au ministre de la justice du rapport de la commission sur la libération conditionnelle présidée par Daniel Farge préconisant notamment un élargissement des critères et une juridictionnalisation de la prise de décision.

5 avril
Adoption par le Sénat en deuxième lecture, sur le rapport de M. Charles Jolibois, du projet de loi modifié.

24 mai
Adoption par l'Assemblée nationale, sur le rapport fait au nom de la commission mixte paritaire par Mme Christine Lazerges et M. Charles Jolibois, du projet de loi sur la présomption d'innocence et les droits des victimes.

30 mai
Adoption définitive par le Sénat du projet de loi sur la présomption d'innocence et les droits des victimes.

13 juin
Installation du groupe de travail chargé du suivi de la mise en oeuvre de la loi renforçant la présomption d'innocence et les droits des victimes.

16 juin
Parution au Journal officiel du texte de la loi du 15 juin renforçant la protection de la présomption d'innocence et les droits des victimes.

2001
Juillet: les mauvais chiffres de la délinquance sont associés, malgré les réfutations de la ministre de la justice, par certaines organisation de policiers à la baisse du nombre des garde à vue et des détentions provisoires liées à l'application de la loi. En octobre plusieurs agressions contre des policiers, associées à des mises en liberté décidées dans des conditions discutées, conduisent à une multiplication des manifestations de policiers.

21 novembre
Lionel Jospin, désigne Julien Dray, député de l'Essonne, comme parlementaire en mission chargé de lui remettre un rapport sur les conséquences de la mise en oeuvre de la loi du 15 juin 2000. Julien Dray remet son rapport, centré sur les procédures diligentées par les services de police et de gendarmerie, au Premier ministre le 19 décembre 2001.

20 décembre
La Commission des lois de l'Assemblée nationale avait de son côté demandé un rapport d'information sur l'évaluation de la loi. Ce rapport est déposé par Christine Lazerges. Il aborde principalement quatre grands thèmes: l'instruction, la détention provisoire, l'appel des décisions de cours d'assises, la juridictionnalisation de l'application des peines.

2002
8 janvier
Le Premier ministre décide 'd'adapter à la marge' la loi sur la présomption d'innocence en tenant compte notamment des recommandations émises dans le rapport de M. Julien Dray. Les dispositions concernant les modalités d'application des procédures de garde à vue font l'objet d'une circulaire ministérielle du 10 janvier 2002.

Les mesures nécessitant des changements législatifs font l'objet d'une proposition de loi déposée à l'Assemblée nationale par le groupe socialiste le 11 janvier 2002. Cette proposition de loi est adoptée à l'Assemblée nationale en lecture définitive le 21 février 2002 et promulguée le 4 mars 2002.

Le gouvernement de Jean-Pierre Raffarin, nommé après l'élection présidentielle de 2002, revient sur certains aspects de cette loi, concernant notamment la procédure pénale et la détention provisoire. Un projet de loi d'orientation et de programmation pour la justice est présenté par M. Dominique Perben, ministre de la justice, en Conseil des ministres le 17 juillet 2002. Le communiqué diffusé à l'issue du Conseil des ministres précise: 'Pour éviter que la complexité de la procédure pénale ne nuise à l'efficacité de la répression, la loi procède à un rééquilibrage et à certaines simplifications des règles, en respectant les principes fondamentaux de la présomption d'innocence et des droits de la défense'.

Le seuil de peine encourue pour un placement en détention provisoire est unifié à trois ans, une procédure de 'référé-détention' doit permettre au parquet de contrer, par un appel suspensif une décision de 'référé-liberté', à lissue des délais butoirs de détention provisoire la chambre de l'instruction pourrait prolonger l'incarcération à trois reprises et pour une durée de quatre mois.

Pascale Feuillée-Kendall

Introduction
Justice en France: un état des lieux

Rendre compte d'un état des lieux de la justice implique de montrer à la fois ce qui fonctionne ainsi que ce qui pose problème dans le système judiciaire français tel qu'il existe aujourd'hui. Les politiques sont bien conscients de certaines carences de la procédure pénale, demeurée largement inquisitoire malgré l'évolution progressive des pays voisins vers des modèles plus respectueux des droits de la défense. Et bien que des solutions soient à sa disposition, la classe politique ne parvient pas toujours à entendre la voix de ces spécialistes, qui ne sont plus désormais exclusivement des juristes. En effet, historiens, philosophes et sociologues ont fait leurs désormais les préoccupations du monde judiciaire. Ces derniers prennent ainsi conscience de la complexité de cette question dans un pays aux traditions très gauloises. L'univers pénal est rempli d'espèces aussi variées que les juges, les greffiers, les avocats, les policiers, les journalistes ou encore les gardiens de prisons, lesquels ne défendent pas tous les mêmes intérêts, loin s'en faut. Donc, lorsqu'il est question pour un garde des sceaux d'entreprendre une réforme, c'est en étant écartelé qu'il doit prendre des décisions. La tâche n'est jamais simple, et requiert une détermination de fer. Pour l'instant, il semble que le poids de l'histoire et un certain conservatisme aveugle empêchent la France d'aller vraiment de l'avant.

Summing up the workings of the Law implies demonstrating what functions well as well as what is a source of concern in the French legal system as it stands today. Politicians are only too aware of a certain number of shortcomings in French criminal procedure, which has remained essentially inquisitorial despite the progressive shift by neighbouring countries towards models which show a greater respect for the rights of the defence. And although there are solutions to hand, French political leaders are not always able to take on board the arguments of specialists who, today, are not necessarily lawyers by profession. In fact, historians, philosophers and sociologists have now made the concerns of the lawyers their own. These specialists have become aware of the complexity of such issues in a country with very Gallic traditions. Professions as varied as the judge, the clerk of the court, the barrister, the police officer, the journalist or even the prison warder people the world of criminal justice – and are most certainly not all defending the same interests. So when a justice minister undertakes reform, he is torn in many different directions, as he makes his decisions. The task is never an easy one and requires a will of iron to carry it through. For the time being, the weight of history and a blind conservatism seem to be holding France back.

> Les juges sont les protecteurs séculaires de la personne humaine. La fonction juridictionnelle du juge, avec l'indépendance et la liberté d'action qu'elle suppose, se trouve à la base même de la paix sociale. Il n'est pas un événement politique, économique, littéraire, scientifique, technique et même religieux, qui n'aient un jour d'échos dans les prétoires (Giresse 1987, 11).[1]

Quand Elisabeth Guigou, garde des sceaux du gouvernement de Lionel Jospin, Premier ministre de la troisième cohabitation, dans son discours du 15 janvier 1998 devant l'assemblée nationale, prenait visiblement acte du malaise de la justice, elle proposait sa réforme du système judiciaire. Quand le 2 avril de cette même année, à la Sorbonne, elle évoquait la nécessité d'une évolution culturelle du monde des professionnels du droit, faisant appel à leur volonté et capacité réformatrice, la ministre faisait état d'une situation reconnue en France. La justice est en effet en crise, depuis plusieurs décennies, tout le monde en convient. C'est là le présupposé de très nombreuses tentatives de réformes qui ne sont jamais parvenues, depuis plus de trente ans et quels que furent les contextes politiques ou économiques, à améliorer en profondeur les carences d'un système souvent injuste, et qui place l'institution judiciaire dans une position difficile. Mais que faut-il que nous entendions par crise? Il s'agit bien sûr d'en analyser les interprétations diverses, et les observateurs dans leur variété ne dénoncent pas tous les mêmes écueils. Il en sera toujours pour affirmer, notamment en période électorale, que les systèmes policiers ainsi que l'appareil judiciaire ne remplissent pas leur office. Et qu'autrement dit, le 'laxisme' ambiant et la non application des peines sont cause de tous les maux. Indépendamment de l'énorme propagande préélectorale, fort bien relayée par les médias, consistant

1 Giresse A., *Seule la vérité blesse*, Paris, 1987, Plon, p. 11. André Giresse fut le président de la Cour d'Assises de Paris de 1975 à 1985.

à dépeindre la France comme le *Bronx*, il n'est plus guère que Jean-Marie Le Pen pour évoquer sérieusement la 'décadence ou le pourrissement de l'appareil répressif dans son ensemble'.[2] En réalité, en dehors de revendications d'une petite partie de l'opinion, stable et immuable au fond, touchée par les relents et l'omniprésence d'une droite populiste de type poujadiste, tous s'accordent à penser que la justice souffre à peu près des mêmes dysfonctionnements: lenteur des procédures, mauvaise indemnisation des victimes, encombrement des cours, nombre insuffisant de juges, mais risque en même temps dû à la montée en puissance de ces derniers, (citoyens non-élus par la représentation nationale, et qui font la pluie et le beau temps), violation du secret de l'instruction, atteinte aux droits de la défense, la prison comme unique réponse, une prison 'surpeuplée', un budget ne dépassant pas 1,8% du budget de l'Etat, etc. Cette liste n'est pas exhaustive, et les revendications se multiplient au fur et à mesure que l'on observe un judiciarisation croissante de la société.

Il faut certes prendre en considération les revendications du public avec prudence. Bien qu'elles posent de nombreux problèmes, les Français trouvent ces questions de justice bien opaques et préfèrent les scandales et l'émotion que suscite la 'justice spectacle' ou le cirque médiatico-judiciaire [3] aux réflexions d'ordre plus sérieuses. Il faut noter la grande ignorance qu'ont les Français de l'institution judiciaire et il n'est pas rare que des juges hexagonaux, au cours de leurs carrières, se voir affubler du titre de 'votre honneur' par des mis en examen[4] qui s'étonnent de ne pas bénéficier d'un 'Plea Bargaining', la télévision et ses programmes outre-atlantique faisant hélas trop souvent office d'éducation citoyenne (Feuillée-Kendall 1998, 37). Le public constitue aussi l'ensemble des justiciables, victimes, détenus, condamnés. Ces derniers font parler d'eux, surtout depuis que leur population s'est diversifiée. Il est à déplorer que les horreurs

2 Nous pensons ici au film réalisé par Serge Moatti en 2002, où la description de la France par le leader de l'extrême droite souligne la grande décadence des institutions.

3 Expression qu'emploie volontiers Daniel Soulez Larivière, avocat et auteur de l'ouvrage *Du cirque médiaco-judiciaire et des moyens d'en sortir*, Paris, 1993, Seuil.

4 Autrefois 'inculpés'.

du milieu carcéral (garde à vue, détention préventive en particulier) aient été dénoncées avec virulence par des notables lors de leur 'passage en prison'. Tous les acteurs judiciaires connaissaient en réalité depuis fort longtemps la dureté d'un système que Robert Badinter lui-même, malgré sa grande détermination, ne parvint à humaniser que partiellement.[5]

Elisabeth Guigou, lors de ses interventions publiques, s'adressait aussi, comme le feront ses successeurs, Marilyse Lebranchu et Dominique Perben, aux juges eux-mêmes, ces derniers se trouvant de plus en plus au cœur des débats. Ces derniers provoqueraient cette tentation qu'on leur impute le risque grandissant d'un déséquilibre des institutions. Leur montée au devant de la scène représente pour certains un risque pour la démocratie ou un détournement de la souveraineté, et beaucoup d'observateurs y sont allés de leurs doutes: dans un dossier de *Libération*[6] intitulé '*Faut-il changer de République*', Robert Lion, ancien directeur de la Caisse des dépôts et consignations, évoquait l'effacement des institutions au profit de régulations supraconstitutionnelles ou extra-constitutionnelles comme peuvent l'être le pouvoir des juges ou des médias. La philosophe Blandine Kriegel parlait, elle, de 'vaporisation' de la souveraineté, en voie d'explosion avec l'insurrection des juges. L'universitaire Guy Carcassonne, posant la question du véritable exercice du pouvoir en France, énumérait les différentes aristocraties dirigeantes qui se sont succédées dans notre République parlementaire, dominée par les avocats sous la IIIe République, les polytechniciens sous la IVe suivis des énarques, chassés bientôt par les juges sous la Ve. Les affaires ont montré que le *procès* n'était plus seulement un relais de l'Etat, mais aussi un contre-pouvoir, et la justice est ainsi devenue, comme le dit

5 Perrot, M., dans *Les ombres de l'histoire: Crime et châtiment au XIXe siècle*, (2001), Paris, Flammarion, raconte que, très marqué par la mort de Michel Foucault, en 1984, Robert Badinter, avait fait de l'humanisation des prisons son cheval de bataille. Dénonçant un univers carcéral inhumain, elle note dans sa préface que 'L'obscure nuit carcérale noie les lieux, masque les visages, engloutit les vies [...]'

6 In Liberation.com, www.liberation.fr.constitution, 3 octobre 1998, dossier La Ve ou VIe, le débat.

Antoine Garapon, la *'nouvelle scène de la démocratie'*.[7] Il est certain que ces dernières années, les juges ont su utiliser les règles de la procédure pénale, sans vouloir y renoncer, qu'ils ont appliquées sans état d'âme à l'encontre de cette nouvelle catégorie de délinquants longtemps protégés par une immunité et une quasi-impunité, les politiques et les grands patrons. (Tout le monde se souvient du jeune juge Patrice de Charrette, ordonnant l'incarcération un chef d'entreprise, lors de l'accident du travail mortel de l'un de ses ouvriers). Depuis trente ans, les affaires sortent grâce à une levée en masse de l'autocensure, révélant une corruption qui a désormais touché le secteur public. Toutes sortes de dignitaires côtoient à présent le box des accusés: des présidents de régions, des trésoriers de partis politiques, un ancien maire de Paris, un ancien Premier ministre, un président du Conseil constitutionnel ou encore un préfet en exercice ont accompagné des dealers ou voleurs de mobylettes sur les bancs des mis en examen. Depuis les années quatre-vingt, de la gauche à la droite, règne une frayeur des élus devant le juge d'instruction et les perquisitions 'en direct'. L'opinion publique découvre donc soudain les horreurs de la garde à vue ou de la prison, mais en même temps, toute dénonciation publique de ces procédures certes archaïques et dépassées violant les droits de l'individu, est analysée, ce qui est légitime, par les médias, comme une manifestation suspecte de la part de la classe politique, qui chercherait à se protéger. Dans cette atmosphère malsaine, sulfureuse, les juges sont ainsi tantôt adulés tantôt détestés, au point que de s'exiler ou démissionner.[8]

Parallèlement à cette crainte diffuse du pouvoir des juges, tous les juristes ou observateurs sont conscients de l'archaïsme de la procédure française qui constitue une 'arme fatale' doublée d'un renfort médiatique dont on sait qu'il mène inéluctablement à des dérapages importants quand ce ne sont pas des 'bavures mortelles'. Ainsi, l'état des lieux de la justice en France, démarrant sous la

7 Garapon A., secrétaire général de l'Institut des hautes études sur la justice, in *Le Monde*, 24 octobre 1987.

8 Le juge Halphen a été déstabilisé, sa vie privée ayant été évoquée publiquement. En Italie, Antonio Di Pietro a subi les mêmes affres. Eva Joly a accepté une mission dans son pays d'origine, la Norvège. Pendant huit ans, sa vie sera un combat permanent pour continuer à travailler. Sa médiatisation lui est sévèrement reprochée.

Ve République par un grand projet réformateur, s'est transformé progressivement en un brûlant problème politique, les rapports entre pouvoir et justice demeurant tellement tendus que toute tentative de changement deviendrait presque suspecte, risquant d'être ressentie comme l'expression d'un désir de reconquête de cette justice par le politique.

Justice et pluridisciplinarité: une réflexion nouvelle

Notons au passage que si le juge est le garant de la paix sociale, l'historien, le politique et le sociologue sont des acteurs essentiels de la démocratie. L'historien participe à la construction de la mémoire collective. Dans celle-ci, apparaissent les politiques et leurs actions sur le terrain. Le sociologue observe, analysant les mécanismes qui régissent les rapports entre individus univers judiciaire. Le professeur Mireille Delmas-Marty, soulignant les obstacles aux réformes, les trouve d'autant plus durs à surmonter qu'ils sont, selon elle, compartimentés et enfermés par une organisation figée, statique, des disciplines scientifiques. Cette séparation de l'approche juridique des approches historique, sociologique, médiatique ou politique aboutit à cette réflexion selon laquelle on connaît les dysfonctionnements de la législation de vigueur, mais on ne sera capable que de comprendre par l'expérience ceux de la législation qu'on y voudra substituer. Ce raisonnement impliquant que le législateur contrôle la théorie, pas la pratique (Delmas-Marty 1992, 292) offre une approche multidisciplinaire, se référant à un inventaire *transversal* de l'extrême diversité des relations constituant le procès pénal. La découverte tardive du droit par Delmas-Marty et ses rencontres avec les doyens Vedel et Carbonnier[9] y sont pour quelque chose: les deux hommes lui

9 Son interview dans *Le Monde de l'Education*, (Delmas-Marty, M., novembre 2000. 'La loi n'a pas tous les droits', *in Le Monde de l'Education*, No. 286), la révèle à la fois marginale dans ses approches et totalement au cœur de l'évolution du droit positif. On découvre en elle l'ancienne étudiante en

ouvrent la voie du droit. Elle s'engage a lors dans le projet non seulement de réformer le système français, mais elle croit à un devenir européen pour la justice hexagonale. Ses travaux la mènent à conclure que les obstacles à affronter dans cette démarche, notamment à l'échelle européenne, pour opérer un changement véritable sont les *'héritages culturels'* et la *'résistance des pouvoirs'* (Delmas-Marty 1992).

L'idée d' '*Héritages culturels*' renvoie à l'histoire. En étudiant celle-ci, nous sommes amenés à comprendre ce que ses personnages ou événements ont contribué à apporter mais aussi à ôter à notre justice.[10] S'il y a incontestablement crise de la justice, il n'est pas en revanche de crise de l'histoire de la justice. Ce champ non négligé par les historiens fait l'objet au contraire de nombreux ouvrages ou articles, constituant une science fort jeune par opposition à l'histoire du droit ou des institutions. Jean Bart (Bart 1999, 2 et suivantes) rappelle que le droit apparaît en même tant que le langage, et que l'usage de l'écriture et de l'apparition des formes, même rudimentaires, d'organisation politique, permet de remonter à l'étude de la civilisation sumérienne. Entre le Tigre et l'Euphrate, l'actuel Irak, on avait identifié l'existence précoce d'un pouvoir à caractère étatique. C'est là que bien avant le code d'Hammoudabi, datant du milieu du XIIIe siècle avant J.C., se trouvent les traces les plus anciennes d'un droit.

Jean-Claude Farcy recense pas moins d'une trentaine de bilans historiographiques depuis la naissance de la discipline 'histoire de la justice', discipline pourtant née dans les années soixante dix dans les facultés de lettres. Le soudain et prolixe intérêt porté par les historiens

biologie, philosophie et langues orientales. Fascinée par l'œuvre du doyen Carbonnier, elle choisit pourtant la voie pénale plus que civile.

10 Jacques Montouchet, Ancien membre du Conseil supérieur de la magistrature, rappelle, dans l'œuvre de Jean-Claude Farcy (2001) *L'histoire de la justice française de la Révolution à nos jours*, Paris, Presses Universitaires de France, que le dialogue avec le passé permet d'identifier de possibles déviances contemporaines en matière de justice. En effet, l'aspiration au pouvoir des parlementaires de l'Ancien régime ne mène-t-elle pas au constat de la tentation du gouvernement des juges d'aujourd'hui? De même, la rupture du tronc commun avocat et juges, survenue dès le XVIe siècle, ne correspond-elle pas au mal dont souffre encore le recrutement trop monochrome de la magistrature?

à la justice correspond à ce que certains qualifient en quelque sorte de troisième vague de l'école des annales (Farcy 2001, 41). L'influence décisive de Michel Foucault a joué en faveur d'un intérêt toujours plus grand pour l'histoire de la justice. Dans *Surveiller et punir, Naissance de la prison*, (Foucault 1975), ce dernier tente d'expliquer la pénalité moderne dans une analyse historique de la répression.

Dans le même esprit que celui de l'école des annales, on relève un plus grand intérêt de l'historien de la justice porté à l'anthropologie et la psychanalyse.[11] De même, depuis une vingtaine d'années, est soulignée l'évolution d'une histoire politique de la justice, l'équipe de l'Institut d'histoire du temps présent offrant une lecture politique nouvelle des événements.[12]

La justice s'interroge ainsi sur elle-même, sans faire exclusivement appel à des juristes, comme ce fut le cas pendant des siècles, et examine son histoire en particulier.[13] De plus en plus sollicitée pour faire respecter les droits des uns et des autres, la justice est souvent au tout premier plan de l'actualité. La formule désormais connue aujourd'hui d'Antoine Garapon, selon laquelle le juge est devenu le gardien des promesses de l'État de droit, est à double sens (Garapon 1996). D'une part, elle signifie que si les politiques ne jouent plus leur rôle, les juges doivent se substituer à eux. De l'autre, elle donne l'idée que la démocratie fonctionne, les juges prenant le relais des élus par nécessité. Dans cette optique plutôt positive, c'est le résultat qui compte. Il est admis par conséquent que l'on ne puisse plus isoler ces questions d'une réflexion politique et les 'affaires' ont montré que le procès n'était plus seulement un relais de l'État, mais aussi un contre-pouvoir, et la justice est ainsi devenue la *'nouvelle scène de la démocratie'*. Le sociologue Alain Minc expliquera au public que

11 L'exemple de Frédéric Chauvaud illustre ce propos. Ses recherches sur la violence et le crime marquent l'étude sur l'institution judiciaire. Nous pensons par exemple à *De Pierre Rivière à Landru. La violence apprivoisée au XIXe siècle,* 1991, Paris, Ed. Prébols.

12 Jean-Claude Farcy fait référence à une thèse récente sur la guerre d'Algérie, par Sylvie Thénault, l'Université de Paris X, Nanterre. Elle y inclut un arrière-plan social, utilisant les travaux de Pierre Bourdieu.

13 Si l'on considère cette dernière comme science sociale, objet d'un autre débat, bien sûr.

'la souveraineté est passée subrepticement du peuple au droit, la légitimité de l'administration au juge, et le pouvoir de l'État à la justice' (Minc 1998, 238). Les magistrats sont selon lui les maîtres du moment et scandent désormais la vie du pays, dépassant ainsi le stade de tolérance du 'politiquement correct' (Feuillée-Kendall 2000, 381–384).

La *'Résistance des pouvoirs'* est un argument de nature plus politique: une preuve de cet argument repose sans conteste dans l'échec de la dernière 'grande réforme', celle d'Elisabeth Guigou, garde des sceaux du gouvernement Jospin, en 1997. Cette dernière s'est jetée à corps perdu dans un projet de réforme de type de celui de Robert Badinter dans le début des années quatre-vingts, en accord avec le président Chirac lequel, dans un grand discours télévisé, avait annoncé une réforme spectaculaire, à la manière de son grand chantier sur l'armée, attaqué en 1995. Le contexte de la cohabitation se prêtait a fortiori parfaitement à une réforme d'envergure, 'un pour tous, et tous pour un'. On sait depuis qu'un autre type d'enjeux se négociait sans doute alors: l'immunité de Jacques Chirac contre l'acquittement de Roland Dumas? Quelle que soit la vérité que nous connaîtrons (ou pas) un jour, les politiques avaient alors besoin des juges… Quoi qu'il en fut, la réforme échoua, divisant ceux qui naguère en dénonçaient les mêmes carences. Le comportement politique de Patrick Devedjian, par exemple, a semblé contredire ses positions pourtant clairement exprimées (Devedjian 1996). Cet échec, faisant suite à bien d'autres, n'était qu'un projet de plus, succédant à une longue histoire de réformes avortées, empêchées dans des périodes où régnait le fait majoritaire. Alternances, cohabitations ou majorité massive à l'Assemblée n'ont strictement rien changé aux attitudes des gouvernants depuis les années soixante à l'égard du 'parent pauvre' qu'est la justice. Et quand en 1990 était enterré le remarquable projet de Mireille Delmas-Marty, fruit de deux ans de travail acharné, que Pierre Arpaillange avec l'aval de François Mitterrand avait pourtant commandité en 1988, naissait un vent de désillusion au sein des juristes et des autres. (Pour la petite histoire, nous apprendrons par des membres de la commission que les défraiements des divers intervenants n'ont pas eu lieu, et que ce travail sera quasiment l'œuvre bénévole des uns et des autres.

Delmas-Marty avait réuni pléthore de spécialistes internationaux en particulier). Malgré un syndicat de magistrats, représenté par Georges Fenech, connu pour ses opinions réactionnaires, qui traitait l'universitaire de 'pasionaria anglo-saxonne', (Fenech 1997) beaucoup s'accordaient à dire que le 'rapport Delmas-Marty' constituait un travail remarquable, fait de pragmatisme et d'audace tout à la fois, qui aurait pu servir de base à une réforme gigantesque, à la façon dont ont procédé pratiquement tous les autres pays européens, aux traditions aussi ancrées que les nôtres. Arnaud Montebourg, jeune député socialiste, (Montebourg 2000) nous confirmera cette impression lors d'un entretien.

L'élan des optimistes avait soudain repris quand Jacques Chirac chargea la commission Truche d'étudier un nouveau projet de loi. Pierre Truche, personnage plus 'modéré' que Mireille Delmas-Marty, ancien membre de la commission de cette dernière, fit de son mieux, et produisit un rapport moins ambitieux, dont on a pu dire qu'il était plus recevable et moins révolutionnaire. Elisabeth Guigou, de son côté, tenait alors des discours déterminés et prometteurs. De facto, elle subit, après son entrée au ministère du travail et des affaires sociales, la vindicte de tous, de même que la nouvelle garde des sceaux lui succédant, Marylise Lebranchu. Ces réformes impossibles s'expliquent en partie par le rapport qu'a le pouvoir en France avec ses juges, et ce, depuis de siècles.

Des constantes historiques de la justice française

Le système de procédure pénale français repose sur un modèle ancestral, datant de l'Inquisition. Il est parfois convenu d'admettre que l'œuvre révolutionnaire, puis napoléonienne paradoxalement installent notre justice contemporaine dans des attitudes figées que l'on subit aujourd'hui. Une constante cependant: les juges ne sont jamais vraiment aimés, l'histoire générant l'idée que l'on doit se méfier d'eux. Daniel Soulez Larivière évoque l'éditorial du Père

Duchesne, en 1790, après que les constituants eurent posé des scellés sur les portes du palais de justice de Paris:

> Ils foutent enfin le camp, ces sacrés coquins de juges! Nom d'un foutre! Les voilà rasés. On n'est plus dupes de leur singerie. Il n'est plus le temps où ils allaient traîner à Versailles leur jacquette rouge, et où nous avions la bêtise de les appeler nos pères tandis que les bougres n'agissaient que dans leur intérêt personnel (Soulez Larivière 1987).

L'image que l'on retient des juges avant que Napoléon ne les muselle fut celle de la cruauté. En effet, c'est le parlement de Paris qui fit brûler le dictionnaire philosophique de Voltaire. Nous verrons que l'œuvre de Louis XIV, au travers de Colbert, Pussort et Lamoignon s'agissant de l'ordonnance criminelle de 1670, à l'importance primordiale, (Laingui et Lebigre s.d., 87) sera appliquée jusqu'à la Révolution, et inspirera indéniablement en 1808 les pairs de Portalis – les pénalistes (Portalis s'étant consacré, lui, à l'œuvre civile qui par de nombreux aspects fonctionne encore de nos jours). Par ailleurs, les observations de Blandine Barret-Kriegel, soulignant l'importance de la codification, indiquent le véritable passage à une autre ère en ce siècle éclatant. L'élaboration de codes 'à la française' naît de cette période, se poursuivant ensuite jusqu'à aujourd'hui (Barret-Kriegel, 1986).

Ainsi, à l'affirmation selon laquelle les bases de l'institution moderne de la justice française sont issues de la Révolution de 1789, argument classique que chaque Français peut trouver sur le site Internet du ministère de la justice (le 'Net' étant devenu un médium désormais incontournable), nous nous inscrivons en faux. Des habitudes se sont installées, selon nous, il y a fort longtemps, résultat de principes inquisitoriaux ancrés et entrés dans les mœurs. Certes, poursuivent les auteurs dans cette démonstration ouverte à tous, les bouleversements apportés par les constituants de 1789 et 1790 dans l'organisation de la Justice n'ont pas eu de précédents et ne seront suivis d'aucune autre réforme d'envergure. Mais c'est omettre de dire que la période de la Révolution et de l'Empire est précisément celle, comme le rappelle Blandine Kriegel (Kriegel 2001) de la réforme manquée. La mise en place d'un système judiciaire plus libéral ou plus démocratique tel que le rêvaient des Voltaire ou Beccaria vit s'installer la Terreur et les juridictions d'exception. Si le code de 1808 emprunte certes à la Révolution certaines règles et principes, il est largement inspiré par l'ordonnance de 1670; un peu comme si une continuité fatale conduisait à 'reprendre les choses là où elles en étaient'. On retiendra surtout que l'ordonnance criminelle de 1670 constitue un modèle de cruauté et de longévité, et ne mérite pas l'indulgence qu'ont suggérée souvent les historiens, prêts à la réhabiliter. La torture continuera en effet à se pratiquer jusqu'à son abolition en 1788, et très certainement ici et là au-delà jusqu'à la première moitié du XIXe siècle. La violence qui certes habite et menace la société ne saurait justifier que la réponse judiciaire fut non pas simplement sévère, mais tyrannique et barbare.

A la fois dans son Journal et ses Mémoires, Louis XIV s'attribue la gloire et l'idée première de l'ordonnance de 1670. Royer considère que ce texte constitue une tentative de classement organisé de règles qui n'ont pas laissé d'embarrasser les juges et les praticiens. Ses vingt-huit titres, subdivisés en articles, en font un code méthodique et complet d'instruction criminelle (Royer, 2001). Mais ses règles rigoureuses révèlent le souci de punir immanquablement plutôt que de craindre de frapper un innocent. Consistant en l'ensemble des règles qui gouvernent la recherche, la poursuite et le jugement des délinquants, l'ordonnance se présente comme la riposte aux difficultés économiques et sociales, au désordre permanent auquel Louis XIV semble vouloir apporter une réponse radicale. Le monarque souhaite veut une grande ordonnance, à la hauteur de ses vœux. Les historiens du droit auraient aujourd'hui tendance à adopter une certaine 'modération' à l'égard de l'ordonnance de 1670 qui a même bénéficié d'une tentative de réhabilitation par des auteurs du XIXe. Marc Boulanger lui reconnaît des qualités, comme celles d'avoir mis fin à un *'fatras d'articles impliquant des matières différentes, rassemblées selon l'ordre des nécessités'* (Boulanger 2000, 36). Il ajoute en revanche sans détours qu'elle se veut 'omnipotente' avec un 'objectif d'éternité'. Il la juge plus 'placebo que panacée', laissant des imprécisions et omissions que relèvent Blandine Barret-Kriegel et Jean-Pierre Royer. De notre point de vue, une telle pondération se justifie difficilement aujourd'hui lorsque l'on observe que la période contemporaine subit encore les conséquences de la grande ordonnance: tous les caractères de notre système actuel y sont réunis en effet (Casamayor 1957, 11).

Cette grande ordonnance, qui certes avait comme vocation de lutter contre la violence face à l'expansion impressionnante de la criminalité et de la rébellion qu'a stigmatisé la Fronde, porte en elle-même la responsabilité d'un système se posant délibérément contre l'accusé ou l'inculpé. Comme le dit Casamayor, la balance judiciaire n'a jamais tenu son fléau à l'horizontal (Casamayor, 1957). Il est si incliné, rappelle-t-il, depuis le départ de la procédure, (que l'on appelle aujourd'hui la phase préliminaire du procès), que pour tenter de rétablir l'équilibre, on désigne un juge, le lieutenant criminel, qui interroge, réinterroge, confronte l'accusé. Ce juge, à l'origine, est en même temps procureur, ne l'oublions pas. Il est aussi l'ancêtre du juge d'instruction. Par ailleurs, le système inquisitoire est maintenu dans l'ordonnance de 1670 tel qu'il existait, conformément au texte de 1498 (Blois) et 1539 (Villers-Cotterêts). Il n'y aurait pas eu en effet d'ordonnance en 1670 sans Villers-Cotterêts (Soleil 2000): du XVIe au XVIIIe siècle, les jurisconsultes rappellent les termes de l'ordonnance de 1539 parce qu'il ne fait aucun doute pour eux qu'elle s'applique toujours. Au XVIIIe siècle, Néron, Girard ou Boucher d'Argis la désignent comme *'une des principales Loix du Royaume'* (1720) ou comme *'une loi de l'État'* (1786).

Un des défauts majeurs de l'ordonnance de 1670 – peut-être le principal d'entre eux d'ailleurs – demeure indiscutablement le maintien de l'usage de la 'question', mot employé pour torture, alors que l'occasion était offerte au Législateur de l'époque qu'incarnent Pussort et Lamoignon et leur comité de rédaction, de s'en débarrasser. Le supplice, comme l'explique Foucault, a une fonction juridico-politique, comme un 'cérémonial pour reconstituer une souveraineté blessée' (Foucault 1975, 45). Rendant indissociables l'exécution elle-même de ce qui la précède, on torture avant et après le prononcé de la sentence. 'Le cycle est bouclé: de la question à l'exécution, le corps a produit et reproduit la vérité du crime' (Foucault, Ibid). Jusqu'au XVIIIe siècle, poursuit Foucault, le supplice ne joue encore pas le rôle de réparation morale, mais a plutôt le sens d'une cérémonie politique, le délit étant un défi *au* souverain. Ce supplice public qui dure a pour but de reconstruire cette souveraineté. A la fin du XIXe siècle, les démocraties européennes ont progressivement aboli la peine de mort pour les crimes de droit commun, en renouant avec un humanisme pénal mis à l'ordre du jour dans la seconde moitié du siècle de Voltaire. Le rêve des abolitionnistes naît dans l'Europe des rois et des Lumières. Traduit dans toute l'Europe, l'œuvre de Beccaria (Beccaria, Cesare, *Des délits et des peines*, 1991) qui dénonce de façon acerbe la cruauté du système de procédure pénale, intéresse juges, avocats, procureurs généraux 'réformistes', et hommes de lettres. L'ouvrage *Des délits et des peines*, livre d'une modernité remarquable, est considéré chez certains comme une provocation, chez d'autres comme un humanisme contre la justice arbitraire des Etats absolutistes (Porret 2001).

Le livre est mis à l'Index, puis combattu par tous les grands réactionnaires de l'époque, inquisiteurs, Jésuites ou des magistrats très hostiles à la 'philosophie' de la modération pénale. En 1767, l'avocat au Parlement de Paris Pierre-François Muyart de Vouglans, partisan de la peine capitale, attaque ainsi Beccaria. Dans sa *Réfutation des principes hasardés dans le Traité des délits et des peines*, il allègue que la 'modération' de Beccaria conduit au laxisme des juges, à l'impunité des criminels et à la dissolution des 'Lois reçues jusqu'ici par les Nations'. Beccaria, lui, représente notre tradition judiciaire des droits de l'homme universalisée après 1789.

A la torture physique, s'ajoute un nouveau type de tourment, utilisé au XXe siècle en France à la fois comme peine mais aussi comme moyen de pression au stade de l'enquête préliminaire: il s'agit de la prison. Alors qu'au moyen-âge, n'existait que le passage du cachot à la potence ou à la liberté, on commence à emprisonner au XVIIe siècle. Michel Foucault, dont la lecture a éclairé une nouvelle génération de magistrats depuis le début des années soixante, et induit chez eux de nouvelles attitudes, relève que l'enfermement coïnciderait avec la naissance du capitalisme. Selon ses chiffres, 6 000 personnes sont détenues en permanence à Paris sur 300 000 habitants. C'est le début de l'enfermement de masse; s'entassent ainsi les vagabonds, les gens sans travail et sans domicile fixe, qui constitueraient de possibles rebelles à un pouvoir fragilisé.

Depuis cette période, la procédure pénale et ses épiphénomènes (la détention, par exemple) a peu évolué. La prison, en particulier, telle qu'existe en France,[14] demeure une option cruelle, surtout au stade de la détention provisoire, qui est perçue comme étant déjà punitive, alors qu'elle n'a pas cette vocation. L''aveu', toujours en cours, a pour conséquence que l'incarcération devienne le principe largement employé par les magistrats pour l'obtenir, et non l'exception. Au niveau procédural, on retiendra quelques réformes d'importance: en 1808, la détention préventive illimitée, jusqu'à la fin du procès, est admise par le Code d'instruction criminelle. En 1865, le champ de la liberté provisoire sera élargi. En 1897, on autorise un avocat à assister son client lors des interrogatoires, ce qui constitue un progrès de principe. En réalité, le Parquet et la police, pour éviter la présence de l'avocat, mettent en place des enquêtes officieuses se traduisant souvent par des détentions arbitraires. Cette loi favorise ainsi indirectement le développement de pratiques de garde à vue hors du cadre légal. En 1943, une circulaire du ministère de l'intérieur encadre la pratique de la garde à vue, qui pourtant n'est pas officiellement légalisée.

1958 et le projet judiciaire du Général

Comme le rappelle David Kessler, la structure de l'appareil judiciaire, l'organisation du système et la carrière des magistrats sont en quelque sorte délaissés par le droit constitutionnel, et appartiennent au droit privé (Chagnollaud 1993).

Le titre VIII de la constitution concerne l''autorité judiciaire', venue se substituer au 'pouvoir' judiciaire. Pour Napoléon, il n'y a pas véritablement de pouvoir judiciaire, le juge n'étant qu'une machine qui applique la loi. La IIIe République, réalisant les promesses de 1789, consacre la souveraineté du Législatif: la loi est l'expression de la volonté générale. Le refus par de Gaulle de faire de l'institution judiciaire un 'troisième pouvoir' renvoie à une conception

14 Le système carcéral est critiqué par tous, y compris par les sénateurs qui l'ont désignée comme étant 'l'humiliation de la République'.

selon laquelle la justice est le bras séculier de l'Etat au même titre que la police ou l'armée. Quant à l'indépendance de la justice, cette revendication constitue une règle positive de notre droit introduite par la Constitution de l'an VIII, réaffirmée par toutes les constitutions, et inscrite dans la loi constitutionnelle de 1958: *'L'autorité judiciaire doit demeurer indépendante pour être à même d'assurer le respect des libertés essentielles'*. Mais le garant de cette indépendance n'est autre que le Président de la République, chef de l'Exécutif!

L''inamovibilité', sous la IVe République, était devenue un principe constitutionnel devant garantir l'indépendance des juges après avoir été suspendue pendant les périodes révolutionnaires: ainsi, en 1848, un décret avait proclamé l'inamovibilité incompatible avec la démocratie. Depuis 1958, celle-ci est établie de façon certaine, mais elle n'apparaît que comme une garantie relative et c'est de la possibilité de mener une *carrière* que dépend réellement l'indépendance des magistrats. Certes, le Conseil supérieur de la Magistrature (C.S.M.) avait été créé pour soustraire la distribution et l'avancement à l'Exécutif, tout en plaçant le Président de la République à sa tête. Lors de sa création en 1946, tous les membres du C.S.M., à l'exception de deux, étaient élus. Depuis 1958, les membres cessent de l'être, et sont désignés par le chef de l'Etat. En outre, le Conseil n'a plus l'initiative des propositions, sauf pour les conseillers à la Cour de Cassation et les premiers présidents de Cour d'appel. Pour les autres grades, il ne donne que des avis: en réalité, il n'a jusqu'à présent pas de pouvoir, ni de réelle influence et cette atteinte portée à l'indépendance des juges n'a semblé choquer personne à l'époque. Il faudra attendre 1993 pour constater une meilleure autonomie du C.S.M. en matière de nomination. La récente réforme de C.S.M. aboutissait à un échec décrit comme 'pitoyable' par Anne Crenier-Vaudano. Pour cette dernière, la réforme est modeste: 95% des magistrats restent nommés sur proposition du garde des sceaux, y compris pour les fonctions sensibles que représentent l'instruction ou la présidence des chambres d'accusation. Quant à la composition du C.S.M., elle reste marquée par un mode de recrutement peu démocratique, le collège des personnalités qualifiées étant désigné par les présidents de diverses institutions ou de grands corps de l'État.[15]

Les juges composent un corps de métier pluriel, les membres du parquet d'une part, placés sous l'autorité de leurs chefs hiérarchiques, procureurs et avocats généraux. Ces derniers reçoivent des ordres directs de la Chancellerie (ministère de la justice) auxquels ils doivent se soumettre. D'autre part, les magistrats du siège jouissent eux d'une indépendance de principe et s'ils ne reçoivent pas de consignes directes, c'est pour une grande part du ministère que dépend le déroulement et le succès de leur carrière. Un magistrat du siège peut devenir membre du parquet et inversement, au cours de sa carrière. Au sein du gouvernement, un ministre de la justice ou garde des sceaux est traditionnellement le personnage numéro deux, après le Premier ministre. Cette position au sein du gouvernement dépend évidemment des divers Premiers ministres. La ministre du travail Martine Aubry fut la 'numéro deux' du gouvernement Jospin, tandis que Nicolas Sarkozy, ministre de l'Intérieur, suscite les lapsus des plus coquasses, certains le prenant pour le Premier ministre lui-même aujourd'hui. Le garde des sceaux a deux fonctions: celle d'abord d'administrer la justice, son budget ayant été voté par le parlement. L'autre, plus contestée, consiste en une autorité sur les magistrats soumis au pouvoir hiérarchique, comme le sont les fonctionnaires de l'Etat. Sans l'admettre bien sûr, le ministre distribue des consignes,

15 Crenier-Vaudano, A., (décembre 2000–février 2001) 'Liberté d'expression sur l'internet', N°112. Cette dernière relate une anecdote significative du dysfonctionnement du C.S.M.: 'En juin 2000, la garde des sceaux Elisabeth Guigou proposait le nom de Roland Kessous, avocat général à la Cour de cassation, pour occuper la fonction de 1er avocat général. Contre toute attente, le C.S.M. émettait un avis défavorable. Roland Kessous est ancien vice-président et membre du comité central de la L.D.H., membre fondateur du Syndicat de la magistrature, et a participé à plusieurs cabinets ministériels de 1981 à 1985. Cet avis faisant suite à d'autres avis négatifs concernant des membres du S.M. illustre jusqu'à la caricature le comportement partisan de cette institution. Madame Guigou qui s'était engagée à suivre les avis du C.S.M. a publié, pour la première fois de l'histoire de la magistrature, un communiqué désapprouvant le C.S.M. L'incident souligne, s'il en était besoin, que le fonctionnement de la justice sera toujours défectueux tant que se perpétueront des mécanismes de nomination des magistrats qui privilégient le clientélisme au détriment de l'intérêt général'.

souvent de façon occulte ou confidentielle et ces immixtions peuvent être de deux types: le ministre peut en effet donner des instructions exécutoires ou bien encore peut prodiguer des conseils, hypothèse qui crée une difficulté, car la confidentialité des rapports entre garde des sceaux et parquet ouvre la voie aux malentendus, particulièrement en cas de conflit d'intérêt personnel, financier ou politique. De plus, l'accroissement des phénomènes de délinquance et le développement du sentiment d'insécurité liés aux tensions sociales telles que le chômage ou la drogue ont fait apparaître l'idée selon laquelle le gouvernement devrait avoir le monopole de la conduite de la politique criminelle. Ce concept, comme l'expliquent les magistrats Monique Guemann et Patrick Pribile (*Libération* 1997) est né du constat d'une réalité, celui de l'inadéquation entre le volume, l'importance des affaires pénales et les capacités d'absorption de ce contentieux par les autorités répressives. La conduite de la politique criminelle par le garde des sceaux (fondée sur le Code de procédure pénale), peut être analysée comme une dérive de l'institution judiciaire dangereuse pour les libertés fondamentales, qui tend à faire des magistrats du parquet des fonctionnaires au service du ministère de la justice. Elle porte par ailleurs atteinte à l'indépendance des juges du siège conditionnée par le choix de poursuites exercées par le procureur de la République. En France en effet, le fondement juridique de la politique criminelle des parquets est le principe d'opportunité des poursuites qui permet au procureur et à ses substituts de ne pas engager de poursuites malgré des faits constitués. Près de 80% des Français ayant déposé une plainte ont constaté sur le terrain l'impuissance de la justice.

D'autre part, 1958 voit naître, en plus d'une réorganisation structurelle de l'appareil judiciaire créant les Tribunaux de grande instance ou supprimant les juges de paix, une refonte des règles de la procédure et des codes, tentant d'accomplir une oeuvre telle que la France n'en avait connue depuis le Consulat ou l'Empire. Le gouvernement consacre dans sa législation nouvelle des expériences faites depuis l'après-guerre, telles que la mise à l'épreuve, la semi-liberté ou l'application 'surveillée' des peines, tout en conservant des règles inquisitoires qui nous éloignent d'une conception 'anglo-américaine', et accordant au juge de larges pouvoirs d'initiative. Dire que cette tentative a transformé le système est malheureusement inexact.

Création de l'E.N.M. et Mai 68

Une autre innovation, dont Michel Debré ne mesure sûrement pas toute la portée en 1958, consiste en la création du Centre national d'études judiciaires, ancêtre de l'Ecole Nationale de la Magistrature (E.N.M.), le vingt-deux décembre 1958. Ce qui deviendra une grande école est une création récente lorsque l'on se sait que l'Ecole Nationale des ponts et chaussées naît en 1747, celle des mines en 1783, Saint-Cyr en 1802, Navale en 1830, H.E.C. en 1881 ou encore l'E.N.A. en 1945 (Soulez Larivière 1987). Témoin d'une dévaluation de la justice et du peu d'attrait pour un métier au salaire très moyen, Michel Debré veut permettre à ce corps de l'Etat de rivaliser avec les autres. Il faut se souvenir d'un passé honteux et encore proche, où après avoir longtemps été considérée comme le rempart de la démocratie, la justice avait offert l'image d'une institution trop dévouée au pouvoir. Les Français n'ont pas oublié la soumission des juges aux politiques lors de l'occupation, de la collaboration ou de l'épuration. Les circonstances de l''après épuration' laissent aussi un goût amer lorsque l'on se rend compte que les révocations furent restreintes, et les dossiers soumis à la commission d'épuration 'vidés' de leur contenu, grâce à des complicités. Comme le souligne Daniel Soulez Larivière, le vice de la collaboration a affecté plus gravement la magistrature que d'autres corps, car à la différence d'autres métiers, cette fonction s'exerce dans le réel, mais aussi dans l'ordre du symbolique et de l'imaginaire (Soulez Larivière, ibid.). C'est dans cette atmosphère de méfiance à l'égard des magistrats que Michel Debré entreprend une réhabilitation de ces derniers et leur crée une école. Celle-ci déménage à Bordeaux en 1961, dans un souci de décentralisation.

Michel Debré a ainsi et paradoxalement offert aux juges en créant leur école les moyens, voire l'infrastructure pour procéder à la révolution culturelle qui les a conduits sur le devant de la scène. L'appartenance à une 'promo', le sentiment d'amitié durable et de solidarité qui en découle, mais aussi la lecture de Foucault, Lacan ou Lévy-Strauss, conduisirent à un tournant idéologique radical chez les auditeurs de justice. En 1968, naît ainsi le Syndicat de la Magistrature, et son journal *Justice*, toute nouvelle démarche par les juges depuis deux siècles de restitution d'une dignité perdue. Les objectifs de ce regroupement sont multiples: il doit veiller à ce que l'autorité judiciaire puisse exercer sa mission en toute indépendance. Puis il lui faut étudier et promouvoir toutes les réformes nécessaires concernant l'organisation et le fonctionnement de la justice. Il s'agit enfin de défendre les intérêts professionnels de ses membres.[16] Le S.M. ne constitue pas vraiment un bloc homogène et sa spécificité consiste de plus en plus dans les rapports existant entre sa pratique et son idéologie. Ses prises de position se radicalisent, sa démarche pédagogique s'exerçant au sein de la nouvelle Ecole Nationale de la Magistrature, qui lui sert de vivier. Les adhérents du S.M. sont les premiers à payer bientôt cher leur émancipation, marqués d'une étiquette de 'juges rouges' ou 'petits juges'. Et au lieu de s'attaquer aux méthodes permettant à la procédure pénale d'évoluer, ils l'appliquent avec rigueur et font le choix radical de changer la société. Après la venue de la gauche et qu'explosent les affaires touchant le Parti Socialiste (comme le dossier Carrefour du développpement, Urba), certains d'entre eux déclarent la guerre au monde politique, désormais conscients de leur pouvoir destructeur. Selon Béatrice Patrie, représentante du S.M., l'erreur d'analyse de départ consistait à ne pas opérer de distinction nette entre pouvoir et magistrature. Aujourd'hui, quelques trente ans plus tard, les juges ont compris qu'ils ne devaient se situer ni dans une culture de pouvoir, ni dans une culture d'opposition, mais en 'contre-pouvoir' (Bouvier, Jacquin et Vogelweith 1997).

Indépendance, liberté d'expression et contre-pouvoir, tous les magistrats ne partagent pas des conceptions aussi radicales que celles du S.M., qui représentent aujourd'hui un tiers du corps judiciaire.[17] L'Union syndicale des magistrats, tendance majoritaire et modérée,

16 Archives du Site de l'E.N.M.
17 Ibid.

s'est exprimée à travers *Le prince et ses juges* (Turcey V). Dans *Main basse sur la justice* (Fenech 1997) Georges Fenech, membre démissionnaire de l'Association professionnelle des magistrats, plus conservatrice, qualifie les années quatre-vingt d''années noires pour la justice', et dénonce l'épuration idéologique d'une nouvelle nomenklatura socialiste. Par ailleurs, sur les 6 000 juges (chiffre de 2001; on parle de 7 200 pour 2004) qui constituent aujourd'hui le corps de la magistrature française, il faut se rappeler que 80% d'entre eux vivent en province et règlent des dossiers ordinaires. Les médias se font forts de transformer en personnages publics ceux qui restent, parmi lesquels des juges d'instruction en charge de dossiers dits sensibles. La célèbre Eva Joly, par exemple, qui travailla des années sur le scandale financier du Crédit Lyonnais, ou encore sur l'affaire Elf, impliquant Roland Dumas, président du Conseil constitutionnel, possède, par la nature même de ses dossiers, un vécu professionnel et personnel bien différent de beaucoup de ses confrères (Joly 2003).

Il en est de même pour les désormais célèbres de Charrette, Jean-Pierre, Van Ruymbeke, Halphen, et d'autres, devenus tantôt des ennemis publics, tantôt des héros, en charge de dossiers très surveillés. Il a fallu du courage personnel à ces magistrats pour sortir du rang, perdre leur avancement, risquer l'exil professionnel, sacrifier leur vie privée ou parfois se faire tuer! On a fustigé Eva Joly, l'accusant d'être coupeuse de tête et narcissique, alors qu'elle s'acharnait à faire son travail avec la foi qu'elle a en sa mission. L'on oublie en plus de rappeler qu'elle a passé six ans de sa vie à être entourée de gardes du corps car elle était régulièrement intimidée et menacée de mort (Joly, Ibid). Du conflit par conséquent entre des magistrats classiques, qui considèrent toujours, fidèles à la tradition napoléonienne, qu'un juge devrait être un authentique serviteur de l'Etat et ceux qui partent en guerre est née désormais une querelle interne qui déroute les politiques qui 'ne savent plus d'où vient l'ennemi'.[18] La justice peut chez certains devenir l'enjeu d'une lutte partisane au sommet de

18 Ce propos: 'Ce qui fait la force des magistrats est que personne ne sait plus d'où vient l'ennemi' nous a été rapporté par Edwige Roux-Combet, vice procureur du T.G.I. de Dijon, alors vice-présidente du Tribunal d'Auxerre. Cette dernière a toujours revendiqué une entière indépendance, syndicale notamment.

l'Etat, au cours de laquelle ils ont quelquefois découvert les bienfaits de la politisation. Il faut donc souvent appréhender avec certaines nuances le discours et parfois les excès de ces professionnels longtemps muselés, et qui, pour certains, en s'en donnant les moyens, se sont retournés contre l'ensemble de la classe politique. Tous, forts parfois de leurs contradictions internes, sont d'accord sur un point cependant: il faut réconcilier les Français avec leur justice.

Un autre phénomène engendré par 1968, et s'accélérant après les luttes féministes est l'entrée des femmes dans les rangs des magistrats, transformant le paysage judiciaire bien que la progression de celles-ci vers le sommet de la hiérarchie s'effectue lentement.

50% de juges sont des femmes: une véritable exception française

Longtemps écartées du corps des juges parce qu'elles ne disposaient pas du droit de vote, les femmes sont entrées dans la magistrature grâce à la loi du 11 avril 1946. En 1958, année de création de l'école nationale de la magistrature à Bordeaux, 255 candidats dont 116 femmes postulaient au concours d'entrée. Sur les 38 admis, on ne comptait que 9 femmes. En 1998, 4 248 candidats dont 3 163 femmes concourraient. Sur les 185 lauréats, 128 femmes étaient reçues. La féminisation de la magistrature dans les années 1970 a été favorisée par la désaffection des garçons; elle a aussi accompagné l'évolution des conditions d'exercice de la fonction: rémunérations et conditions matérielles de travail peu alléchantes, avènement d'une justice de 'masse', perte de statut du juge. Mais Anne Boigeol, chercheuse au C.N.R.S. et grande spécialiste de la question, se refuse à voir dans la dévalorisation de la profession la cause de sa féminisation, car les femmes n'occupent pas systématiquement selon elle des fonctions dévalorisées. Boigeol considère que l'entrée des femmes aurait eu lieu quoi qu'il survienne, le nombre des jeunes filles étudiantes en droit augmentant très régulièrement depuis le début du siècle. Elle ajoute que l'exemple de l'Italie montre que féminisation et pouvoir très important de la magistrature peuvent coïncider. En revanche, les pionnières se sont difficilement imposées dans des milieux professionnels où la réussite est masculine. Les magistrates, poursuit Boigeol, minoritaires jusque dans les années 1970, se sont heurtées aux oppositions des hommes, car elles bousculaient les habitudes d'un milieu masculin et surtout 'désacralisaient' la profession en mettant en cause la spécificité des vertus masculines attribuées aux fonctions de magistrat. Certes, l'arrivée d'Elisabeth Guigou comme garde des sceaux, (première femme ministre de la justice) a donné un grand espoir, car cette nomination n'était pas simplement symbolique. Dans un chapitre de l'ouvrage de Christine Bard, (Bard et al 2002), Anne Boigeol procède à un état des lieux sur la question des femmes juges.

Les femmes ont, comme le déclare l'historien du droit Jean-Pierre Royer, 'investi' la Justice (Royer 2001) et méritaient d'avoir une représentante enfin à leur tête à un moment ou à un autre. Royer dit investi, d'autres diront ont 'envahi' les prétoires. Georges Fenech déplore que la promotion de 1995 à l'E.N.M. comporte 67% de filles. Il poursuit, évoquant la lente médiocratisation de la magistrature, qu'il qualifie de sujet tabou, et pose la question, sans ambiguïté: 'Combien de membres inaptes drainent notre corps?' (Fenech 1997). En février 2003, sur Europe 1, l'inquiétude que manifeste Dominique Perben, nouveau garde des sceaux, devant la composition de la nouvelle promotion de l'École Nationale de Magistrature, majoritairement féminine, et en particulier quand il ajoute que cela va 'poser des problèmes d'organisation dans les tribunaux' en raison 'des problèmes spécifiques qu'ont les femmes à concilier vie professionnelle et vie personnelle', traduit un conservatisme au ton primaire. Le ministre, fort maladroitement, exprime ses doutes sur l'impartialité des magistrates jugeant des hommes, se faisant l'écho de ceux qui affirment qu'un nombre important d'accusations d'inceste ou d'abus sont mensongères. En réalité, cette intervention prouve que les femmes magistrates ont gagné une bataille; elles dérangent, car elles ont pris un certain pouvoir au sein de leur corps, ce qui déclenche ce type de craintes et d'hostilités.

Une certaine 'mobilité' a certainement à voir dans cette incontournable évolution:[19] une mobilité géographique d'abord, car aujourd'hui les femmes acceptent d'être déplacées pour obtenir une promotion interne. Leur plus difficile mobilité a sans aucun doute pu longtemps constituer un obstacle à leur promotion. L'action sur le terrain implique des mouvements permanents, contrairement à la vision sédentaire de Daumier. Décidant de ne plus mettre en avant des considérations d'ordre familial pour être ou non déplaçables précisément et contrairement à ce qu'allègue monsieur Perben, les juges bougent d'une juridiction à l'autre.

Une mobilité d'un bout a l'autre de l'échiquier de la profession elle-même. On commence à trouver des femmes en nombre croissant, bougeant du 'siège' – domaine traditionnellement plus calme au 'parquet' – pour devenir procureurs ou avocats généraux, domaine de l'accusation, femmes 'super-flics', où elles se montraient plus discrètes auparavant. Certes, 53% de femmes demeurent au siège, 35% au parquet. Mais, le fait est là, un mouvement s'est installé.

Une mobilité médiatique, plus récemment, a vu le jour devant les caméras de télévision: munies de garde du corps présents dans chacun de leurs mouvements, les femmes sont devenues des stars de la presse ou du petit écran, phénomène nouveau s'il en est. Il faut bien comprendre que ne doivent pas être considérés comme contradictoires ici les principes d'inamovibilité et celui de la mobilité que nous évoquons. L'inamovibilité, comme nous l'avons vu plus haut, a été établie pour permettre au juge de ne pas être dessaisi des affaires dans lesquelles son indépendance d'esprit pourrait déplaire, pour ne pas trop le déstabiliser dans sa vie personnelle et familiale que ce principe a été instauré. Ce principe d'inamovibilité, malgré les apparences, ne va pas à l'encontre de l'idée de mobilité. Ainsi, la pratique du Conseil supérieur de la magistrature a toujours consisté à encourager la mobilité. Le C.S.M. instituera deux règles de principe relatives à la durée d'exercice: la règle des deux ans, destinée à faire en sorte qu'un magistrat demeure dans un même poste au moins deux ans, avant d'obtenir une mutation ou un avancement, et la règle des dix ans,

19 Idée développée par P. Feuillée-Kendall au cours d'un congrès intitulé 'Femmes en mouvement', à Sackville, Nouveau-Brunswick, mai 2003.

tendant à éviter qu'un magistrat n'exerce ses fonctions plus de dix ans dans la même juridiction. La volonté du législateur était justifiée par le double souci d'enrichir l'exercice des fonctions juridictionnelles et de se prémunir contre les dérives possibles d'une trop grande implication dans la vie locale.

Cela dit, il n'y aurait pas eu de féminisation de la fonction de magistrat sans celle de l'avocat. Et les avocates ont dû se faire entendre. Les femmes entrent dans les prétoires au barreau d'abord, à la fin du XIXe siècle, prétoires qu'elles ne quitteront plus: en l'an 2000, elles représentent 50% des avocats. Des pionnières permettent en 1908 à des femmes d'être éligibles dans les conseils de prud'hommes, et en 1931 dans les tribunaux de commerce.

Mais c'est à la Libération qu'a lieu le tournant capital, faisant suite à la vraie capacité politique en avril 1944 (Boigeol 2002). Les femmes peuvent désormais siéger dans les jurys d'assises, et peuvent être assesseurs des juges des enfants. Le 11 avril 1946, est votée une loi stipulant que tout Français, de l'un et l'autre sexe, répondant aux conditions légales, peut accéder à la fonction de la magistrature. Précisons qu'il faut attendre encore deux ans pour que les femmes deviennent avouées, notaires, avocats au conseil, huissiers agréés, et greffiers en chef. En 2002, les femmes représentent 50,7% des magistrats. Elles n'ont pourtant pas encore totalement accédé aux postes hiérarchiques et les hommes occupent toujours les postes les plus élevés. On ne compte aujourd'hui qu'une petite minorité de premières présidentes de Cour d'Appel et de Procureur Généraux. Au point que le C.S.M. a fini par s'inquiéter de ce décalage et a appelé implicitement les magistrates à postuler de façon plus systématique aux postes hiérarchiques.

Des professionnelles confirmées, Simone Rozès, ancienne Première Présidente de la Cour de Cassation, Huguette Saint-Louis, Juge en chef au Tribunal Supérieur de Québec, et Anne Boigeol, au-delà de l'interrogation sur la place pour les femmes dans la Magistrature ont cherché à l'occasion des 40 ans de l'E.N.M., en 1998,[20] à déterminer si les femmes ont apporté une 'histoire, une culture, un regard' dans une société fortement masculine et d'analyser

20 Dossier E.N.M., Quarante ans d'histoire.

l'apport des magistrates dans l'institution, dans l'application et l'interprétation de la loi. Au terme de leurs réflexions, les femmes, par leurs caractéristiques personnelles, ont su démontrer que les qualités requises, pour exercer les fonctions de magistrat, n'étaient pas spécifiquement masculines, le sexe n'étant pas une catégorie pertinente pour décrire et analyser la Magistrature d'aujourd'hui. Historiquement, quelques pionnières, en France et ailleurs, ont rappelé les résistances qu'elles avaient eues à vaincre pour s'imposer dans un milieu masculin Même si aujourd'hui ces arguments (contraintes de la vie familiale, leur faiblesse supposée qui les empêcheraient d'exercer les fonctions judiciaires) sont en théorie dépassés, il n'en demeure pas moins que certains pensent toujours que l'image féminine de la Justice incommode le justiciable. Des préjugés sexistes de la part des pères demeurent contre les décisions rendues par des juges femmes en matière d'affaires familiales, ou des réactions du même ordre de la part de délinquants de culture étrangère chez lesquels la Loi est nécessairement représentée par l'homme. A moins que l'avènement des femmes dans la Magistrature n'ait eu pour effet d'humaniser le débat judiciaire, compte tenu des qualités 'de finesse, d'attention, d'intuition' inhérentes à la femme. Que de clichés! Quoi qu'il en soit, l'on s'accorde pour dire qu'il n'y a pas de spécificité féminine dans le contenu même ni des décisions ni des pratiques. Les femmes travaillent comme les hommes. A qualité égale, elles doivent être considérées de la même façon. Ternie par sa soumission, sa lâcheté parfois (Vichy ou la guerre d'Algérie), il fallait que tous retrouvent une dignité perdue: les femmes y ont très largement contribué. Il convenait à notre sens de consacrer à cette question toute son importance, car si l'on observe la place des femmes au sein ds institutions en général, on les trouve malheureusement sous représentées partout ailleurs.

Un autre volet du changement marquant les années soixante-dix consiste en une augmentation du contentieux et en un encombrement des juridictions. Cette judiciarisation d'un type nouveau, qu'accompagne une pénalisation de la vie collective, n'a pas été accompagnée par une évolution qui prendrait en compte les nouvelles données sociales. L'échec flagrant de la politique pénale française en matière de toxicomanie, par exemple, montre les limites d'un système répressif désuet, et il est impératif de trouver des alternatives à la garde à vue ou la prison.

Procédures archaïques et échec des réformes

'Une justice au service des libertés' est un leitmotiv constant, quels que soient les gouvernements. Avec des nuances (si l'on prend l'exemple de l'Italie), les pays latins suivent un modèle inquisitoire, les pays 'anglo-saxons' étant gratifiés d'un système dit accusatoire, dans lequel le règlement des conflits est géré par l'individu, les citoyens. Chez ces derniers, l'enquête est confiée à la police sous le contrôle de l'autorité judiciaire; l'Etat intervient le moins possible, et la fonction du juge est avant tout d'arbitrer les débats. En revanche, s'agissant du système inquisitoire, le juge est investi par l'Etat de l'obligation de faire respecter la loi et le procès est mis en mouvement puis dirigé par l'autorité de poursuite. La France possède un système mixte, mais privilégiant l'aspect inquisitoire du procès pas de virgule dans sa phase préliminaire. Lors de l'audience, phase accusatoire, tout est en réalité joué d'avance dans la majorité des cas.

Les observateurs de culture anglo-saxonne ont parfois du mal à interpréter ce caractère non-contradictoire de la procédure française, et ses atteintes répétées aux droits de l'homme: la garde à vue peut par exemple durer un maximum de 72 ou 98 heures en matière de terrorisme et de stupéfiants, sans que l'avocat n'ait accès au dossier. Certes, le Royaume-Uni fut sérieusement touché à la suite de célèbres erreurs judiciaires telles que le 'Birmingham six' et les révélations concernant le traitement des accusés. De même, dans l'affaire des 'Bridgewater three', les preuves avaient été fabriquées par la police; néanmoins, l'accusé bénéficie d'un traitement généralement humain (Spencer, J. *in* Delmas-Marty 1992, 121), et les bavures policières sont plus rares qu'en France, où l'écart demeure entre le 'droit annoncé' et le 'droit réel', tant sont enfreints les principes de loyauté à l'égard de l'accusé. Le droit de consulter un solicitor en Grande-

Bretagne au début de l'enquête préliminaire a été accordé par le *Police and Criminal Evidence Act 1984*. Elisabeth Guigou a inclus cette idée dans son projet de loi, mais l'accès au dossier par l'avocat demeure très restreint: il est présent dès le début de la garde à vue, mais, à l'inverse de ce qui se fait dans le reste de l'Europe, il ne peut avoir connaissance de la procédure ni assister aux interrogatoires, sa mission se bornant ainsi à apporter un réconfort psychologique. Autrement dit, sa présence n'est que fictive, et l'inégalité des armes continue à être flagrante entre l'accusation et la défense, censées ensuite dialoguer contradictoirement devant le juge instructeur.

Par ailleurs, en France, l'enquête est traditionnellement confiée non seulement à la partie poursuivante, mais aussi à un juge, le juge d'instruction, si controversé, et qui portait une triple 'casquette':

– celle d'officier de police judiciaire, menant l'enquête et ordonnant des perquisitions;

– celle de procureur, lors de la mise en examen, c'est-à-dire celui qui détermine l'existence d'indices graves et concordants de culpabilité;

– celle de juge, qui ordonne la détention ou prononce un non-lieu. (La loi du 15 juin 2000 entrée en application le 1er janvier 2001 portant création du juge des libertés et de la détention décide, sur saisine du juge d'instruction, de l'éventuelle mise en détention. Les avocats dénoncent la tendance consistant pour ce juge des libertés à ne jamais contredire lavis de l'instructeur, nombre d'entre eux manifestant là leur désaccord avec l'existence même de leur fonction).

Le juge d'instruction devient à la fois juge et partie et les droits de la défense sont de ce fait inégalement assurés. En particulier il rédige de véritables 'réquisitions' de procureur en motivant sa saisine du juge des libertés. Son rôle en somme est tel que l'on n'imagine pas pouvoir se passer de lui: 'Ce sont donc des réticences, des appréhensions, la peur du vide qui nous rendent un peu hostiles à l'idée de la suppression du juge d'instruction' (Lenoir 1992).

L'avocat lui, se trouve dans une position de toujours avoir à quémander, à s'en remettre au bon vouloir du magistrat instructeur qui lui fera la faveur de lui fournir des photocopies dans des délais raisonnables, de lui permettre de mener sa contre-enquête, puisqu'il ne peut approcher les témoins au risque d'être accusé de subornation, etc. Le défenseur ressent souvent à juste titre que, lors de son intervention au stade de l'instruction, l'affaire est déjà 'ficelée' par la police dans le cadre de la garde à vue. Le droit français ne favorise pas la preuve orale, contradictoire et débattue à l'audience, contrairement à la pratique au Royaume-Uni où le *Prosecution* doit apporter cette preuve, aux règles exigeantes et compliquées, protégeant ainsi l'accusé. S'agissant de la mise en détention, alors que l'incarcération est supposée demeurer l'exception, le nombre de placements en maison d'arrêt est d'environ la moitié des mises en examen. Ajoutons que la durée de cette détention a augmenté de 40% en 10 ans. Enfin, le respect de la présomption d'innocence suppose que soit gardé le secret de l'instruction, or ce principe est quotidiennement bafoué, au nom de celui de la liberté de la presse. N'y sont pas soumis les accusés, témoins, victimes et avocats, ce qui en fait une boutade. Là, se pose la question de savoir si la liberté de la presse est plus importante que le respect du secret: selon la hiérarchie des droits, elle ne l'est pas, et le juste équilibre n'est pas facile à réaliser.

A une perpétuelle recherche de solutions?

Pour sortir de cette impasse, des juristes récemment accompagnés de philosophes, historiens, politologues, sociologues et journalistes, mais aussi d'observateurs étrangers, ont réfléchi aux solutions possibles. Leurs propositions pourraient constituer en un avenir pour la justice. L'idée d'un rapprochement européen semble demeurer la vraie réponse à un problème qu'il ne faut surtout pas transformer en un mal incurable. L'ouverture des frontières, indéniable, oblige les États à s'armer contre une criminalité transnationale, comme le rappelle Delmas-Marty. Tout en notant que le statut de la convention européenne des droits de l'homme varie d'un pays à l'autre, son applicabilité s'étant échelonnée sur une période de plusieurs dizaines d'années, il faut admettre que la leçon de cette jurisprudence européenne est de montrer avant tout qu'il n'est pas de modèles de procédure pénale qui échappent à la censure de Strasbourg. Delmas-

Marty (Delmas-Marty 1992) souligne également que si l'échelle européenne présente des apparences de désordre, (clivage 'accusatoire', se référant traditionnellement au modèle 'anglo-saxon' et 'inquisitoire' au modèle 'continental'), il ne faut pas s'y tromper. Cette opacité de façade correspond au contraire à une ouverture ou réouverture des frontières juridiques, expression de la reconnaissance de la validité de règles venant d'ailleurs (Delmas-Marty ibid). Sortant du champ national pour dégager une série de principes qui seraient applicables partout, nous faisons ici référence aux dix propositions émanant d'une recherche datant d'une quinzaine d'années et qui demeure plus pertinente que jamais: parvenir à une 'protection des personnes' (dignité, protection de la victime, présomption d'innocence), à la 'qualité du procès' (respects des droits de la défense, équilibre entre les parties) et à 'plus d'efficacité' (proportionnalité et célérité).[21] La possibilité d'un changement dépendra avant tout de l'Europe. D'une part, la jurisprudence internationale prendra, (et elle le fait déjà régulièrement) le pas sur la jurisprudence interne. D'autre part, l'uniformisation des systèmes de procédure, que l'on commence à observer ici et là, finira par s'imposer, à moins que la France, 'championne de l'idée européenne', ne se retrouve alors malgré elle dans un état d'isolement quasi-complet.

> Si roi traite tôt le juge en chien, juge plus tard le prend aussi pour tel. Comme roi n'est plus juge et que juge n'est point roi, tous deux deviennent ensemble chiens. (Faux proverbe angevin, cité dans Libération par Daniel Soulez Larivière 1991).

21 Ces dix principes sont contenus dans *Commission justice pénale et droits de l'homme*, op.cit.

Bibliographie

Badinter, R. (2000), *L'Abolition*, Paris, Fayard

Barret-Kriegel, B. (1986), *Les chemins de l'Etat,* s.l., Paris, Calmann-Lévy

Bard, C. et al., (2002), *Femmes et justice pénale*, Paris, Presses Universitaires de France

Bart, J. (1999), *Histoire du Droit*, Paris, Dalloz

Beccaria, C. (1991), *Des délits et des peines*

Boigeol, A. 4 mars 1998. *La Tribune*

Boulanger, M. (2000), 'La grande ordonnance criminelle d'août 1670', *Revue d'histoire moderne et contemporaine*, vol. 47, pp. 7–36

Bouvier, J.C., Jacquin, P., and Vogelweith, A. (1997), *Les affaires ou comment s'en débarrasser*, Paris, La Découverte

Bredin, J.-D. and Lévy, T. (2002), *Convaincre,* Paris, Editions Odile Jacob

Casamayor[22] (1957), *Les Juges*, Paris, Seuil

Essai collectif, sous la direction de Chagnollaud, D. (1993), *La vie politique en France*, Essais Points

Chavaud, F. (1991), *De Pierre Rivière à Landru. La violence apprivoisée au XIXe siècle*, Paris, Ed. Prébols

Delmas-Marty, M. (1991), *Justice pénale et droits de l'homme*, La Documentation française

Delmas-Marty, M. (1992), *Procès pénal et droits de l'homme*, Paris, Presses Universitaires de France

Delmas-Marty, M. novembre 2000. 'La loi n'a pas tous les droits', *Le Monde de l'éducation*, no. 286

Devedjian, P. (1996), *Le temps des juges*, Paris, Flammarion.

Farcy, J.-C. (2001), *L'histoire de la justice française de la Révolution à nos jours*, Paris, Presses Universitaires de France

Fenech, G. (1997), *Main basse sur la justice*, Paris, Lattès

Feuillée-Kendall, P. (1998), 'Réforme de la justice en France', *French Politics and Society*, vol. 16, no. 3, Summer, p. 37

Feuillée-Kendall, P. (2000), 'La justice comme nouvelle scène de la démocratie', in *Modern and Contemporary France*, vol. 8, no. 3, August 2000, pp. 381–384

22 Nom de plume pour Serge Fuster.

Foucault M., (1975), *Surveiller et punir, Naissance de la prison,* Paris, Gallimard

Garapon, A. 24 octobre 1987. *Le Monde*

Garapon, A. (1996), *Le gardien des promesses*, Paris, Editions Odile Jacob

Giresse, A. (1987), *Seule la vérité blesse*, Paris, Plon, p. 11

Guemann, M., et Pribile, P. 14 août 1997. *Libération*

Halphen, E. (2002), *Sept ans de solitude,* Paris, Editions Denoël

Joly, E. (2003), *Est-ce dans ce monde-là que nous voulons vivre?* Paris, Les Arènes

Kriegel, B. (2001), *Réflexions sur la justice et sur la loi,* Paris, Plon

Lenoir E., Colloque 'Procès pénal et droits de l'homme', sous la direction de Delmas-Marty, M.

Laingui, A. et Lebigre A. (s.d.), *Histoire du droit pénal II, la procédure criminelle*, Paris, Cujas

Lion, R. (s.d.) 'Faut-il changer de République', *Libération*

Minc, A. (1998), *Au nom de la loi,* Paris, Gallimard

Montebourg, A. (2000), *La machine à trahir*, Paris, Editions Denoël

Perrot, M. (2001), *Les ombres de l'histoire, Crime et châtiment au XIXe siècle*, Paris, Flammarion

Royer, J.-P. (1979), *La société judiciaire depuis le XVIIIe*, Paris, Presses Universitaires de France

Royer, J.-P. (2001), *Histoire de la justice en France,* Paris, Presses Universitaires de France

Soleil, S. (2001), 'Le pouvoir disciplinaire interne aux institutions judiciaires (XVIe–XVIIIe siècles)', *in Association Française pour l'Histoire de la Justice*

Soulez Larivière, D. (1987), *Les juges dans la balance*, Paris, Editions Ramsay

Soulez Larivière, D. (1990), *Justice pour la Justice,* Paris, Seuil

Soulez Larivière, D. 8 mars 1991. *Libération*

Spencer, J. (1992), 'Les mérites du système anglais', *in* Delmas-Marty, M., *Procès pénal et droits de l'homme*, Paris, Presses Universitaires de France, p. 121

Thiel, G. (2002), *On ne réveille pas un juge qui dort,* Paris, Fayard

Turcey, V. (1997), *Le prince et ses juges*, Paris, Plon

www.liberation.fr.constitution, 3 octobre 1998, dossier 'La Ve ou VIe, le débat'.

Part I

The *juge*: 'the most powerful man in France'?

Joëlle Godard

Qui juge le juge en France? La réforme du Conseil Supérieur de la Magistrature

Le juge qui, sous l'Ancien Régime, se contentait d'être 'la bouche qui prononce les paroles de la loi', s'est émancipé et l'on parle aujourd'hui 'du gouvernement des juges' ou 'de la peur du juge'. Cette mutation s'est faite notamment à travers la réforme du Conseil supérieur de la magistrature qui contribue à définir la responsabilité et l'indépendance du juge moderne.

Dans un premier temps, ce chapitre décrit l'histoire, la composition et les attributions de cet organe, et le rôle croissant qu'il joue, à travers ses réformes successives, dans la carrière du magistrat. Il s'attache ensuite à préciser la responsabilité du juge, tant pour faute personnelle que dans le cadre disciplinaire ou même pénal. C'est là une question à la fois grave et délicate posée avec acuité dès lors que le juge est perçu de nos jours comme un personnage dont la puissance et l'indépendance menacent les citoyens, les pouvoirs publics et les médias.

En conclusion, il semble que le mouvement de réforme du C.S.M. va dans le sens d'une meilleure garantie de l'indépendance du juge par rapport à l'Exécutif. Sa responsabilité gagnerait toutefois à être plus clairement définie par le C.S.M. dont les décisions ne manquent pas d'avoir des répercussions sur la carrière du juge et sur l'idée que les citoyens se font de sa compétence et de son indépendance, voire de son irresponsabilité.

The 'juge', who, under the Ancien Régime, contented himself with being the 'mouth which spoke the words of the law', has been emancipated, and we talk today of a 'government by the judges' or of a 'fear of the judges'. This change has taken place via the reform of the Conseil supérieur de la magistrature, which plays a part in defining the responsibility and independence of the modern 'juge'.

This chapter opens with a historical description of the C.S.M., describes the composition and attributions of this body and the growing role which it plays in the career of the 'magistrat', following numerous reforms. It goes on to detail the responsibilities of the 'juge', in the case of individual misconduct, disciplinary or even criminal misdemeanour. This is a burning issue which is both a serious and sensitive one, since the 'juge' is seen as a figure whose power and independence pose a threat to the public, the authorities and the media.

To conclude, it seems that reforms to the C.S.M. are tending towards a better guarantee of the independence of the 'juge' from the Executive. Nonetheless, the responsibility of the 'juge' would still benefit by being more clearly defined by the C.S.M., whose decisions have repercussions on the careers of 'juges' and on the idea that the public forms of their sphere of action and their independence, even of their non-accountability.

La justice française vit, en ce début de siècle, l'une des mutations les plus importantes de son histoire. L'actuelle émancipation de la justice se fait notamment à travers la réforme du Conseil Supérieur de la Magistrature (C.S.M.) qui ne concerne pas seulement les magistrats et leurs problèmes de carrière, mais touche la justice en France et son rapport avec l'Exécutif.

Les abus des Parlements de l'Ancien Régime, qui exerçaient à la fois des fonctions juridictionnelles et législatives, ont incité les révolutionnaires de 1789 à poser les bases de la séparation des pouvoirs. Cependant, cette séparation des pouvoirs s'est faite au détriment du juge:[1] il lui a été interdit de s'ingérer dans le fonctionnement du Législatif[2] et dans celui de l'Exécutif.[3] Depuis la Révolution Française, nous avons donc un juge qui doit se contenter d'être 'la bouche qui prononce les paroles de la loi' (Montesquieu 1999, 301) et à qui il est interdit de s'ingérer dans l'action de l'Administration.

A l'aube du XXIe siècle, ce juge inoffensif s'est émancipé et on parle à nouveau du 'gouvernement des juges', 'de la peur du juge'.

1 Juge est pris dans le sens de magistrat de l'ordre judiciaire, c'est-à-dire qu'il comprend les personnes chargées de juger et celles chargées d'exercer l'action publique.

2 Loi des 16 et 24 août 1790, article 10: les tribunaux ne pourront prendre directement ou indirectement aucune part à l'exercice du pouvoir législatif, ni empêcher ou suspendre l'exécution des décrets du corps législatif.

3 Article 13: Les fonctions judiciaires sont distinctes et demeureront toujours séparées des fonctions administratives. Les juges ne pourront, à peine de forfaiture, troubler, de quelque manière que ce soit, les opérations des corps administratifs.

Dans ses rapports avec le Législateur, il est devenu le juge de la loi grâce notamment au droit européen et à la Convention Européenne des Droits de l'Homme. Dans ses rapports avec l'Exécutif, c'est en partie grâce aux médias – le quatrième pouvoir – que le juge a pu se protéger des pressions politiques. Certains juges se sont laissés séduire par les médias, d'autres ont développé une mentalité de croisés (Garapon 1997, 65). Le juge peut déranger. Voilà pourquoi le problème de la responsabilité du juge se pose avec autant d'acuité aujourd'hui ainsi que celle de son indépendance.

Devant qui, ce juge, est-il responsable?

L'incontournable institution qui aura à se prononcer est le Conseil Supérieur de la Magistrature (C.S.M.). Sous la IIIe République (1871–1940), c'était la Cour de Cassation qui constituait le C.S.M. en se réunissant en assemblée générale pour statuer en formation disciplinaire mais le ministre de la Justice avait seul le pouvoir de déclencher les poursuites, ce qui maintenait les liens entre pouvoir et justice (Royer 1995, 606). Sous la IVe République (1946–58), le C.S.M. devint un organe distinct mais à dominante politique car sur ses quatorze membres seulement quatre étaient des magistrats. Le Conseil était chargé de proposer au Président de la République les nominations et les décisions d'avancement pour les magistrats du siège. Ainsi la carrière des magistrats du siège ne dépendait plus du seul ministre de la Justice.

La Ve République a reconduit l'institution mais en modifiant sa composition et son rôle. Composé de onze membres, dont six magistrats et un Conseiller, le C.S.M. de 1958 était entièrement à la discrétion du Président de la République. Ce dernier était chargé de leur désignation, conformément au principe que l'Exécutif était le meilleur défenseur de l'impartialité des nominations et des promotions (Vincent, Guinchard, Montagnier and Varinard 1996, 108). Le C.S.M. ayant fait l'objet de nombreuses critiques en raison de sa composition (manque d'indépendance et de représentabilité) et de son rôle,[4] une réforme fondamentale est intervenue.

Depuis la loi constitutionnelle du 27 juillet 1993, le C.S.M. comprend deux formations constituées chacune de douze membres: l'une pour les magistrats du siège,[5] l'autre pour ceux du parquet.[6] Chaque formation est constituée à parité de six magistrats élus par leurs pairs et de six non magistrats.[7] Ces six dignitaires sont les mêmes dans les deux formations, ce qui renforce leur influence. Les membres du C.S.M. sont élus ou nommés pour quatre ans et leur mandat est non renouvelable.

Le rôle du C.S.M. est de juger le juge tout au long de sa carrière, pour lui accorder ou non une promotion (I) mais également pour prononcer une sanction si sa responsabilité est mise en cause (II).

I Le juge et sa carrière

Il peut être surprenant pour les juristes britanniques d'apprendre que les magistrats français sont recrutés par un concours ouvert aux étudiants âgés de moins de 27 ans, par conséquent sans la moindre expérience professionnelle. Il existe également un deuxième et un troisième concours avec là aussi une limite d'âge de 40 ans, ainsi qu'une possibilité d'intégration directe, environ 15% des magistrats, ce qui permet de nommer notamment des professeurs de droit de

4 Il n'émettait des propositions que pour la nomination des premiers présidents des cours d'appel et des magistrats du siège de la Cour de cassation et qu'un avis simple sur les propositions du ministre de la Justice pour la nomination des autres juges. Son rôle était exclu pour les magistrats du parquet.

5 Six magistrats (cinq du siège et un du parquet) + six non magistrats.

6 Six magistrats (cinq du parquet et un du siège) + six non magistrats.

7 Le Président de la République (qui préside le Conseil), le Ministre de la Justice (vice-président), un conseiller d'Etat, désigné par le Conseil d'Etat, et trois personnalités n'appartenant ni au Parlement ni à l'ordre judiciaire, désignées respectivement par le Président de la République, le président de l'Assemblée nationale et le président du Sénat, pour quatre ans. Les six non magistrats sont les mêmes pour les deux formations, ce qui renforce leur pouvoir.

l'université à la Cour de Cassation. On comptait, en 2001, 6 882 magistrats: 3 413 femmes et 3 469 hommes. La parité est une réalité dans la magistrature.

Après une formation de 31 mois, chaque auditeur de justice choisit sa première affectation sur une liste de postes disponibles, en fonction de son rang de classement et de la recommandation faite par le jury qui procède au classement. Le premier a donc le choix le plus large, le dernier prend ... ce qui reste. Son premier poste peut être celui de juge d'instruction. Une fois sa carrière engagée, le magistrat peut rester au même poste tout en ayant un avancement indiciaire automatique qui se trouvera limité, au bout d'une dizaine d'années, par le 'plafond' du second grade (cf. tableau en annexe 1). Cependant, s'il souhaite demander un nouveau poste, pour des raisons familiales ou géographiques, la procédure suivie dans la plupart des cas est la suivante: le magistrat doit présenter une demande de mutation au ministère de la Justice qui apprécie en fonction de divers critères. Si un magistrat demande à la fois les D.O.M.–T.O.M. et Evreux, c'est le ministère qui choisit l'un ou l'autre, et fait figurer le candidat sur un document officiel baptisé 'transparence', c'est-à-dire que le nom du candidat est mentionné dans le projet de mouvement. La 'transparence' est soumise pour avis au C.S.M., qui accepte ou refuse chaque projet de mouvement, au vu de divers critères: qualités professionnelles, mobilité géographique et fonctionnelle, diversification de l'expérience professionnelle du candidat, ancienneté et profil du poste.

Le C.S.M. peut être saisi de réclamations par des magistrats qui étaient eux aussi candidats au poste et qui n'ont pas été retenus par le ministère de la Justice. Ce n'est que si le C.S.M. donne son accord que la nomination peut avoir lieu. L'absence de motivation des décisions du C.S.M. a engendré des réactions des syndicats de magistrats[8] mais depuis le rapport annuel du C.S.M. de 2000, l'analyse succincte des motifs des avis non conformes ou défavorables émis est publiée tout en gardant l'anonymat des postulants.

8 Prieur, C. 16 février 1999, 'Le Syndicat de la Magistrature dénonce "l'arbitraire" du C.S.M.' dans *Le Monde*; Prieur, C. 6 juillet 2000, 'Le C.S.M. critique les projets de réforme d'Elisabeth Guigou' dans *Le Monde*.

En théorie, pour les magistrats du Parquet, l'avis du C.S.M. ne lie pas l'autorité de nomination, le ministère de la Justice pouvant passer outre et nommer quand même. En pratique, les deux ministres de la Justice du gouvernement Jospin, Elisabeth Guigou (juin 1997 à octobre 2000) et Marylise Lebranchu (octobre 2000 à mai 2002) ont toujours respecté les avis de la formation compétente à l'égard des magistrats du parquet, qui ont donc la même autorité définitive que les avis de la formation compétente à l'égard des magistrats du siège. Le nouveau ministre de la Justice, Dominique Perben, a déclaré qu'il ne se sentait pas lié par les pratiques du gouvernement précédent.

La magistrature est très hiérarchisée: au sommet sont placés les magistrats hors hiérarchie, puis viennent ensuite les magistrats du premier grade, répartis en deux groupes jusqu'à une récente réforme, et enfin les magistrats du second grade (cf. tableau en annexe 1).

Quand un magistrat demande une mutation en avancement, c'est-à-dire pour passer du deuxième grade au premier grade, il doit franchir deux étapes supplémentaires:

– être 'présenté à l'avancement' par son supérieur hiérarchique,

– être inscrit au 'tableau d'avancement' par une commission spéciale, composée de représentants de la hiérarchie judiciaire et de membres élus par l'ensemble de la magistrature. Pour être inscrit au tableau d'avancement, un magistrat devra justifier d'un certain nombre d'années de service. Une fois inscrit par la commission, il faut que le ministère de la Justice propose la nomination sur un nouveau poste, si ce poste est libre. C'est ce qu'on appelle la 'réalisation' du tableau, qui est parfois plus difficile que l'inscription. Le nombre de magistrats inscrits au tableau d'avancement et donc en attente de promotion était passé de 654 en 1995 à 1 132 en 2000.

C'est pour faire face à cet engorgement des carrières qu'une loi statutaire du 25 juin 2001, applicable depuis le 1er janvier 2002, a prévu les dispositions suivantes:

– les deux groupes au sein du premier grade sont supprimés,

– l'augmentation du nombre de postes aux grades supérieurs: le grade de base ne comprend plus que 28% de l'ensemble des magistrats contre 58% avant la réforme, le premier grade comprend 62% des magistrats (contre 37% avant la réforme), globalement près de deux magistrats sur trois, le nombre des postes hors hiérarchie est passé de 349 à 663 pour représenter environ 10% de l'ensemble des emplois,

– l'ancienneté nécessaire pour prétendre à une inscription au tableau d'avancement, c'est-à-dire pour passer du deuxième grade au premier grade, est réduite de 10 à 7 ans.

Cette réforme, qui augmente donc le nombre de postes aux échelons supérieurs de la hiérarchie, rend plus fluide l'avancement des magistrats et permet donc d'accélérer la progression de leur carrière, désormais identique qu'elle se déroule à Paris ou en Province. La loi aligne ainsi le déroulement de la carrière des magistrats judiciaires sur celles des magistrats administratifs et financiers.

En contrepartie, les magistrats devront être plus mobiles afin de renforcer leurs garanties d'impartialité.

– nul ne pourra être promu au premier grade dans une juridiction où il est affecté depuis plus de 5 ans, à l'exception de la Cour de Cassation,

– nul ne pourra être nommé à un emploi hors hiérarchie s'il n'a été nommé à deux emplois du premier grade dans deux juridictions différentes,

– les fonctions de juge d'instruction, de juge aux affaires familiales, de juge des enfants, de juge de l'application des peines et de juge d'instance ne pourront plus être exercées pendant plus de dix années dans la même juridiction.

Ces nouvelles dispositions concernant la mobilité des magistrats ne sont applicables qu'aux magistrats qui ont pris leurs fonctions à compter du 1er janvier 2002 (Rapport C.S.M. 2001 (2002), 11).

Malgré les simplifications apportées par la réforme, la magistrature demeure hiérarchisée. 'La magistrature a été réorganisée par Napoléon à l'image de l'armée, en un corps strictement hiérarchisé. L'avancement est la récompense' (Georgel 1999, 19). Ce système de promotion pose le problème de l'indépendance du juge.

Conformément à l'article 64 de la Constitution, l'indépendance du juge est garantie par le Président de la République et cette garantie est assurée par le principe de l'inamovibilité: 'les magistrats du siège sont inamovibles'. 'En conséquence, le magistrat du siège ne peut recevoir sans son consentement, une affectation nouvelle, même en avancement' (ordonnance du 22 décembre 1958, article 4). Le magistrat du siège, mais non celui du ministère public, est ainsi protégé contre les révocations, les déplacements ou les suspensions arbitraires qui pourraient constituer des moyens de pression sur lui.

'On veut que les juges soient inamovibles pour qu'ils restent libres: mais qu'importe que nul ne puisse leur ravir leur indépendance si eux-mêmes en font volontairement le sacrifice.' (Toqueville 1981, 373). Cet avis est partagé par Jean-Pierre Dintilhac, ancien procureur de la République de Paris: 'l'indépendance est une posture, quand les magistrats s'interdisent de courir derrière un avancement ou un quelconque hochet ...'[9] C'est à l'Exécutif qu'il appartient de distribuer les signes d'honneurs et de prééminence sociale tel que la Légion d'honneur, 'le hochet de la République', créée par Napoléon pour séduire les élites. Faudrait-il, comme le préconise Jean-Pierre Dintilhac que 'le pouvoir politique n'attribue plus ni décorations ni médailles aux magistrats en confiant cette prérogative au C.S.M.'?[10]

La situation du juge français est opposée à celle du juge britannique dont l'indépendance n'est garantie par aucun texte. En théorie, il pourrait être victime de bien des pressions mais en pratique son indépendance est difficilement menacée. Quant à l'indépendance du juge français, elle est proclamée dans la Constitution mais la réalité veut que, s'il veut faire carrière, il lui faudra être bien noté, et donc éventuellement devoir se soumettre aux pressions hiérarchiques. L'indépendance est une culture.

Intervention du C.S.M. dans le déroulement de la carrière d'un magistrat.

Au début de la Ve République, le rôle du C.S.M. se limitait à donner un avis pour la carrière de la grande majorité des magistrats du siège mais pas pour les magistrats du parquet. Depuis la réforme de 1993, le C.S.M. donne son avis pour les nominations concernant les magistrats

9 hochet: chose futile qui contente, console l'esprit, qui flatte les passions.

10 Prieur, C. et Lhomme, F. 22 juin 2002. 'Chirac, D.S.K., Colonna: sur le départ, le procureur de Paris s'explique', *Le Monde*.

du parquet et les magistrats du siège mais cet avis ne s'impose au ministre de la Justice que pour les magistrats du siège.[11] La pratique s'est instaurée que l'avis donné, même pour les nominations des membres du Parquet, serait suivi par le ministère de la Justice.

Il est important de noter que le ministère de la Justice détient toujours le monopole de la présentation des projets de mouvement et que le C.S.M. 'ne peut en aucune manière substituer un projet de nomination à celui de la Chancellerie' (Rapport C.S.M. 1999 (2000), 47). En revanche, pour les plus hauts magistrats du siège, ils sont choisis directement par le C.S.M. sans intervention du ministère de la Justice. En ce qui concerne les procureurs généraux (hauts magistrats du parquet), ils sont nommés discrétionnairement en conseil des ministres, comme les Préfets.

La question se pose de savoir si le C.S.M. accepte systématiquement les propositions faites par le ministère de la Justice. Certains précédents C.S.M. ont parfois eu des relations conflictuelles avec les ministres de la Justice.[12] On compte, entre juin 1998 et le 20 mars 2002 soixante-trois avis défavorables sur 3 455 nominations de magistrats du siège et vingt-sept avis défavorables sur 1 491 nominations de magistrats du parquet (Rapports C.S.M. 1999–2000–2001). On le voit, la fonction du C.S.M. n'est plus d'entériner les décisions du ministère de la Justice.

Ce mouvement d'émancipation est complété par la décision du C.S.M. de se réunir une fois par mois en section commune aux deux formations, sans la présidence du Président de la République. Cette initiative constitue 'un véritable coup d'état institutionnel' (Vincent, Guinchard, Montagnier et Varinard 1996, 109). Le C.S.M., qui pendant longtemps a été dans l'ombre, joue un rôle primordial: il est devenu un interlocuteur incontournable pour le ministre de la Justice et il n'y a que la nomination des hauts magistrats du parquet qui lui échappe.

Le gouvernement de Lionel Jospin avait fait voter un projet de loi en 1998 qui prévoyait que le C.S.M. devrait être consulté même

11 Constitution 1958, article 65, al.7.

12 Prieur, C. 6 juillet 2000. 'Le C.S.M. critique les projets de réforme d'Elisabeth Guigou', *Le Monde*.

pour les nominations des avocats généraux. Cette réforme nécessitant la révision de la Constitution, le Parlement devait être convoqué en Congrès conformément à l'article 89 de la Constitution. Jacques Chirac n'ayant pas convoqué le Parlement, le projet de loi constitutionnelle est resté lettre morte. Ce projet de loi prévoyait également qu'en contrepartie de leur indépendance, les magistrats devaient devenir minoritaires au sein du C.S.M.[13] pour éviter tout corporatisme[14] et leur responsabilité devait pouvoir être mise en cause. Ce juge de plus en plus indépendant du pouvoir Exécutif, peut-il rester intouchable? Jean-Denis Bredin a bien résumé l'ambiguïté du statut du juge par cette question: 'le juge indépendant peut-il être irresponsable?' (Bredin 1996, 165).

II Le juge et sa responsabilité

La question de la responsabilité du juge en France est, depuis quelques années, souvent soulevée, non pas parce qu'ils sont devenus subitement de mauvais juges, mais plutôt parce qu'ils mettent de plus en plus en cause la responsabilité civile et pénale des citoyens … et des politiciens en particulier. Ici repose une ambiguïté du C.S.M.: la volonté affichée des gouvernants de garantir l'indépendance des magistrats, en la mentionnant solennellement dans la Constitution, et la difficulté de ces mêmes gouvernants à ne pas accepter toutes les conséquences de ces garanties (Godard 2002, 223).

Comment protéger le juge de la vindicte du justiciable mécontent sans tomber à l'inverse dans l'irresponsabilité?

13 Actuellement composé de 6 magistrats sur 12 membres dans chacune de ses formations, il serait passé à 6 magistrats sur 19 membres dans chacune de ses formations.

14 Depuis le renouvellement du C.S.M., le 4 juin 2002, l'Union syndicale des magistrats (U.S.M. – modérée) qui est majoritaire dans la magistrature, a 6 membres magistrats sur 12 et 67% des voies obtenues. A la faveur d'un changement d'un mode de scrutin, le Syndicat de la magistrature (S.M., gauche) qui a recueilli 29,5% des voix fait son entrée dans le Conseil.

Il y a tout d'abord l'exercice des voies de recours. Ce peut être un remède au mécontentement des plaideurs qui peut permettre de rectifier une erreur mais pas d'obtenir compensation du dommage occasionné par une mauvaise décision de justice. Cependant, en raison de la collégialité, il est difficile de souligner l'incompétence d'un magistrat en particulier.

Il a paru nécessaire de permettre au justiciable dans les cas les plus graves, de mettre en cause un magistrat ou un tribunal et de leur demander réparation du préjudice causé.

Trois moyens permettent de soulever la responsabilité du magistrat:

– la responsabilité civile pour faute personnelle,
– la responsabilité disciplinaire,
– la responsabilité pénale.

La responsabilité pour faute personnelle

Conformément à l'article 11–1 al.2 de l'ordonnance du 22 décembre 1958, la responsabilité des magistrats ne peut être engagée 'que de leurs fautes personnelles'. Cette notion est difficile à cerner car il existe une confusion entre la responsabilité du juge et celle de l'institution. Tout d'abord, il est clair que les victimes de fautes personnelles commises par des magistrats en dehors du service disposent de tous les recours de droit commun. C'est à la faute personnelle se rattachant au service public de la justice que l'article 11–1 est applicable. Prenons l'exemple d'un juge qui décide de risquer de rendre la garde d'un enfant à ses parents, ce qui concourt à la réalisation d'un dommage, le décès de l'enfant. Faut-il mettre en cause la responsabilité du juge ou celle de l'État?

Autrefois, il existait la 'prise à partie' qui était une procédure dirigée directement contre le magistrat. Cette procédure a été remplacée, pour les magistrats de carrière, par une procédure simplifiée mais qui ne permet pas au justiciable victime d'agir directement contre le magistrat lui-même. Il doit agir contre l'État, garant de l'activité des juges, qui peut ensuite exercer une action récursoire contre le magistrat fautif. En fait, il est difficile de trouver des exemples où l'État s'est retourné contre le magistrat fautif pour obtenir le remboursement des dommages et intérêts versés à la victime. La faute personnelle du juge doit être intentionnelle. Lorsqu'elle n'est pas caractérisée par l'intention de nuire, c'est le régime de responsabilité pour fonctionnement défectueux du service de la justice qui est applicable.

En cas de fonctionnement défectueux du service public de la justice, 'l'État est tenu de réparer le dommage ...' (Article L.781–1 du Code de l'organisation judiciaire). Cette responsabilité ne peut être engagée que pour une faute lourde ou un déni de justice. S'agissant de la responsabilité d'un service judiciaire, la responsabilité de l'État doit être mise en cause devant une juridiction de l'ordre judiciaire.

Les procédures de ce chef sont encore rares mais en progression. La jurisprudence interprète largement la notion de faute lourde ou de déni de justice mais cette jurisprudence est limitée à des cas où aucun magistrat n'est clairement identifié. A chaque fois que l'incompétence d'un juge en particulier est mise en cause, 'on constate un raidissement' (Vincent, Guinchard, Montagnier et Varinard 1996, 169).

L'arrêt de l'Assemblée Plénière de la Cour de Cassation, rendu le 23 février 2001, a assoupli la condition de faute lourde: 'constitue une faute lourde toute déficience caractérisée par un fait ou une série de faits traduisant l'inaptitude du service public de la justice à remplir la mission dont il est investi'.[15] A été notamment qualifiée de faute lourde 'la divulgation à la presse par des membres du personnel du service de la justice, de documents permettant d'identifier les personnes mises en cause à l'occasion d'une enquête' (Rapport C.S.M. 1999 (2001), 114). D'autre part, la jurisprudence a établi que constituait un déni de justice le fait de ne pas répondre à une requête ou le fait de négliger de juger les affaires en état de l'être. Dans l'hypothèse d'une faute lourde ou d'un déni de justice de la part d'un juge, l'État est donc directement responsable au lieu de n'être qu'un simple garant du juge. Ce régime de responsabilité n'offre pas de

15 C.cass. plén. 23 avril 2001, concl. De Gouttes, note E. Collomp, GP. 27/28 juill. 2001.

protection supplémentaire au justiciable et le juge est souvent perçu comme irresponsable.

C'est là le cœur du débat public actuel. Le justiciable a certes un recours et peut-être une indemnisation mais le juge incompétent est perçu comme restant impuni. Le juge ayant de larges pouvoirs conférés par la loi, faut-il prévoir un régime de responsabilité aggravé par rapport à celui du reste de la fonction publique? Faut-il élargir les possibilités de mise en cause de la responsabilité personnelle? En fait, si une faute engageant la responsabilité de l'État peut être imputable, le magistrat sera mal noté et la commission d'avancement, comme le ministère de la Justice et le C.S.M., en tiendront compte: il n'ira plus très loin dans la hiérarchie. Il pourrait être également envisagé d'instaurer une passerelle entre responsabilité civile et responsabilité disciplinaire. Ainsi, quand une faute est imputable à un juge, le C.S.M. serait automatiquement saisi et si une sanction disciplinaire est prononcée, le justiciable qui a intenté l'action contre le juge pourrait constater que le juge a été sanctionné. Cependant, même reconnue, la faute ne conduit à aucune sanction pécuniaire contre le juge fautif.

Responsabilité disciplinaire

La faute disciplinaire est définie comme 'tout manquement par un magistrat aux devoirs de son état, à l'honneur, à la délicatesse ou à la dignité'. La formule de l'article 43 de l'ordonnance du 22 décembre 1958 est large et permet d'étendre la faute disciplinaire aux manquements du magistrat concernant sa vie privée s'ils sont susceptible de porter atteinte à l'honorabilité de la fonction et à l'image de celui qui est appelé à juger autrui. Il faut bien détacher la faute de discipline de l'erreur du juge, en fait ou en droit. 'Un magistrat du siège ne saurait encourir de sanction disciplinaire à raison de la rédaction de ses décisions juridictionnelles, tant du moins qu'il ne critique pas les lois ou ne se livre pas à des attaques contre le chef d'État et le Gouvernement'.

Ce que l'on attend du juge, c'est qu'il respecte le serment qu'il a prêté au moment de sa prise de fonction: 'Je jure de bien et fidèlement remplir mes fonctions, de garder religieusement le secret des délibérations et de me conduire en tout comme un digne et loyal magistrat'. Appartenant au corps judiciaire, le juge ne doit ni entraver le fonctionnement de la Justice ni en flétrir son image.

C'est la formation du C.S.M. compétente à l'égard des magistrats du siège, présidée par le premier président de la Cour de Cassation, qui exerce le pouvoir disciplinaire pour les magistrats du siège et celle compétente à l'égard des magistrats du parquet, présidée par le procureur général près la Cour de Cassation, pour les membres du ministère public.

Le C.S.M. est saisi par le ministre de la Justice et, depuis la loi organique du 25 juin 2001, également par les chefs de cour. Une enquête contradictoire peut avoir lieu au terme de laquelle le magistrat est cité à comparaître devant le conseil de discipline.[16] Pour se mettre en conformité avec la Convention européenne de sauvegarde des droits de l'homme, le C.S.M. a introduit la publicité de l'audience disciplinaire en autorisant le public à y assister. La première audience publique s'est déroulée le 22 mars 2000 et la loi organique du 25 juin 2001 a consacré cette pratique en prévoyant que 'l'audience du conseil de discipline est publique'; mais l'accès de la salle peut être interdit si la protection de l'ordre public ou de la vie privée l'exigent (Rapport C.S.M. 2001 (2002), 88).

La formation compétente à l'égard des magistrats du siège peut prononcer une sanction. En revanche, celle du parquet ne peut qu'émettre un avis motivé, sur les sanctions disciplinaires, qui est transmis au ministre de la Justice. C'est donc ce dernier qui dispose du pouvoir de mise en œuvre de l'action disciplinaire et du pouvoir de sanction vis-à-vis des magistrats du parquet.

Les sanctions disciplinaires sont les suivantes:

- interdiction temporaire,
- réprimande avec inscription au dossier,
- déplacement d'office,
- retrait des fonctions,
- retrait des fonctions assorti du déplacement d'office,
- abaissement d'échelon,

16 Les différentes étapes de la procédure sont énumérées dans le rapport annuel du C.S.M. de 1999 (pp. 28 à 32).

– rétrogradation,
– mise à la retraite d'office,
– révocation avec suspension des droits à pension,
– révocation sans suspension des droits à pension,
– retrait de l'honorariat.

Parmi les comportements fautifs, on peut noter le fait de cohabiter avec une prostituée, de fréquenter des proxénètes, de recevoir à son domicile des toxicomanes, d'être condamné pour conduite sous l'empire d'un état alcoolique ou pour vol ou encore d'utiliser à des fins personnelles des objets placés sous scellés.

Entre le 1er janvier 2001 et le 28 mars 2002, la formation compétente pour les magistrats du siège a prononcé dix décisions en matière disciplinaire et celle du parquet a émis sept avis. C'est à partir de 1991 que l'on a constaté une augmentation du nombre des poursuites disciplinaires mais leur nombre reste toujours très peu élevé par rapport au nombre de magistrats car 'tout manquement professionnel avéré ne suffit à caractériser une faute disciplinaire ... pour revêtir un caractère disciplinaire, ces manquements doivent être répétés et ne pas apparaître véniels' (Rapport C.S.M. 2000 (2001), 101). Récemment, le C.S.M. a dû se prononcer sur des affaires très médiatisées comme celle de la disparition des jeunes filles handicapées de l'Yonne et a sanctionné des magistrats du ministère public dont l'inertie a 'contribué à la non exploitation, des années durant, d'une enquête qui était susceptible de mettre à jour un comportement particulièrement atroce' (Rapport C.S.M. 2001 (2002), 94). Les sanctions prononcées sont parfois perçues par les médias comme bénignes, comme par exemple la relaxe d'un juge d'instruction comparaissant à la suite de la disparition d'une partie d'un dossier d'instruction visant la scientologie, et dans le cadre d'un dossier impliquant des policiers dans une affaire de malversations, alors que le ministre de la justice avait demandé une sanction disciplinaire pour 'manque de rigueur'.[17]

17 Prieur, C. 15 décembre 2001. 'Le C.S.M. décide de ne pas sanctionner la juge Moracchini', *Le Monde;* Prieur, C. 19 mars 2002. 'Le régime disciplinaire des juges et parquetiers continue de provoquer la suspicion', *Le Monde*.

Le Conseil d'État s'est toujours reconnu compétent pour connaître, par la voie du recours pour excès de pouvoir, les sanctions frappant les magistrats du parquet. En revanche, si la décision du conseil de discipline des magistrats du siège n'est susceptible d'aucun recours, le Conseil d'État a conclu à sa compétence pour examiner, par la voie du recours en cassation, les décisions du C.S.M. statuant comme organe disciplinaire des magistrats du siège.

Les décisions du C.S.M. rendues en matière disciplinaire à l'égard des magistrats du siège et avec l'accord du Garde des Sceaux, ainsi que les avis qu'il émet s'agissant des magistrats du parquet, sont publiés en annexe des rapports annuels qui sont également librement disponibles sur internet [http://www.conseil-superieur-magistrature.fr].

Responsabilité pénale

Comme tout citoyen, le juge est soumis au respect du droit pénal et peut donc être poursuivi s'il a commis des infractions. C'est l'homme qui est jugé et non pas le juge.

Les instructions concernant les magistrats peuvent être délocalisées pour plus de neutralité. Le déclenchement de l'action disciplinaire est indépendant de celui de l'action pénale mais 'tout délit imputable à un magistrat dans le cadre de la vie privée, même sans aucune incidence sur son activité professionnelle, peut être constitutif d'une faute disciplinaire' (Rapport C.S.M. 1999 (2000), 125).

Conclusion

Le mouvement de réforme renforçant les prérogatives du C.S.M. va dans le sens d'une meilleure garantie de l'indépendance du juge par rapport à l'Exécutif. Ce juge mieux protégé, moins susceptible de subir des pressions du gouvernement n'est cependant toujours pas libéré du poids de la hiérarchie.

Si l'indépendance du juge est indispensable pour renforcer la confiance du justiciable il faut également que le juge soit perçu comme pouvant être responsable. Actuellement, même si une faute personnelle a été commise, c'est l'État qui indemnise la victime et le magistrat ne sera personnellement inquiété que si le ministre de la Justice ou le chef de cour saisit le C.S.M. en vue d'une sanction disciplinaire. Pour éviter que le juge soit perçu comme irresponsable, tout en le protégeant de la vindicte personnelle du justiciable insatisfait, on pourrait rendre automatique la saisine du C.S.M. quand l'incompétence d'un juge est clairement identifiée. Les décisions du C.S.M. ont des répercutions sur la carrière du juge et la victime pourra ainsi constater que le magistrat a été sanctionné. La politique du C.S.M. d'ouvrir au public les audiences disciplinaires ainsi que la publication de ses décisions vont dans le même sens. Le principe si cher aux Britanniques, *Justice must be seen to be done* doit s'appliquer ... même au juge.

Avant la loi du 25 juin 2001	Depuis la loi du 25 juin 2001
Magistrats hors hiérarchie (5%)	Magistrats hors hiérarchie (10%)
Magistrats du premier grade (37%) *– du 2e groupe* *– du 1er groupe*	Magistrats du premier grade (62%)
Magistrats du deuxième grade (58%) *Promotion au premier grade possible après 10 ans*	Magistrats du deuxième grade (28%) *Promotion au premier grade possible après 7 ans*

Annexe 1/*(Figure 1)*: Hiérarchie des magistrats

Bibliographie

Bredin, J.-D. (1996), 'Qu'est-ce que l'indépendance du juge?', *Justices* no. 3, pp. 161–166

Conseil Supérieur de la Magistrature – Rapport d'activité 2001 (2002), Éditions des Journaux Officiels

Conseil Supérieur de la Magistrature – Rapport d'activité 2000 (2001), Éditions des Journaux Officiels

Conseil Supérieur de la Magistrature – Rapport d'activité 1999 (2000), Éditions des Journaux Officiels

Garapon, A. (1997), 'Justice et médias, une alchimie douteuse' *Médias Pouvoirs*, pp. 65

Georgel, C. (1999), 'Du gouvernement des juges?' *Lumière et vie – Justice et pouvoir judiciaire*, vol. 235

Godard, J. (2002) 'The French Judge and *les affaires*', *Justice of the Peace*, no. 166, pp. 223–225

Montesquieu (1979), *De l'Esprit des Lois*, Garnier/Flammarion

Prieur, C. 6 juillet 2000. 'Le C.S.M. critique les projets de réforme d'Elisabeth Guigou', *Le Monde*

Prieur, C. 15 décembre 2001. 'Le C.S.M. décide de ne pas sanctionner la juge Moracchini', *Le Monde*

Prieur, C. 19 mars 2002. 'Le régime disciplinaire des juges et parquetiers continue de provoquer la suspicion', *Le Monde*

Prieur, C. 16 février 1999, 'Le Syndicat de la Magistrature dénonce "l'arbitraire" du C.S.M.' *Le Monde*

Prieur, C. et Lhomme, F. 22 juin 2002. 'Chirac, D.S.K., Colonna: sur le départ, le procureur de Paris s'explique', *Le Monde.*

Royer, J.-P. (1995), *Histoire de la justice en France*, Presses Universitaires de France

Toqueville, A. (1981), *De la démocratie en Amérique,* Garnier/ Flammarion

Vincent, J., Guinchard S., Montagnier, G. et Varinard, A. (1996) *La justice et ses institutions*, 4e edn, Dalloz

http://www.conseil-superieur-magistrature.fr/

Alexandre Nanchi

L'immunité pénale du Chef de l'Etat face à l'action du juge en droit français

Le Président de la République française est irresponsable. Il ne peut être mis en cause ni politiquement, ni civilement, ni pénalement, sauf cas de haute trahison. Cette position a également été adoptée, avec des nuances dans son interprétation, par l'ensemble des démocraties modernes.

L'irresponsabilité du chef de l'Etat est prévue par l'article 68 de la Constitution de la Vème République qui reprend des dispositions antérieures semblables. Le principe d'irresponsabilité n'avait été guère débattu ou mis en cause jusqu'en 1998, lorsque la justice fut saisie d'une affaire mettant en cause le Président de la République Jacques Chirac alors qu'il était maire de Paris. Ces circonstances amenèrent le Conseil constitutionnel en 1999, puis la Cour de Cassation en 2001, à préciser la nature et l'étendue de l'irresponsabilité présidentielle.

Ce chapitre analyse l'état du droit quant à l'immunité dont jouit le Président de la République. Il s'agit essentiellement de l'immunité contre le pouvoir d'enquête et du privilège contre le pouvoir de jugement. Il ressort de cette étude que les deux chambres du Parlement, expressions démocratiques du peuple, restent maîtresses des poursuites, du jugement et des sanctions en cas de haute trahison. Dans les autres cas, malgré les éclaircissements apportés par le Conseil constitutionnel et la Cour de Cassation, la situation demeure complexe et quelque peu indécise.

En conclusion, il est clair que la Constitution cherche d'abord à protéger le chef de l'Etat au détriment du pouvoir d'action du juge. Par ailleurs, il semble utopique que la révision constitutionnelle annoncée puisse faire échapper la mise en cause d'un chef de l'Etat aux considérations politiques.

The French President is not accountable. He cannot be challenged on a political, civil or criminal level, other than in the case of high treason. This status has also been adopted, varying slighlty in its interpretation, by all modern democracies.

The non-accountability of the head of state is set out in article 68 of the Constitution of the Fifth Republic, which builds on similar previous provisions. The principle of non-accountability had hardly been debated or called into question before 1998, when the law had to deal with a case concerning

President Jacques Chirac when he was mayor of Paris. These circumstances obliged the Conseil constitutionnel (in 1999) and the Cour de Cassation (in 2001) to clarify the nature and extent of presidential non-accountability.

This chapter analyses the position of the law in relation to the immunity enjoyed by the President. Essentially, it is a matter of immunity from investigation and judgments. This study reveals that the two chambers of Parliament, elected democratically by the people, remain the masters of legal action, judgments and punishment in the case of high treason. In other cases, despite the elucidations brought by the Conseil constitutionnel and the Cour de Cassation, the situation remains complex and fairly inconclusive.

To conclude, it is clear that the Constitution aims principally to protect the head of state to the detriment of the sphere of action of the 'juge'. Moreover, it seems unrealistic to expect that the proposed revision of the Constitution could allow political considerations to give precedence to criminal prosecution.

Le Président de la République est irresponsable. La première des fonctions de l'Etat français se situerait en dehors des règles communes de la démocratie.

Le Président de la République est irresponsable politiquement,[1] puisque aucune responsabilité politique n'a été prévue par la Constitution de 1958 pour les actes propres. Il est irresponsable civilement puisque ces actes engagent la responsabilité de l'administration. Et surtout, il est irresponsable pénalement, puisque l'article 68 de la Constitution décide que:

> Le Président de la République n'est responsable des actes accomplis dans l'exercice de ses fonctions qu'en cas de haute trahison. Il ne peut être mis en accusation que par les deux assemblées statuant par un vote identique au scrutin public et à la majorité absolue des membres les composants; il est jugé par la Haute Cour de justice.

L'irresponsabilité pénale du Chef de l'Etat ne faisait pas fait l'objet de grandes discussions doctrinales, jusqu'au printemps 1998.

1 'Le Président est, *à titre principal*, irresponsible politiquement, et *à titre d'exception*, responsable pour le seul cas de haute trahison', (Beaud 2001, 1189). Toutefois, l'auteur exprime l'idée selon laquelle l'article 68 prévoit une responsabilité de nature politique habillée en responsabilité pénale.

A cette date, la justice, saisie de la rémunération de permanents du R.P.R. par la Mairie de Paris, s'est intéressée à la personne de Jacques Chirac pour ses anciennes qualités de Président du mouvement gaulliste et de lettre datée du 16 novembre 1993, où le maire de Paris sollicitait la promotion d'une employée de mairie. Pendant que la doctrine s'interrogeait sur l'éventualité d'une mise en cause du Chef de l'Etat pour des actes antérieurs à sa prise de fonction, le Conseil constitutionnel est venu apporter son interprétation de l'article 68 de la Constitution par une décision du 22 janvier 1999. Selon la Haute juridiction, 'le Président de la République, pour les actes accomplis dans l'exercice de ses fonctions et hors le cas de haute trahison, bénéficie d'une immunité; qu'au surplus, pendant la durée de ses fonctions, sa responsabilité pénale ne peut être mise en cause que devant la Haute Cour de justice'. Cette interprétation très large de l'article 68 restreint les pouvoirs du juge français qui se heurte à l'immunité pénale du Chef de l'Etat. Il est d'ailleurs assez ironique qu'elle ait été rendue à propos de la reconnaissance de la Cour pénale internationale chargée de juger les crimes des gouvernants protégés par des immunités nationales. Cette décision allait ouvrir le débat doctrinal et, pousser à son paroxysme la concurrence entre les Hautes juridictions françaises. En effet, dans un arrêt du 10 octobre 2001, la *Cour de Cassation* devait, elle aussi, décider si 'le Président de la République peut-être entendu en qualité de témoin ou être poursuivi devant [les juridictions de l'ordre judiciaire] pour y répondre de toute autre infraction commise en dehors de l'exercice de ses fonctions'.[2] Se démarquant de la décision du Conseil constitutionnel, dont elle affirme toutefois l'autorité des décisions 'en ce qui concerne le texte soumis à l'examen', la *Cour de Cassation* décide que les poursuites contre le Chef de l'Etat, en dehors de l'exercice de ses fonctions, 'ne peuvent être exercées pendant la durée du mandat présidentiel'. L'irresponsabilité pénale demeure, mais la mise en œuvre de l'action publique s'en trouve modifiée.

2 Cour de cassation, Assemblée plénière, 10 octobre 2001, Breisacher 2001, 1186.

Cette irresponsabilité pénale, acceptée comme un élément historique du statut du Chef de l'Etat, reprend le principe d'inviolabilité du Roi qui existait sous la monarchie. Elle fut inscrite dans la Constitution de 1791 désignant la personne du Roi comme inviolable et sacrée (Constitution de 1791, art. 2, chap. 2, sect. 1). Elle fut con- servée sous la IIIe République (Loi constitutionnelle du 25 février 1875, art. 6 alinéa 2) et sous la IVe République (Constitution du 27 octobre 1946, art. 42) où l'irresponsabilité pénale accompagnait le statut à compétences limitées du Président de la République. En effet, l'irresponsabilité pénale du Chef de l'Etat s'accommodait du statut d'impuissance de la fonction, rejoignant ainsi son utilisation courante en droit concernant les individus juridiquement qualifiés d'incapables, comme les mineurs. Seulement la Constitution de 1958 modifie la répartition des pouvoirs, l'irresponsabilité politique du Président de la République demeure, alors que son fondement même, l'absence de pouvoir réel, est remise en cause. Par conséquence, l'irresponsabilité pénale devient peu légitime car 'l'absence en pratique d'une responsabilité politique rend anachronique une protection pénale' (Esplugas 1999, 4).

L'irresponsabilité pénale du Chef de l'Etat n'est pas particulière à la France. Elle se retrouve dans les monarchies constitutionnelles telles que l'Espagne (Constitution de 1978, art. 56) ou l'Angleterre, – la procédure d'*impeachment* est apparu dans les institutions britanniques dès 1376, mais ne fut pas appliquée de manière continue – où le Monarque bénéficie d'une immunité absolue. De même, de nombreuses démocraties parlementaires ont adapté ce statut à leur chef d'Etat républicain. Ainsi, en Autriche (Loi constitutionnelle fédérale du 1er octobre 1920, art. 63), au Portugal (Constitution du 2 avril 1976, art. 133) ou en Irlande (Constitution du 1er juillet 1937, art. 12–10), le Président de la République, élu au suffrage universel direct, bénéficie d'une protection particulière. Dans chacun de ces régimes, un organe est chargé de juger les crimes exceptionnels. Dans le cadre de l'organisation bicamérale des Etats Unis, la chambre élue au suffrage universel direct accuse et l'autre chambre juge. La France a décidé, en 1958, l'égalité entre les deux chambres pour l'accusation comme pour le jugement.

Cette irresponsabilité pénale trouve son fondement dans la théorie de la séparation des pouvoirs affirmée par l'article 16 de la Déclaration des droits de l'homme et du citoyen. La qualité de chef de l'Etat est incompatible avec un contrôle par les tribunaux. Le Président de la République restant le garant de l'indépendance de la justice, il est difficile à imaginer qu'il en soit tout à la fois le gardien et le détenu.[3] Selon Didier Mauss, 'La séparation des pouvoirs semble exiger que le garant de l'autorité judiciaire ne puisse pas avoir de relations avec le système judiciaire' (Mauss 1999, 749).

La théorie de la séparation des pouvoirs exige un équilibre des pouvoirs, or une responsabilité pénale trop large à l'encontre du pouvoir Exécutif conduirait à un déséquilibre. La procédure américaine de l'*impeachement*, prévue par la Constitution, a montré comment la possibilité de mettre le Président en accusation pour 'trahison, concussion ou autres crimes ou délits' peut être détournée pour devenir une menace contre la fonction présidentielle et rompre l'équilibre entre les pouvoirs. La responsabilité pénale devient alors un moyen indirect d'engager la responsabilité politique par la confusion des deux mécanismes d'origines distinctes.[4] La responsabilité pénale doit donc trouver un équilibre entre la protection des pouvoirs constitutionnels et la nécessaire action du juge.

L'article 68 est formulé pour limiter l'engagement des poursuites judiciaires contre le Président de la République, et l'interprétation donnée par le Conseil constitutionnel conforte cette orientation. En décidant que la seule possibilité de mettre en cause le Président de la République passe par le vote d'une résolution des parlementaires, le Conseil constitutionnel confère au Chef de l'Etat une immunité pénale de fait. En effet, les parlementaires, en votant une telle résolution, créeraient une situation de crise institutionnelle. Ils ne semblent pas être prêts à assumer cela facilement, comme l'a montré le rejet de la résolution de mise en accusation déposée par le député Arnaud

3 C'est un principe à valeur constitutionnelle. Selon l'article 64 de la Constitution de 1958 'Le Président de la République est garant de l'indépendance de l'autorité judiciaire'.

4 Voir le développement de Chrestia 2000, 739–778.

Montebourg. La décision de la Cour de Cassation du 10 octobre 2001 semble apporter un nouvel équilibre en décidant de la suspension de la prescription pendant la durée du mandat. Toutefois, ces décisions ne règlent pas toutes les divergences d'interprétation. Ainsi, aucun juge ne définit les actes détachables de la fonction présidentielle, ni la haute trahison. Aussi, pour les actes détachables de la fonction du Président, se pose le problème du délai de la suspension de la prescription. De même, l'on peut évoquer la possibilité de juger ces actes ou non pendant la durée du mandat. Et alors qu'un jugement interviendrait pendant la durée du mandat, le Président de la République ne pourrait être entendu que par une juridiction politique, émanant du Parlement, qui devrait respecter une procédure particulière.

Le statut du Président de la République lui octroie, pendant la durée du mandat, une immunité pendant la phase d'enquête judiciaire (I), et un privilège de juridiction pour la phase de jugement (II).

I Une immunité contre le pouvoir d'enquête

Pour instruire une action judiciaire contre le Président de la République, il faut qu'il existe un acte répréhensible (A), et qu'il soit commis à un moment où il peut faire l'objet d'une poursuite (B).

A Les actes susceptibles de poursuites

1 Les domaines de son irresponsabilité

Suivant l'interprétation de l'article 68 donnée par le Doyen Vedel (Vedel 1960, 825), l'irresponsabilité du Président touche les actes accomplis dans les domaines politique, civil et pénal.

Sur le plan politique, il est irresponsable pour ses pouvoirs partagés comme pour ses pouvoirs propres. Sur le plan civil, le Président ne peut commettre, dans l'exercice de ses fonctions, que des fautes qui engagent la responsabilité de l'administration, et non pas sa responsabilité personnelle.

Sur le plan pénal, le respect de la hiérarchie des institutions imposait que le Président, le plus haut représentant de l'Etat, soit au moins aussi bien protégé que les autres institutions. Or, 'les trois derniers alinéas de l'article 26 de la Constitution organisent une protection particulière des parlementaires contre les procédures de droit commun en matière criminelle et correctionnelle. La protection du président de la République ne saurait évidemment être moindre' (Schoettl 1999, 1041). Il convenait de retirer le Président de la République des mains du juge judiciaire en lui conférant une immunité pénale. Cette immunité, si elle apparaît comme exorbitante, en cela qu'elle nie le pouvoir du juge, démontre ainsi comment 'la fonction est sanctuarisée, à la mesure du caractère représentatif du mandat' (Gicquel 1999, 537). L'article 68 doit donc être interprété largement. Son but

> [...] n'est pas seulement de soustraire les actes de la fonction présidentielle au droit pénal ordinaire, mais de garantir l'indépendance du titulaire de la fonction; or ce but ne peut être atteint qu'en accordant au Président, durant l'exercice de son mandat, une sorte d'inviolabilité qui le protège contre toute poursuite pénale, quel qu'en soit le fondement ou le prétexte (Burdeau et al 1999, 735–6).

En évoquant la compétence de la Haute Cour et en renonçant aux poursuites pénales pendant la durée du mandat, le Conseil constitutionnel et la Cour de Cassation ont confirmé cette inviolabilité.

2 Les actes qui engagent sa responsabilité

Il convient de distinguer les actes qui relèvent de la fonction présidentielle et les actes qui s'en détachent, car 'le représentant d'une institution ne peut se prévaloir du principe de séparation des pouvoirs que si les actes qui lui sont reprochés le sont au titre de sa fonction' (Esplugas 1999, 7).

(a) Les actes détachables de sa fonction

Les textes ne définissent pas les actes qui relèvent de sa fonction, et l'on peut s'interroger sur l'existence d'une telle distinction.

Le Président Genevois soutient que la distinction est possible. Citant les exemples de F. Goguel, le 'crime passionnel', le 'délit de chasse', il estime tout à fait réaliste d'isoler certains actes du Président (Genevois 1999, 298). Il n'est pas si évident que le Président de la République soit investi de sa fonction pendant des 'heures de bureau', et qu'il redevienne en somme un citoyen ordinaire le reste du temps. Si l'on peut aisément décider que le Président commet une infraction pénale en chassant en dehors des périodes d'ouverture de cette activité, ne serait-ce pas un acte commis dans l'exercice des fonctions si cela se faisait pendant la réception officielle d'un Chef d'Etat? De même, si le Président tient des propos injurieux à l'encontre d'un préfet lors d'une réunion à l'Elysée, dépasse-t-il le cadre de ses fonctions? Les exemples ne manquent pas pour démontrer que la distinction des actes est une chose difficile, car l'on ne peut pas mettre de côté les hautes fonctions politiques après trente-cinq heures de travail! 'On n'est pas Président de la République à éclipse, et le principe de continuité de l'Etat suppose l'égale continuité de son chef' (Carcassonne 1999, 282).

Dans sa décision du 14 mars 1963, la Cour de Cassation ne distinguait pas les actes. Elle estimait que la responsabilité pénale des ministres devait s'appliquer 'sans distinction, à toutes les infractions criminelles ou délictuelles' suivant la procédure prévue par la Constitution.[5] Depuis la révision constitutionnelle de 1993, la Cour de Cassation distingue les actes commis dans l'exercice des fonctions gouvernementales, qui eux seuls relèvent de la Cour de justice de la République.[6] Pour le Président de la République, la Cour de Cassation

5 Cour de cassation, Chambre criminelle, 14 mars 1963, Frey c/ de Blignières, *Gazette du Palais*, 1963, jur., p. 434. La Cour de cassation casse l'arrêt de la Cour d'appel de Paris qui avait opéré une distinction et admis une exception à la loi constitutionnelle en estimant, à tort, que la diffamation publique envers un particulier, ne relevait pas de l'exercice des fonctions du ministre.

6 La compétence de la Cour de justice de la République: est limitée aux actes constituant des crimes ou délits commis par des ministres dans l'exercice de

laisse un doute dans sa décision du 10 octobre 2001. Elle distingue nettement la 'haute trahison du Président de la République commis dans l'exercice de ses fonctions', mais elle évoque ensuite 'tous les autres actes'. Cette expression désigne les actes commis dans l'exercice de sa fonction mais qui ne sont pas des actes de haute trahison, et ceux commis en dehors de sa fonction. La Cour ne semble pas vraiment faire une distinction entre les deux, d'autant qu'elle soumet tous ces actes à un régime juridique identique.

Ce qui reste certain, c'est que la haute trahison engage la responsabilité pénale du Chef de l'Etat.

(b) Le cas de haute trahison

L'article 68 cite la haute trahison mais n'en donne pas de définition. Néanmoins, certaines réflexions juridiques peuvent aider à circonscrire la notion. La Constitution de 1848 définissait la haute trahison 'comme toute mesure par laquelle le Président de la République dissout l'Assemblé nationale, la proroge ou met obstacle à l'exercice de son mandat.' Le coup d'Etat du 2 décembre 1851 a montré les limites de l'application d'une telle disposition. La violation délibérée des principes constitutionnels serait une haute trahison car le Président violerait la norme suprême dont il détient ses pouvoirs. Une définition plus précise avait été proposée par le Sénateur Dailly:

> le Président de la République commet une haute trahison lorsqu'il trahit sciemment les intérêts de la France au profit d'une puissance étrangère, lorsqu'il s'abstient sciemment d'accomplir les actes auxquels il est tenu en vertu de la Constitution, lorsqu'il s'arroge une compétence qu'il ne tient pas de la Constitution ou lorsqu'il fait un usage anticonstitutionnel des pouvoirs que la Constitution lui confère (Dailly 1993, 461).

Cette définition tente une liste exhaustive des cas d'applications de la haute trahison, ce qui semble une démarche inopportune. En effet, une telle définition n'est pas conforme à la tradition parlementaire, et elle

leurs fonctions et qui ont rapport direct avec la conduite des affaires de l'Etat relevant de leurs attributions, à l'exclusion des comportements concernant la vie privée ou les mandats électifs locaux (Cour de cassation, Chambre criminelle, 26 juin 1995, Carignon, Bulletin criminel n° 235).

limiterait le pouvoir d'appréciation du Parlement pour l'argumentation de la mise en accusation. Le sénateur cite, par exemple, le refus du Président de la République de signer des ordonnances. Bien que François Mitterrand ait sûrement mal interprété, et ce de façon délibérée, la Constitution, cet acte ne fut pas pour autant dénoncé comme un acte de haute trahison. Des exemples historiques montrent aussi la faible pertinence d'une telle liste, ainsi la non-révocation d'un gouvernement censuré par l'Assemblée nationale, qui n'a pas amené Mac Mahon devant la justice.

Il convient donc de laisser au Parlement la prérogative de définir la haute trahison, puisque c'est lui qui engage la procédure de responsabilité pénale et qu'il est aussi compétent pour la définition des crimes et délits de droit commun.

Ces explications démontrent la difficulté d'appréhender les actes commis par le Président de la République. Et si un acte devait être jugé, il devrait aussi respecter les délais.

B Le moment de la poursuite

1 Le délai de prescription

(a) Le départ du délai de prescription

Le délai de prescription offre parfois l'impunité à certains faits répréhensibles.[7] Pour réduire cet impact, le juge pénal a aménagé le point de départ de l'infraction, qui se situe en principe au jour où l'infraction est réalisée. Pour des infractions telles que l'abus de confiance et l'abus de biens sociaux, la prescription commence au moment où la victime a connaissance du détournement et non pas au jour de sa réalisation. Ainsi, le financement de permanents du R.P.R., tout comme l'inscription de faux électeurs sur les listes électorales parisiennes, pourraient être considérés comme des infractions conti-

7 Le délai de prescription de l'action publique varie suivant la qualification légale de l'infraction: dix ans pour les crimes (Art. 7 C.P.P.), trois ans pour les délits (art. 8 C.P.P.), un an pour les contraventions (Art. 9 C.P.P.).

nues. Pour ces infractions, la prescription ne commence à courir qu'à partir du moment ou l'activité continue cesse. Mais ce cas d'espèce pose un nouveau problème juridique. Si l'infraction continue dure pendant le mandat présidentiel, elle reste couverte par l'immunité pénale du chef de l'Etat. Le délai de prescription ne pourrait commencer qu'après la fin du mandat puisque celui-ci serait suspendu.

(b) La suspension du délai

Pour limiter les conséquences de la prescription, le mandat électoral peut être une cause de suspension du délai. Cependant, les textes ne le prévoient pas, et la jurisprudence ne semblait pas, au départ, retenir une telle disposition.

La Haute Cour de justice a indiqué, pour les ministres, l'état du droit en matière de prescription. Statuant sur l'affaire du sang contaminé, la commission d'instruction a décidé 'que la prescription ne pouvait être interrompue à l'égard des ministres que par le premier acte de l'une des Assemblées manifestant une volonté de poursuites' (Pradel 1993, 261). Ainsi, pour une infraction faisant l'objet de poursuites selon la procédure de droit commun, le délai de prescription n'est pas interrompu.

La Cour de Cassation a modifié ce point de vue pour le Président de la République. Prenant en compte le fait que les actes qui ne relèvent pas de la fonction présidentielle ne peuvent pas faire l'objet de poursuites pendant la durée des fonctions du Président de la République, la Haute juridiction judiciaire a affirmé la suspension de la prescription de l'action publique.[8] Cette solution retire au citoyen exerçant la fonction présidentielle une immunité pénale absolue pour des actes commis antérieurement à son élection et pour les actes commis pendant son mandat qui seraient détachables de sa fonction de Chef de l'Etat.

8 Cour de cassation, Assemblée plénière, 10 octobre 2001 (Breisacher 2001, 1186).

2 Le moment de la commission des actes

Les actes peuvent être commis avant, pendant ou après le mandat.

(a) Pour les actes commis pendant le mandat

D'abord, pour les actes attachés à la fonction de Président, ils ne peuvent faire l'objet d'aucune poursuite, sauf en cas de haute trahison. Ensuite, s'agissant des actes détachables de cette fonction, s'ils existent, ils ne peuvent être jugés que par la Haute Cour de justice, suivant la procédure de l'article 68 selon le Conseil constitutionnel. En revanche, la Cour de Cassation, classant ces actes dans la catégorie des 'autres actes', donne compétence aux juridictions pénales de droit commun.

(b) Pour les actes commis avant ou après le mandat

Pour les actes accomplis après son mandat, l'ancien Président de la République est soumis au droit commun. Il n'est plus protégé au titre de la fonction qu'il a exercée.

Pour les actes accomplis avant son mandat, trois hypothèses peuvent être distinguées. Soit les faits incriminés sont connus avant l'élection et ont eu un début de procédure judiciaire, soit ils sont découverts pendant le mandat, ou encore ils apparaissent au grand jour après le mandat. Pour les faits antérieurs à l'élection qui seraient connus après l'exercice du mandat, ils peuvent être jugés suivant la procédure de droit commun, la prescription étant interrompue pendant le mandat. A la cessation de ses fonctions, le Président perd toute immunité pour les actes accomplis avant son élection.

Pour les faits antérieurs connus avant le mandat, s'ils ont reçu un début de procédure judiciaire, celle-ci se heurte alors à l'immunité pénale du Chef de l'Etat. Pourtant le Tribunal correctionnel de Paris s'est reconnu compétent pour juger Valéry Giscard d'Estaing, alors Président de la République, pour une infraction électorale commise avant le début de son mandat. Dans sa décision du 3 décembre 1974, le Tribunal relaxe le prévenu, tout en décidant que 'la partie civile a saisi valablement la juridiction de droit commun'.[9] Néanmoins, le Tribunal précise que sa compétence n'a jamais été contestée par Valéry Giscard d'Estaing. On peut donc penser que si tel avait été le cas, le Tribunal aurait pu se déclarer incompétent.

Pour les faits antérieurs découverts pendant le mandat, les juridictions constitutionnelle et judiciaire décident que de tels actes ne peuvent pas faire l'objet d'une procédure devant les juridictions de droit commun. Ainsi, le juge d'instruction de Nanterre saisi du dossier du financement du R.P.R. a rendu une ordonnance d'incompétence à l'encontre de Jacques Chirac. La Cour d'appel de Versailles, dans un arrêt du 13 janvier 2000, avait décidé que l'éventuelle mise en examen de Jacques Chirac par la procédure de droit commun devenait 'possible après l'expiration du mandat'. Jusque-là, le juge d'instruction était incompétent mais, toujours selon la Cour d'appel, il pouvait continuer ses investigations.

Pour ne pas laisser l'enquête en suspend, le Procureur général de Versailles a sollicité la saisine de la Cour de Cassation par 'un pourvoi dans l'intérêt de la loi'.[10] Le Procureur général près la Cour de Cassation l'a rejeté. Dans une lettre du 23 août 2000, il fonde son refus sur la décision du Conseil constitutionnel du 22 janvier 1999 et sur son opposition à l'interprétation donnée par la Cour d'appel de Versailles: selon lui, 'le juge d'instruction est incompétent pour connaître d'éventuelles charges qui pourraient exister à l'encontre du Président de la République et dont l'appréciation relèverait alors exclusivement du Parlement' (Lhomme 2000, 29). Le Procureur affirme la prépondérance du fait politique dans la procédure d'instruction de l'article 68 de la Constitution, et confirme les limites à l'action du juge de droit commun. La Cour de Cassation a tenté de résoudre cette situation en apportant des éléments juridiques complémentaires. D'abord, la Cour de Cassation a reconnu la compétence des juges d'instruction pour instruire les faits de l'affaire pour

9 Tribunal correctionnel de Paris, 3 décembre 1974, Dumont c/ Giscard d'Estaing et autres, La Semaine Juridique, 1975.II.17969, note R. Lindon.

10 Article 621 C.P.P.

'toute autre personne, auteur ou complice'.[11] Ensuite, elle a décidé la suspension de la prescription de l'action publique pendant la durée du mandat présidentiel.

Cette décision est difficile à appliquer, car il y a deux solutions: diviser l'affaire pour que la justice de droit commun continue à traiter le dossier pour tout autre que le Président de la République. Ou bien, à cause de l'indivisibilité des faits, on peut laisser l'affaire en l'état, en attendant de pouvoir agir contre tous les protagonistes dans leur ensemble. Mais la procédure ne peut pas suivre son cours en raison du délai de prescription s'appliquant à tout autre que le chef de l'Etat.

Le statut du Chef de l'Etat est donc très protecteur. Le juge se heurte à la définition des actes et au respect des délais de procédure. Et si un acte est à même d'être jugé, il devra encore satisfaire aux conditions particulières du jugement.

II Un privilège contre le pouvoir de jugement

Ce privilège est double, il concerne la juridiction (A) et la procédure (B).

A Un privilège de juridiction

1 Un privilège général de juridiction pendant le mandat

(a) La prise de position du Conseil constitutionnel

Le Conseil constitutionnel, dans sa décision du 2 janvier 1999, a interprété l'article 68 dans la totalité de ses deux alinéas. La conséquence de cette lecture est de pouvoir appliquer la seconde phrase

11 Cour de cassation, Assemblée plénière, 10 octobre 2001 (Breisacher 2001, 1186).

de l'article de manière indépendante de la première. Dans ce cas, aucune poursuite judiciaire de droit commun ne peut être engagée pendant toute la durée du mandat du Président de la République. Les poursuites doivent se faire devant la Haute Cour de justice. Cette lecture indépendante reprend l'interprétation de la responsabilité du Président de la République en vigueur sous la IIIe République.[12] Le Professeur Pierre Avril remarque d'ailleurs que la rédaction actuelle de l'article 68 fut précédée de la rédaction suivante: 'Le Président de la République n'est responsable qu'en cas de haute trahison. Dans ce cas, il est mis en accusation ...' (Avril 1999, 716). La suppression de l'expression 'dans ce cas' a retiré le lien de cause à effet qui existait entre les deux phrases. On remarquera aussi que cette expression est utilisée dans de nombreux autres articles pour indiquer expressément la dépendance de deux phrases;[13] on comprend mal pourquoi le constituant aurait cherché à l'exprimer implicitement dans l'article 68.

De même l'article 68 se trouve dans le titre IX de la Constitution, consacré à la Haute Cour de justice; seul cet organe peut donc être compétent et non pas les juridictions de droit commun.

Si l'on 'qualifie' la personne visée par l'article 68, le Président de la République ou le simple citoyen, ou les deux, on peut alors savoir à qui s'applique la protection constitutionnelle. Mais on en revient à se demander si, malgré l'élection à la Présidence de la République, l'on ne peut être qu'un simple citoyen alors que l'on est suivi en permanence par une mallette atomique.[14]

12 Loi constitutionnelle du 16 juillet 1875, art. 12 al. 1, 'Le Président de la République ne peut être mis en accusation que par la Chambre des députés, et ne peut être jugé que par le Sénat'.

13 Les articles 27 al. 3 sur la délégation de vote prévue par les lois organiques; 45 al. 4 sur le vote définitif d'une législation; 49 al. 3 sur la responsabilité du gouvernement; 61 al. 3 et 4 sur la saisine du conseil constitutionnel; et 89 al. 3 sur la procédure de révision constitutionnelle par le congrès.

14 Voir les développements de Dominique Chagnollaud, de qui nous reprenons cette formule, 'Le Président et la doctrine: à propos de la responsabilité pénale du Chef de l'Etat' (Chagnollaud 1999, 669–679).

(b) La force juridique de la décision du Conseil constitutionnel

Selon l'article 62 de la Constitution, les décisions du Conseil constitutionnel s'imposent 'aux pouvoirs publics et à toutes les autorités administratives et juridictionnelles'. Une polémique est née sur l'autorité de la disposition introduite par les mots 'au surplus'. Pour certains auteurs, cette solution est un *obiter dictum*. Pourtant, comme l'explique le Président Genevois, le Conseil constitutionnel utilise cette forme linguistique pour introduire un motif supplémentaire et donc renforcer l'argumentation. De plus, le contrôle du Conseil constitutionnel a pour objet d'indiquer aux pouvoirs publics l'ensemble des contradictions qui pourraient résulter de la ratification d'un traité, puis de son application. Comme le statut de la Cour pénale internationale donne à celle-ci compétence pour juger des actes commis par le Chef de l'Etat avant son entrée en fonction, le Conseil constitutionnel se devait de décider si l'immunité offerte au Président de la République, par la Constitution, s'étendait ou non aux actes réalisés avant son élection (Schoettl, 1999, 1045).

Cette thèse est aussi soutenue dans l'ouvrage de Georges Burdeau,

> Contrairement à ce qui a été parfois soutenu, [l']interprétation de l'article 68 n'est pas un 'obiter dictum', [...], c'est un motif qui constitue le soutien nécessaire du dispositif et qui bénéficie donc à ce titre de l'autorité de la chose jugée en vertu de l'article 62 C (Burdeau 1999, 736).

Michel Troper démontre ainsi que la décision du Conseil constitutionnel fut dictée par son seul souci de remplir sa fonction de contrôle de constitutionnalité des traités à la Constitution. De nombreux journalistes ont interprété de manière simpliste cette décision comme un échange de bons procédés entre le Président du Conseil constitutionnel et le Président de la République.[15] La Cour de Cassation n'a pas retenu la thèse de l'*obiter dictum*, et elle a affirmé la primauté des décisions du Conseil constitutionnel sur les pouvoirs

15 Voir les développements *in* 'Comment décident les juges constitutionnels?' (1999, 325 et s.).

publics et les autorités administratives et juridictionnelles. Cependant, elle s'est déclarée compétente pour décider si le Président de la République pouvait être entendu en qualité de témoin, ou être poursuivi devant les juridictions de l'ordre judiciaire, pour y répondre de toute autre infraction commise en dehors de l'exercice de ses foncions. Car, conformément à la jurisprudence du Conseil constitutionnel,[16] 'ces décisions, ne s'imposent aux pouvoirs publics et aux autorités administratives et juridictionnelles qu'en ce qui concerne le texte soumis à l'examen du Conseil'.[17] Le Conseil constitutionnel a, selon la Cour de Cassation, étudié la responsabilité pénale du chef de l'Etat devant la seule Cour pénale internationale, et il revenait à l'ordre judiciaire de trancher le cas des juridictions internes. En fait, la Cour de Cassation distingue nettement l'autorité des décisions du Conseil constitutionnel de l'absence d'autorité de la chose interprétée par le Conseil constitutionnel (Jouanjan et Wachsmann 2001, 1170).

2 *Le jugement par un organe politique*

(a) Dans son fondement

Pour limiter l'hégémonie du pouvoir exécutif, les constituants confèrent au pouvoir législatif la compétence de juger pénalement le pouvoir exécutif. La justice pénale contre l'Exécutif était en fait un prolongement de la responsabilité politique devant le pouvoir législatif. Or, cette situation n'existe plus sous la Ve République. La Constitution prévoit un déséquilibre en faveur du pouvoir exécutif dans un but de rationalisation du régime parlementaire. L'engagement de la responsabilité politique devient exceptionnelle. Ainsi, pendant la crise de 1962 qui opposa le pouvoir exécutif au pouvoir législatif, l'interprétation présidentielle de la Constitution était en cause. Le

16 'Considérant que l'autorité de chose jugée [...] est limitée à la déclaration d'inconstitutionnalité visant certaines dispositions de la loi qui lui était alors soumise; qu'elle ne peut être utilement invoquée à l'encontre d'une autre loi conçue, d'ailleurs, en termes différents', C.C. décision n° 88–244 DC du 20 juillet 1988, Loi portant amnistie, Rec. p. 119, cons. 18.

17 Cour de cassation, Assemblée plénière, n° 481 du 10 octobre 2001.

Parlement s'était indigné du recours à l'article 11 de la Constitution pour procéder à une révision constitutionnelle qui était seulement prévue par l'article 89. Pour s'opposer à cette décision, le Parlement n'a pas envisagé le cas de haute trahison sur le fondement que le Président de la République détournait la lettre de la Constitution. Les représentants ont voté la motion de censure contre le Gouvernement pour engager indirectement la responsabilité politique du Chef de l'Etat. Le Parlement a alors renoncé à engager les poursuites pénales contre les gouvernants. La même situation s'est vérifiée sous la Présidence de François Mitterrand. L'inaction du Parlement a contraint le gouvernement à la révision constitutionnelle de 1993, qui retire le pouvoir d'accusation au Parlement pour la responsabilité pénale des ministres.[18] Le Parlement restant compétent pour le Chef de l'Etat, la procédure est quasi impossible à mettre en œuvre. Pour autant, le fondement politique de l'organe de jugement semble le seul moyen adapté à la mise en cause du Chef de l'Etat: 'seuls des élus du suffrage universel disposent d'une légitimité démocratique suffisante pour prononcer la condamnation d'une autorité élue au suffrage direct, au terme d'une élection très mobilisatrice' (Robbe 1999, 1770). Ce fondement politique doit aussi se retrouver dans la composition de l'organe.

(b) Dans sa composition

La Haute Cour de justice est, par sa composition, une émanation du pouvoir législatif. Elle est composée de 24 membres titulaires et de douze suppléants élus, à parité, par chacune des assemblées.[19] Le Président de la Haute Cour est élu parmi ses membres.

Les mandats prennent fin soit par démission, soit par le renouvellement de l'Assemblée nationale ou le renouvellement partiel du Sénat, car au terme de leur mandat, les parlementaires élus perdent leur qualité de juge. Ce renouvellement peut entraîner des perturbations dans la procédure de désignation. Ainsi, après les élections législatives de 1988, les députés socialistes ont repoussé la procédure

18 Art. 68–1 et 68–2 de la Constitution.

19 Art. 67–2 de la Constitution.

pour éviter le procès de l'ancien ministre Nucci alors mis en accusation. Ainsi, le Président pourrait utiliser l'arme de la dissolution pour retarder la composition de la formation de jugement et offrir au peuple souverain la possibilité d'arbitrer la procédure de jugement l'opposant au Parlement.

Au delà du privilège de juridiction, le Président de la République bénéficie d'un privilège de procédure.

B Un privilège de procédure

La procédure prévue pour la Haute Cour de justice se démarque de la procédure de droit commun pour la saisine comme pour le jugement.

1 La saisine de la Haute Cour de justice

La saisine de la Haute Cour ne peut se faire que par le dépôt d'une proposition de résolution portant mise en accusation devant l'Assemblée nationale ou le Sénat, sans priorité pour l'une ou pour l'autre chambre. L'intervention du Sénat n'était pas prévue dans le premier projet de Constitution. Elle fut ajoutée lors des moutures successives. L'intervention du Sénat limite la mise en œuvre de l'article 68 qui nécessite une majorité concordante entre les deux chambres. Cette mise en accusation doit être signée par au moins un dixième des membres de la Chambre dans laquelle elle est déposée.[20] La Proposition fait l'objet d'un contrôle de forme et de fond par le bureau de la Chambre concernée. Si le bureau juge la proposition recevable, elle est envoyée devant une commission élue spécialement à cet effet.[21] Le rapporteur de la Commission transmet ses conclusions à la Chambre qui vote alors la proposition à la majorité absolue, et la

20 Art. 158 du règlement de l'Assemblée nationale. Art. 86–1° du règlement du Sénat.

21 Art. 160 du règlement de l'Assemblée nationale. Art. 86–3° du règlement du Sénat.

transmet, en cas de vote positif, à l'autre Assemblée. Cette dernière doit aussi l'adopter à la majorité absolue et dans les mêmes termes.

Cette procédure de saisine appelle trois remarques. Tout d'abord, les membres élus à la Haute Cour de justice ne peuvent pas participer au vote de la mise en accusation. En revanche, ils ne sont pas décomptés du nombre total de parlementaires de chaque chambre. Ainsi la majorité requise est supérieure à la majorité absolue imposée par les textes.

Ensuite, cette procédure de vote exige que le Parlement soit en session ordinaire, sinon la Chambre doit demander au Président de la République la convocation d'une session extraordinaire pour le mettre en accusation.

Enfin, la mise en accusation se fait au scrutin public, contrairement à la pratique de la Constitution de 1946. Une telle mise en accusation affecterait grandement l'exercice des prérogatives du Président de la République, clé de voûte du système institutionnel. Il fut donc décidé en 1958 que les parlementaires devraient prendre la responsabilité de leur vote.

A ce stade de la procédure, la résolution est transmise à la commission d'instruction. Cette commission est unique. Elle se compose de cinq magistrats professionnels, élus chaque année par les magistrats du siège du bureau de la Cour de Cassation. Les juges vérifient la réalité des faits, mais ils ne peuvent pas adjoindre eux-mêmes de nouveaux faits répréhensibles. Pour ce faire, ils devraient saisir le Procureur général de la Haute Cour, à charge pour lui de saisir le bureau d'une des chambres et de demander un nouvel examen de la proposition, ce qui retarderait d'autant le jugement. L'interdiction faite à la commission de modifier la qualification juridique des faits est 'révélatrice du caractère politique de la responsabilité présidentielle, [et] prive la commission d'instruction du pouvoir qui appartient normalement aux juridictions d'instruction de droit commun' (Moreau 1987, 1563). Le Président de la Haute Cour de justice décide alors de la date d'ouverture des débats pour la procédure de jugement.

2 La procédure de jugement de la Haute Cour de justice

(a) L'organisation du procès

Le déroulement du procès fixé par les articles 28 et suivants de l'ordonnance du 2 janvier 1959 reprend de nombreuses dispositions du Code de procédure pénale. Ainsi, les débats sont publics et leur déroulement suit la procédure correctionnelle de droit commun. Le Président de la Haute Cour doit veiller particulièrement au respect des droits de la défense. Malgré cela, la procédure de jugement de la Haute Cour s'écarte elle aussi de la procédure de droit commun.

L'accusation est soutenue par le ministère public. Ce dernier réclame normalement une sanction au nom de la loi; seulement, dans ce cas ce n'est pas possible, puisque la sanction n'est pas déterminée par la loi. Le ministère public se voit donc contraint de reprendre l'argumentation des parlementaires et de suivre leurs orientations. Il ne peut pas non plus s'intéresser aux parties civiles au procès puisque l'action civile est interdite devant la Haute Cour de justice.[22]

(b) Le choix de la sanction

Le prononcé de la peine est voté par les juges, à bulletin secret, et à la majorité absolue. Il est procédé à un vote distinct pour chaque chef d'accusation. Le vote de la peine est soumis à des dispositions semblables à celles exigées pour la Cour d'assises. La Haute Cour rend un arrêt non motivé, insusceptible d'appel ou de cassation, ce qui est contraire aux règles de droit commun. L'arrêt est rendu par des représentants du peuple souverain; c'est le parlementaire et non le juge qui est mis en avant dans le prononcé du jugement.

La Haute Cour de justice devrait décider, le cas échéant, de la sanction, car celle-ci n'est pas prévue par la Constitution. La déchéance du Président semble être une sanction obligatoire s'il est reconnu coupable de haute trahison. Des peines de prison pourraient être décidées si les accusations portées contre le Président de la République sont punissables sur le fondement du droit commun. Si

22 Article 27, alinéa 1 de l'ordonnance du 2 janvier 1959.

l'acte répréhensible n'est pas prévu, la Cour, en décidant d'une peine de prison, violerait le principe de la légalité des délits et des peines.[23] En effet, l'article 22 alinéa 3 de la loi du 27 octobre 1946 stipulait que la Haute Cour de justice ne pouvait modifier la qualification juridique des faits que dans les limites du Code pénal. Pourtant, même sous la IVe République, l'idée que la Haute Cour ne puisse s'écarter du Code pénal fut critiquée. Or, ni la Constitution de 1958 ni les ordonnances n'ont repris cette limitation. Il semble donc que la sanction peut porter sur un comportement non prévu par la loi pénale.

Conclusion

La Constitution cherche d'abord à protéger le Chef de l'Etat au détriment du pouvoir d'action du juge. Elle écarte le droit commun de la procédure judiciaire, de la phase d'enquête à la phase de jugement. C'est cette interprétation que le Conseil constitutionnel a cherché à faire prévaloir, et que la Cour de Cassation n'a pas osé remettre complètement en cause.

Pour régler ces problèmes d'opportunité politique, la majorité parlementaire a choisi de déposer une proposition de loi constitutionnelle révisant l'article 68 pour distinguer, par un nouvel alinéa, la responsabilité pénale du chef de l'Etat pour les actes 'commis antérieurement ou au cours de son mandat, et qui sont sans lien avec l'exercice de ses fonctions'.[24] Cette proposition de loi n'a pas été adoptée, mais Jacques Chirac s'est engagé à modifier le statut pénal du Chef de l'Etat. Toutefois, il semble utopique de penser qu'une

23 Article 8 de la Déclaration des droits de l'homme et du citoyen: 'Nul ne peut être puni qu'en vertu d'une loi établie et promulguée antérieurement au délit et légalement appliquée'.

24 Proposition de loi constitutionnelle *tendant à modifier l'article 68 de la Constitution*, présentée par J.-M. Aurault et autres, le 30 mai 2001, Document n° 3091 de l'Assemblée nationale.

révision constitutionnelle puisse faire échapper la mise en cause d'un chef de l'Etat aux considérations politiques.

Bibliographie

Avril, P. (1999), 'A propos de l'interprétation littérale de l'article 68 de la Constitution', *Revue Française de Droit Administratif*, p. 716

Beaud, O. (2001) 'Pour une autre interprétation de l'article 68 de la Constitution', *Revue Française de Droit Administrative*, p. 1189

Breisacher, (2001), Cour de Cassation, Assemblée plénière, 10 octobre 2001, *Revue Française de Droit Administratif*, p. 1186.

Burdeau, G., Hamon, F., Troper, M. (1999), *Droit constitutionnel*, 26e éd, LGDJ, pp. 735–736

Carcassonne, G. (1999), 'Le Président de la République française et le juge pénal', in Ardant, P., *Droit et politique à la croisée des cultures*, Mélanges, L.G.D.J., p. 282

Chagnollaud, D. (1999), 'Le Président et la doctrine: à propos de la responsabilité pénale du Chef de l'Etat', *Revue du Droit Public*, pp. 1669–679

Chrestia, P. (2000), 'Responsabilité politique et responsabilité pénale: entre fléau de la balance et fléau de la société', *Revue du Droit Public*, pp. 739–778

'Comment décident les juges constitutionnels?' (1999), *Revue Française de Droit Constitutionnel*, n° 38, p. 325 et s.

Dailly, E. 27 mai 1993. Débats parlementaires, Sénat, Journal Officiel de la République Française, p. 461

Esplugas, P. 5 juillet 1999. 'Le Conseil constitutionnel et la responsabilité pénale du Chef de l'Etat', Les Petites Affiches, p.4

Genevois, B. (1999), 'Le Conseil constitutionnel et le droit pénal international', *Revue Française de Droit Administratif*, p. 298

Gicquel, J. (1999), *Droit constitutionnel et institutions politiques*, 16e éd, Montchrestien, p. 537

Lhomme, F. 31 août 2000. 'Financement du R.P.R.: le cas Jacques Chirac ne sera pas soumis à la Cour de Cassation', *Le Monde*, p. 29

note Lindon, R. (1975), Tribunal correctionnel de Paris, 3 décembre 1974, Dumont c/ Giscard d'Estaing et autres, *La Semaine Juridique*, II.17969

Jouanjan, O. et Wachsmann, P. (2001), 'La Cour de Cassation, le Conseil constitutionnel et le statut penal du chef de l'Etat', *Revue Française de Droit Administratif*, p. 1170

Mauss, D. (1999), Chronique constitutionnelle, *Revue Française de Droit Constitutionnel*, no. 36, p. 749

note Pradel, J., 5 février 1993, Haute Cour de Justice, Dalloz, J., p. 261

Moreau, A. (1987), 'La haute trahison du Président de la République sous la Ve République', *Revue du Droit Public*, p. 1563

Robbe, F. (1999), 'L'incompétence du juge pénal pour statuer sur la responsabilité du Président de la République', Gazette du Palais, Doctrine, p. 1770

Schoettl, J.-E. (1999), 'La responsabilité pénale du Chef de l'Etat', *Revue du Droit Public.*

Vedel, G. (1960), *Droit constitutionnel et institution politique*, Les cours de droit, p. 825

Gilles Sainati

Mythes et traditions de la responsabilité des juges en France: Le modèle français de justice retenue

Ce chapitre examine de façon critique le triptyque: responsabilité, légitimité et indépendance des juges. Pour ce faire, il retrace d'abord brièvement l'histoire de la justice retenue en France, née avec la monarchie absolue et confortée par la Révolution et l'Empire. Il montre que le système judiciaire contemporain, malgré la création de l'Ecole nationale de la magistrature, qui fait du mérite la condition essentielle du recrutement des juges, reste largement soumis aux politiques de l'Exécutif.

L'analyse du fonctionnement de la justice montre les incursions nombreuses et variées du Garde des Sceaux à tous les niveaux: qu'il s'agisse de la politique pénale définie au sommet ou du projet sur la responsabilité des magistrats qui renforce l'autorité et le contrôle des juges par le pouvoir central.

Les quelques pistes de réflexions proposées visent à l'établissement d'une véritable justice démocratique et indépendante. Il s'agit de bâtir de nouveaux fondements de l'action judiciaire, plus en lien avec le Législatif et les nouveaux enjeux qui sont à la fois transnationaux et locaux. On cite, parmi les pistes de travail possibles, la pratique anglo-saxonne de jugements minoritaires, la dépénalisation des infractions désuètes, la légalité des poursuites afin de les soustraire à l'arbitraire, et la réunification des ordres judiciaire et administratif pour simplifier l'ensemble du système.

This chapter provides a critical examination of the triptych: accountability, legitimacy and independence of the 'juge'. In order to do so, it first retraces briefly the history of French justice, born under an absolute monarchy and endorsed by the Revolution and the Empire. It shows that, despite the creation of the Ecole nationale de la magistrature, for whom merit is the essential requirement for the recruitment of 'juges', today's legal system is largely subject to the policies of the Executive.

This analysis of the working of French justice shows the numerous and varied interventions of the Justice Minister at all levels: be it criminal policy defined at the top, or the proposals relating to the accountability of the 'magistrats', which reinforce the authority and control of the judges via central government.

The ideas developed aim towards the establishment of a truly democratic and independent legal system, building new foundations more in line with the legislature and new local and transnational challenges. Amongst the possible ways forward suggested are the anglo-saxon practice of allowing a panel 'juge' in the minority to voice his views, the decriminalisation of offences now out-dated, making prosecution for certain offences less of a lottery, and bringing together the judicial and administrative branches of the legal system in order to simplify it.

Juger n'est pas un acte commun. Il y faut de la vigilance pour éviter de tomber dans le juridisme bureaucratique, de la curiosité pour s'approcher d'une vérité possible et une certaine fraîcheur d'âme pour espérer en l'humanité, et j'en oublie encore, tant il est difficile d'appréhender les caractères d'une vertu.

Pour autant, l'on doit pouvoir demander des comptes à un juge d'instruction qui, oubliant l'impartialité, instruit systématiquement à charge, au juge qui protège ses amis et transforme sa fonction en trafics d'influences en tout genres, au Procureur qui se transforme en gardien d'une morale personnelle ou, pis encore, tient des propos racistes à l'audience de l'action publique.

L'actualité récente, en se focalisant sur la responsabilité des magistrats, a occulté les questions essentielles qui sont toujours les mêmes: de quoi peut-on être responsable? comment? et devant qui? Dès lors, l'histoire judiciaire et politique française (et encore le récent avant projet de loi sur la responsabilité des magistrats), ne s'est jamais vraiment soucié du contenu de la responsabilité. On pourrait même dire que, pour les réformateurs de toutes tendances, il importe peu que les justiciables se plaignent du fonctionnement de la justice et des juges, mais seule la question centrale pour eux est la responsabilité des juges devant l'Exécutif. Un surcroît d'indépendance vis à vis de l'Exécutif rime alors avec une responsabilité accrue envers celui-ci. Tout cela constitue un triptyque construit au fil des siècles, et notre histoire administrative et politique se met alors en place de manière superflue.

Le Triptyque: Responsabilité/Légitimité/Indépendance

Tous les discours et polémiques dévient sur l'inexistence (réelle ou supposée) de la légitimité des juges. Ceux-ci n'ont pas reçu l'onction du suffrage universel. L'unique légitimité des juges dépendrait de l'Exécutif politique. Ils ne pourront donc être responsables que devant celui-ci.

Il faut dire que, pour parvenir à une telle conclusion, un retour en arrière s'impose.

Dans notre histoire politique, une justice indépendante dans le cadre d'une séparation claire des pouvoirs a toujours relevé du mythe, et son corollaire prétendu: la responsabilité pour l'acte de justice aussi.

Un rapide aperçu historique confirme cette inclinaison au mélange des genres, et hormi la brève période de la constituante, les mêmes syllogismes juridico-politiques se répètent: responsabilité/légitimité/indépendance, et les conséquences en terme de fonctionnement et de procédure aussi: justice retenue (retenue entre les mains du prince), justice déléguée (mandat du prince).

Quand l'acte de juger était un don de dieu, le Roi, le seigneur et ses juristes n'avaient de comptes à rendre qu'à l'au-delà. C'est Saint Louis sous son chêne dans le bois de Vincennes. Le Roi est un prince justicier, détenant à la fois la juridiction et l'*imperium* (la puissance).

En fait rapidement, les choses étaient devenues plus complexes. Si juger, activité régalienne, ne se concevait que comme étant du ressort exclusif du pouvoir central, l'ancien régime était marqué par ces luttes entre noblesse, Roi, et parlements pour accroître, conserver le pouvoir de juger. Le règne de Louis XIV en est une période paroxystique, la fronde du parlement de Paris en 1648 ouvrant une ère d'instabilité monarchique. L'Avocat Général du parlement expose alors que les cours souveraines doivent limiter le pouvoir du Roi et cela s'exerça par des refus d'enregistrement et le droit de remontrances. Naissait alors, en cette période, le mythe du gouvernement des juges et de leurs complots.

L'un des premiers gestes politiques de Louis XIV sera, quelques années plus tard, de mater les parlements. Par l'office de son surintendant Colbert, il va édicter une instruction en 1663 à destination des maîtres des requêtes et commissaires dans les provinces, pour donner un schéma général de fonctionnement et redonner corps à une justice retenue. Consécutivement d'ailleurs en 1667, puis en 1670, sont édictées les ordonnances royales civiles et criminelles; celles-ci couronneront la victoire de la procédure inquisitoire, détrônant ainsi l'accusatoire et laissant un juge, émanation du pouvoir central, armé de toutes les ressources du code face à un accusé dépourvu de défense.

Mais si le Roi devait composer avec la survivance des parlements et cours souveraines, détenteurs d'une justice déléguée, la justice retenue est toujours omniprésente. Le Roi pouvait à tout moment exercer sa justice, surveiller ou faire surveiller l'application de la Loi, modifier la règle applicable ou la sentence rendue. Cet arbitraire royal était surtout symbolisé par les lettres de cachets, revêtues du sceau personnel du Roi. Nanties d'un pouvoir d'injonction allant jusqu'à l'embastillement dans l'intérêt de l'Etat ou des familles, elles furent nombreuses: 24 000 entre 1741 et 1775.

Cette justice retenue changera de main avec la révolution, et elle passera au peuple. 'La Justice est la première dette du corps social' dira Cambacérès, et, à partir de la Révolution, le système judiciaire français fondé sur la primauté de la loi ne pourra admettre l'existence d'un pouvoir judiciaire indépendant. Ainsi, de l'assemblée constituante en passant par le règne de Bonaparte jusqu'à la IIIe République, la responsabilité des juges réside dans leur mode de nomination. L'élection fut de mise dans un premier temps et la multiplication des scrutins jusqu'à obtenir des juges patriotes. Ensuite, l'Empereur ou le pouvoir central pratique la nomination, en insérant la notion d'inamovibilité des juges du siège matinée de pouvoir disciplinaire discrétionnaire entre les mains du Garde des Sceaux.

L'apparition du concours d'entrée dans la magistrature en 1906 (obtenu par l'artifice d'un cavalier budgétaire), et le décret Sarrien qui s'ensuivit, créent un tableau d'avancement à l'ancienneté inaugurant le fonctionnement de la magistrature contemporaine en fondant la légitimité du juge sur le mérite. Mais, ce système sera enfoui dès 1908 par le parti radical qui préféra la méthode des recommandations et des mutations d'office pour se garantir d'une justice à sa botte, le juge devant être le grand serviteur de l'Etat. On voit malheureusement ce qu'il en est advenu entre 1940 et 1944.

Il faut attendre 1958 avec la création du Centre National d'Etudes Judiciaires, devenue Ecole Nationale de la Magistrature, pour observer une nomination des juges fondée sur le mérite et la notion de concours républicain. Mais le dosage actuel s'avère subtil: il est fait de gestion politique des carrières des procureurs et juges, dont le choix de proposition à un poste est toujours entre les mains du Ministre ainsi que d'évaluation administrative de l'activité et du comportement du magistrat, dont la responsabilité incombe aux hiérarques redevables eux-mêmes à l'Exécutif pour leur carrière.

Si la Ve République nous a apporté un principe transparent de recrutement, tel n'est pas le cas de l'édifice institutionnel global: l'Exécutif dispose totalement de l'autre pouvoir; le Législatif illustre l'avènement du parlementarisme rationalisé. Le domaine de la loi y est sans cesse réduit, et continuellement rogné par la fièvre réglementaire de l'Exécutif.

Quant à l'autorité judiciaire, l'Exécutif fait continuellement écran dans les relations qui pourraient s'instaurer avec le Législatif. La Constitution prévoit même que le Président de la République est garant de l'indépendance de la justice, enterrant littéralement l'idée d'une indépendance judiciaire puisant sa source dans la Loi.

Les conséquences en sont connues. L'emprise de l'Exécutif s'étend à la nomination des principaux postes en hiérarchie et, de fait, au fonctionnement du Conseil supérieur de la magistrature (C.S.M.). Il se crée deux types de magistratures, l'une très réduite numériquement mais très proche du pouvoir en place, et une autre, la grande majorité, chargée de traiter les contentieux de masse.

Dans ce fonctionnement de dupes, souvent animé par le principe de Peter, où seul le rendement statistique compte au détriment de la qualité du travail de justice, la responsabilité du juge vis-à-vis du justiciable est un vain mot. Abrité derrière la règle du double degré de juridiction, de l'impossibilité du contrôle du contenu de l'acte juridictionnel lui même, l'avant projet de loi sur la responsabilité des magistrats va réitérer les manies du système politique français. Dans la méthode d'empilement de textes notamment, la loi sur les relations entre parquet et Chancellerie ainsi que ses liens avec l'avant-projet sur la responsabilité et la réforme technico-administrative du service public de la justice, c'est en fait un nouveau visage de justice retenue qui prend forme.

Le contexte de la cohabitation, puis des affaires, et notamment des plus tentaculaires d'entre elles, l'affaire E.L.F., et la Mutuelle Nationale des Etudiants de France, vont peser lourdement sur cette mutation du discours sur l'indépendance.

La tradition jacobine de certains trouve un relais idéal dans le phantasme du complot des juges. La Chancellerie, n'a de cesse que de rattraper les quelques innovations de la réforme constitutionnelle par une reprise en main de la magistrature à travers les mesures disciplinaires et la hiérarchisation fonctionnelle des parquets.

La question de la responsabilité des juges n'est alors uniquement envisagée que vis à vis de l'Exécutif et du personnel politique, vieille tradition.

Le discours sur l'indépendance: manœuvres administratives et dépendances fonctionnelles

Corrélativement au discours sur l'indépendance, et quelque soit l'instant politique, une centralisation judiciaire se met en place. La technique est désormais rodée. On constate une réorganisation fonctionnelle des liens entre le parquet et la Chancellerie associée à un nouvel imbroglio technico-administratif du statut des juridictions et de la hiérarchie intermédiaire (Présidents et Procureurs). Enfin, une mise en place de pratiques standardisées de décisions judiciaires. Le 'pyramidage' de la chaîne décisionnelle est en cours. Elle aboutit insensiblement à une reprise en main de la justice par l'Exécutif. L'on peut d'ailleurs faire un lien entre cette destruction annoncée des échelons intermédiaires et la négation du processus judiciaire avec le culte des procédures rapides et la pénalisation en cours du mouvement syndical et associatif: L'Etat se recompose autour de ses fonctions régaliennes sur un modèle néo-libéral mais centralisé dans la plus pure tradition française.

(i) Le mythe du jardin judiciaire à la française: le resserrement du lien fonctionnel entre les parquets et l'Exécutif par le biais de la notion de politique pénale et l'avant-projet de loi sur la responsabilité des magistrats.

(a) De la politique pénale

L'idée est simple. Sous prétexte de la volonté d'impulser des orientations de politiques pénales, on va mettre au point un arsenal juridique qui va permettre de transformer le Garde des Sceaux en Procureur. Deux textes sont utilisés: la loi sur les relations entre la Chancellerie et le parquet ainsi que la loi sur la responsabilité.

La Garde des Sceaux Elisabeth Guigou le reconnaissait elle-même dans son intervention dans les travaux préparatoires au parlement.[1] Elle ne laissait plus aux procureurs que la liberté de parole à l'audience. Le reste, opportunité des poursuites, choix procéduraux, devait être de la compétence du Garde des Sceaux.

> Si un membre du ministère public viole la loi, notamment celle qui lui fera à l'avenir l'obligation de mettre en oeuvre les orientations générales de la politique pénale (données par directives du ministre), il est passible d'une sanction disciplinaire. En outre, un procureur qui aurait de façon évidente méconnu ces orientations générales dans la conduite de l'action publique ne peut pas espérer, dans la suite de sa carrière, voir sa nomination proposée par le ministre au Conseil supérieur de la magistrature (C.S.M.).[2]

Il faut évidemment lire entre les lignes, bien que les propos soient clairs. S'il n'est pas contesté que le Garde des Sceaux, ministre de la justice, puisse impulser des orientations de politique pénale (encore qu'actuellement et de plus en plus ces orientations soient

1 Journal Officiel de la République Française no 1702.
2 See www.conseil-supérieur-magistrature.fr/presentation/competences.htm

définies par les services de police et gendarmerie), la création de directives impératives de politiques pénales aboutit à donner à l'Exécutif un pouvoir supérieur à la Loi, remettant en cause la pyramide des normes et a enlevé au statut de magistrat son autonomie. Cette nouvelle justice retenue est complétée, d'ailleurs, par le pouvoir d'action propre du Garde des Sceaux qui peut agir en dernier ressort pour ordonner lui-même des poursuites. Or, il n'y a pas de justice indépendante du siège sans une indépendance des poursuites pénales.

Mais sur ce plan, les choses sont frontalement affirmées et, de fait, transitent par un processus démocratique: l'élaboration de nouvelles règles de fonctionnement par la Loi.

Tel ne va pas être le cas pour les procédés qui transitent par la voie du décret ou de la circulaire.

(b) Le projet sur la responsabilité des magistrats

Par ailleurs, on a prévu qu'une inspection générale des services judiciaires qui dépend directement du ministre soit aussi durablement mise en place. En effet, dans l'architecture de la Loi, les 'bœufs-carottes judiciaires'[3] sont renforcés et leur Chef nommé directement en Conseil des Ministres, comme les préfets. Le Garde des Sceaux conserve la maîtrise totale de ce service et l'opportunité des poursuites disciplinaires par l'intermédiaire d'une hiérarchie judiciaire qui lui est redevable de son avancement. On aurait pu imaginer que, si l'on voulait vraiment l'indépendance des magistrats, ce service aurait pu être indépendant dans une structure nouvelle comme un C.S.M. D'autre part, l'on connaît l'inutilité d'un tel système, qui aboutit à voir des poursuites disciplinaires contre des magistrats idéologiquement contestables ou trop novateurs, mais qui ne sont pas utilisées contre les juges incompétents. A cela, l'on doit ajouter l'incertitude de pouvoir encore bénéficier d'une défense syndicale: au détour du texte, un article prévoit en effet l'interdiction de toute intervention au profit d'un magistrat, toute intervention donc y compris syndicale. La Garde

3 L'expression 'bœufs-carottes' s'utilise à l'encontre de la 'police des polices', l'I.G.S. (Inspection générale des services de la police nationale).

des Sceaux Guigou, interrogée sur ce sujet, a admis ce problème. L'on sait l'importance du droit syndical, et le Conseil de l'Europe fait de sa reconnaissance pour les magistrats une des garanties de leur indépendance.

Enfin le texte prévoit une mobilité accrue des Présidents, Procureurs et juges spécialisés, notamment juges d'instruction. Si le principe est bon, la méthode utilisée et l'architecture générale des textes aboutirait à ce que tous les cinq et dix ans, la Chancellerie et le Garde des Sceaux interviennent dans la carrière des magistrats... On sait que l'inamovibilité, principe constitutionnel, est une garantie d'indépendance.

Quant aux fautes disciplinaires, ne confondons pas le dysfonctionnement du service public et la faute disciplinaire individuelle. Le texte prévoit que seront sanctionnés les magistrats qui ne traiteront pas les dossiers dans un délai raisonnable. Mais lorsque l'on connaît le sous-effectif chronique des juges, cette règle va se transformer en véritable épée de Damoclès, d'autant plus qu'il faudrait surtout prévoir de sanctionner les magistrats qui ne motiveraient pas leurs décisions, ne respecteraient pas le débat contradictoire, gages d'une justice de meilleure qualité et d'une écoute du justiciable. Mais il semble que l'on préfère évacuer les dossiers, y compris au mépris des droits du citoyen. Un exemple: dans tous les tribunaux de France, du fait de l'encombrement des greffes et du nombre des dossiers, les jugements correctionnels ne sont pas motivés quand il n'y a pas appel. Que le condamné comprenne ou non la décision à la lecture de son jugement, peu importe. Passons sur l'abattage des audiences correctionnelles ou de juge des Affaires Familiales.

Que reste-t-il dans ce projet pour le justiciable? La possibilité de saisir une commission nationale de plaintes de justiciables non compétente pour les juridictions administratives, dont le Conseil d'Etat ou la Cour de Cassation. Cette commission serait alors censée traiter des milliers de plaintes par an. Ce rythme effréné, semble assez surhumain. Son seul pouvoir est de dénoncer le dysfonctionnement avéré du service public soit une faute personnelle d'un juge au Garde des Sceaux, lequel conserve son pouvoir d'opportunité de poursuites. Le serpent se mord la queue...

(ii) La mise en place d'une nouvelle manœuvre technico-administrative

Depuis 1958, l'on ne compte plus les circulaires de politiques pénales, les unes explicatives, les autres incitatives, certaines organisationnelles. Cette 'petite cuisine' devenait commune et même finalement confortable pour le magistrat qui ne voulait pas trop faire preuve d'innovation et rester ainsi dans le moule. Mais, goûtant à ces facilités réglementaires, l'Exécutif a trouvé là une voie facile de réformer à sa guise le fonctionnement judiciaire.

Toutes les techniques sont utilisées: la circulaire, mais surtout le décret. Ainsi, la Chancellerie s'est fait l'auteur de guides de mises en place de traitement en temps réel, aussi bien pour les Tribunaux de grande instance d'importance (T.G.I.) que pour les petits tribunaux. L'on s'interroge sur le rythme d'une telle procédure à Mende, préfecture de la Lozère (15 000 habitants).

Cette centralisation est bien en cours au pénal, et allant toujours plus vite par circulaire, comme par exemple celle du 8/11/1999,

> [...] dans l'attente du texte nouveau relatif à l'action publique, la note du Garde des Sceaux demande à chaque procureur d'établir un premier rapport annuel sur la conduite de la politique pénale dans les tribunaux et les cours.

le procureur général ayant un rôle majeur dans l'élaboration du rapport et 'en qualité de représentant direct du Garde des Sceaux'. Il s'ensuit une liste de rubriques que les parquets doivent remplir, questionnaire visant de fait à uniformiser les pratiques et à imposer de fait des directives de politiques pénales. Voilà une méthode plus expéditive que l'élaboration d'un texte de loi.

Uniformiser les pratiques pour les faire coïncider avec les devises de la République, tel est le noble but affiché. L'on ne peut qu'applaudir, mais l'on sait que la mise en place des procédures rapides pourrait aboutir à une justice à deux vitesses, expéditive pour les pauvres bénéficiant d'une défense au rabais (un avocat commis d'office), et victorieuse pour des délinquants en cols blancs en position de s'offrir les services d'un avocat chevronné. Par ailleurs, pourquoi légaliser l'usage du cannabis par circulaire en ordonnant des classements, alors qu'il serait si simple de dépénaliser par voie d'abrogation de texte de loi.

Mais le domaine du décret est aussi beaucoup utilisé et l'on pourrait en tirer partie. L'un des exemples-phare restera la réforme des comités de probations, ou plutôt, la création des nouveaux Services d'insertion et de probation. Il aura fallu un décret pour changer radicalement le fonctionnement de ces services et, de fait, les compétences du Juge de l'application des peines (J.A.P.). Cette réforme fut mise en place sous deux gouvernements de tendances opposées, comme si ce fonctionnement technico-administratif se jouait totalement d'une vision politique.

Les invariants dans ce travail réglementaire sont clairs. Il s'agit de réduire l'autonomie de la périphérie au profit du centre, de centraliser la décision partout ou cela est possible y compris par des processus de déconcentration, de manière à limiter les acteurs disposant d'une autonomie décisionnelle, pour mieux les contrôler.

Lorsque l'on constate la concordance entre le 'délai raisonnable' dans l'avant-projet de loi sur la responsabilité et la mention, dans le projet de décret modifiant le Code d'organisation judiciaire, du fait que les Chefs de cours d'appel contrôlent l'expédition des affaires par les magistrats, ce n'est pas uniquement une expression mal choisie. Du fait du sous-effectif chronique dans la magistrature, cette règle va se transformer en véritable menace. Il eût mieux valu prévoir de la tempérer et de sanctionner les magistrats qui ne motiveraient pas leur décisions, ne respecteraient pas le débat contradictoire, gages d'une justice de meilleure qualité et d'une écoute du justiciable. Or, comme nous l'avons évoqué plus haut, on préfère évacuer les dossiers, y compris au mépris des droits du citoyen, et pour répondre au déficit chronique du nombre de magistrats, l'on embauche des assistants de justice dans des conditions statutaires pour le moins précaires, embauche dont les Chefs de Cour ont d'ailleurs toute latitude en terme de gestion. Le discours actuel sur l'indépendance, doublé de telles logiques fonctionnelles et administratives, fait vraiment figure de slogan publicitaire.

Quelques pistes de réflexion?

La réforme de la justice vaut mieux que ce modèle suranné de la justice retenue, et l'attente des citoyens n'est pas de se retrouver face à un guichet judiciaire, même dans une maison de justice. Une véritable justice démocratique et indépendante peut encore se construire et, si la question de la responsabilité du juge-vis-à vis du justiciable reste entière, et constitue le point de passage entre la légitimité de l'acte de justice et son indépendance, la poser en terme d'éthique et de formation est certes rassurant, mais largement insuffisant. Il pourrait s'agir de mieux circonscrire le débat judiciaire, aussi bien par de nouvelles garanties en terme de procédure de jugement, qu'en évitant de tomber dans la voie actuelle du tout judiciaire et du tout pénal. Ces réflexions amèneraient sans doute à de nouveaux fondements de l'action judiciaire, plus en lien avec le Législatif et les nouveaux enjeux qui sont tout à la fois transnationaux et locaux.

Notre droit a instauré le double degré de juridiction comme valeur intangible de protection d'une vérité judiciaire. On sait que les digues de ce type de système sont facilement détruites, soit par facilité et conformisme du juge en appel, soit par surchauffe du contentieux. Nombreux sont les arrêts d'appel qui motivent la confirmation en reprenant la fameuse formule 'La Cour reprend les motifs pertinents du premier juge'. Par ailleurs, le développement du juge unique (par économie) en fait la plupart du temps un juge inique, par manque de regard extérieur sur son travail.

Une première piste de travail serait donc procédurale: reprendre la pratique 'anglo-saxonne' de la voix dissidente, c'est-à-dire dans les collégialités, permettre au juge en minorité de publier son avis, ce qui, évidemment, pousse à l'introspection, à la discussion, avant de rendre une décision, et permet de relativiser la vérité judiciaire vis-à-vis du condamné, et de mieux aborder la discussion lors de l'appel devant la juridiction supérieure. Cela nécessite aussi de réduire alors les cadences de jugements.

Une deuxième piste de travail, afin de réduire l'arbitraire des juges, notamment au pénal, consiste tout simplement à amorcer un mouvement de dépénalisation. C'est-à-dire, constater que

– premièrement, le Code pénal conserve des incriminations désuètes, qu'il convient de supprimer pour qu'elles ne soient pas utilisées;

– deuxièmement, certaines infractions pénales relèvent plutôt de la faute civile, et il conviendrait donc de privilégier cette voie de règlement des conflits moins attentatoire aux libertés individuelles;

– troisièmement, certaines infractions sont décalées par rapport à l'évolution de la société. On peut s'interroger sur la pertinence de poursuivre des 'fumeurs de joints' dans les cages d'escaliers. Cela mobilise moult services de polices, aboutit souvent à des classements sans suite, faute de temps et du nombre de personnels dans les grands centres urbains, et donc à des poursuites iniques dans les petites villes.

Ce mouvement de dépénalisation ne peut avoir lieu qu'au cours d'un débat démocratique devant le parlement. Aussi, modifions nos rapports institutionnels en obligeant les parquets généraux et cours d'appel à rendre des comptes publics, non plus devant l'Exécutif, mais devant une commission permanente parlementaire prévoyant aussi des études d'impacts et de suivis des textes votés pour les évaluer. Voilà qui renforcerait singulièrement le jeu démocratique.

Une troisième piste, après cette dépénalisation, pourrait être de passer à un système de légalité de poursuites pénales. Un procureur indépendant verrait le jour, devant obligatoirement entamer des poursuites lorsque l'infraction est constituée. Ainsi, on éviterait l'arbitraire de l'opportunité des poursuites, mais cela implique un contrôle des officiers de police judiciaire et un rattachement d'une police judiciaire à la Justice. Ce sont toutes des mesures décrites comme impossibles à mettre en place.

Une variante consisiterait alors à développer la faculté, pour les victimes, de saisir un tribunal et d'engager une action publique qui est soumise actuellement à un système de cautionnement particulièrement arbitraire.

Enfin, un sondage paru dans le journal *Le Monde*[4] démontre à l'évidence que la complexité du système judiciaire avec deux ordres est une réelle cause d'iniquité. La solution n'est-elle pas la réunification des ordres administratif et judiciaire en considérant enfin l'Etat comme une partie à égalité avec le citoyen?

Il s'agit là d'un vaste chantier. Et la responsabilité personnelle du juge dans tout cela? L'impunité de l'acte de juger doit-elle rester entière? La procédure de cour d'assises avait trouvé le principe de l'intime conviction pour éviter que ne se posent ce type de questions. La conséquence en fut que la sanction d'assises relève de la 'roulette russe', mais l'introduction de l'appel tournant (faute de moyens pour un véritable double degré de juridiction) devrait aller de pair avec l'obligation de motivation des décisions. Ce serait la preuve ultime qu'un surcroît de garanties procédurales peut être une voie intéressante contre l'arbitraire. Disons que, pour éviter de juger impunément, il vaut mieux proscrire le fait de punir sans jugement.

4 Voir Legendre, B. (1989), 'Selon un sondage C.S.A. pour "Readers Digest Sélection", les Français n'aiment pas leur justice', *Le Monde*, 28 septembre 1989.

Bibliographie

Conseil supérieur de la magistrature – Rapport d'activité 2001 (2002), Éditions des Journaux Officiels

Conseil supérieur de la magistrature – Rapport d'activité 2000 (2001), Éditions des Journaux Officiels

Conseil supérieur de la magistrature – Rapport d'activité 1999 (2000), Éditions des Journaux Officiels

Dalle, H. et Jean, J.-P. (2002), 'Moderniser la justice et les tribunaux'.

Dans Soulez Larivière, D. et Dalle, H. (eds), *Notre justice: le livre vérité de la justice française*. Paris, Robert Laffont, pp. 248–271

Inchauspé, D. (2001), L'innocence judiciaire – dans un procès, on n'est pas innocent, on le devient. Paris, Litec

Journal Officiel de la République Française no. 1702

Jeammaud, A. (2000), 'Droits des pauvres, pauvres droits?', *Justice* (Syndicat de la magistrature), mars 2000, no. 163, pp. 19–22

Legendre, B. (1989), 'Selon un sondage C.S.A. pour "Readers Digest Sélection", les Français n'aiment pas leur justice', *Le Monde*, 28 septembre 1989

Zemmour, E. (1997), *Le coup d'etat des juges*. Paris, Grasset

Http://www.conseil-superieur-magistrature.fr/rapports-annuels/index.htm

Http://juripole.u-nancy.fr/gip_droit_justice/SONDAGE/sondage.html

Part II

The *juge* abroad: international perspectives

Francesca Siniscalchi

Democracy and the judiciary: the Italian case

In its struggle for the limitation of power, modern constitutionalism has tended to protect the impartiality of the judge. Since constitutionalism itself is the process by which the power relationship is constructed and works as a juridical relationship, and since all political societies are organised upon and by law, the primacy of law (rule of law) has determined a progressive independence of judges from the administrative apparatus. Independence implies a political incidence in the activity of the judiciary. The importance of political autonomy and political influence of judges tends to be greater, possibly even overwhelming, in countries where the crisis of the parliamentary system is felt most acutely.

In this chapter, I will discuss the case of Italy. I shall examine the characteristics of the Italian judiciary, considering constitutional values, jurisprudence and bureaucratic structures. The role of the Constitutional Court and the Consiglio Superiore della Magistratura will be highlighted. The nineteen nineties have provided several examples of Criminal trials of prominent figures and raise issues such as the right to a fair trial and the role – and security – of the judiciary. Current trends reveal a quest for professionalism, which may call for a rethinking of the rule of law, in order to provide maximum political accountability for the people.

Dans ses efforts pour limiter le pouvoir politique, le constitutionalisme moderne a tendu à protéger l'impartialité du juge. Puisque le constitutionalisme lui-même est le procédé par lequel les rapports de pouvoirs sont construits et fonctionnent comme relation juridique, et puisque toutes les sociétés politiques sont organisées par le droit, la primauté de la loi (l'autorité de la loi) a défini l'indépendance croissante des juges par rapport au système judiciaire. L'indépendance implique une certaine incidence politique dans les activités du pouvoir judiciaire. L'importance de l'autonomie politique et de l'influence politique des juges tend à être plus grande, et même potentiellement suprême, dans les pays où la crise du système parlementaire est ressentie de façon plus aigue.

Dans ce chapitre, j'étudierai le cas de l'Italie. J'examinerai les caractéristiques du système judiciaire italien en tenant compte des valeurs constitutionnelles, de la jurisprudence et des structures bureaucratiques. On soulignera le rôle de la Cour Constitutionnelle et du Consiglio Superiore della

Magistratura. Les années mille neuf cent quatre-vingt-dix ont fourni plusieurs exemples de poursuite de personnalités importantes, et elles posent des questions telles que le droit à un procès équitable et le rôle – et la sécurité – des juges. Les tendances courantes révèlent une recherche de professionnalisme qui, à son tour, peut conduire à une réflexion nouvelle sur la règle de droit, susceptible de fournir au public une responsabilité politique maxima des juges.

The first part of this chapter provides a brief historical background to the synthesis of the principles and institutions of democracy and law that typify Western judicial systems. The second part illustrates the Italian judicial system, setting it in its historical context. The chapter concludes by introducing for discussion a tentative set of principles regarding the role and the position of the judiciary in modern democracies.

Historical background: Judicial power and constitutionalism

The exposition of the theory of the separation of powers in Montesquieu's *Esprit des lois* (1748) can be traced back to an old distinction, first stated in the thirteenth century by Bracton,[1] that is, the distinction between *gubernaculum* and *iurisdictio*. The first term, *gubernaculum*, encompassed the prerogative of the King, subject only to God and acting for the good of the realm – in modern terms, an absolute power at the service of the *raison d'Etat*. The second term, *iurisdictio*, referred to the administration of justice among the subjects, in which the King, who acted through judges 'speaking' in his name, was bound by the common law. It is from this limitation of the power of the King (and of the King's emissaries), which is enshrined in early English law, that we derive the notion of 'the rule of law', which is the essence of our modern perception of the need to define and exercise clear limits to all forms of power.

1 http://bracton.law.cornell.edu/bracton/Common/; vol. 2, p. 166; vol. 4, p. 248.

The procedural aspect of the medieval *iurisdictio*, which influenced Montesquieu quite considerably, played an important role in his considering the judicial power as a power *'de quelque façon nul'*. This merely executory approach to the role of judicial power deeply influenced the future development of judicial office in France and in other civil law countries.

In England, on the other hand, the notion of 'the rule of law' – serving early on, in theory as well as in practice, as an expedient to limit the power of the King – in time served to establish and enshrine the independence of the judiciary. The Act of Settlement, which provides for the permanency of judicial offices, dates back to 1701. In the United Kingdom, the judiciary has since mantained jurisdiction over the administrative acts of government, while in the U.S.A., the judiciary was, from the outset, made responsible for controlling the constitutionality of the laws of the States (judicial review).

Constitutionalism, understood here as a system of checks and balances between the different powers which administer soveregnity, met a greater number of obstacles in continental Europe, but in the end led to a system where the power relationship between the individual and the State is constructed and works as a juridical relationship. In such a context, the importance of the judicial function becomes obvious: in modern democracies, the judiciary serves as the sole judge, passing judgment on disputes, between individuals as well as between individuals and the state, and often on the constitutionality of the acts of the Legislature.

The independence of the judiciary and its political impact

Montesquieu's main concern in stating the theory of the separation of powers was to protect the independence of the judicial function from interference by the political branches of government.

I have already mentioned two distinct approaches to the independence of the judiciary. On the one hand, we have the continental approach, where the role of the judiciary is understood merely as an instrument for the execution of law. By itself, this approach provides no intrinsic guarantees for the independence of the judiciary. On the other hand, we have the Anglo-American approach, where the rights and liberties of the individual serve to define the natural limits of the power of the state, where the scope of the jurisdiction can go so far as to judge the laws adopted by the Legislature, and where the case-law jurisprudence counterbalances the law-making monopoly of the Legislature.

The main purpose of guaranteeing the independence of the judiciary is to ensure impartial justice, even in cases where the state has an interest. Impartiality legitimates the judiciary. In the modern State, an individual cannot choose which judge will hear which case – with a few exceptions given in contract law. It is therefore of the utmost importance that judicial decisions be seen as impartial, that is, as the fair and correct application of already existing provisions. The independence of the courts vis-à-vis other state authorities, and, of course, towards private parties, ensures the so-called substantive or material independence, that is, the independence of the judiciary from outside influence.

A further premise for the impartiality or independence of the judiciary is the personal independence of the individual judge. The tenure of each judge must be such as to avoid any arbitrary transfer, removal, sanction or even promotion of the judge. This internal independence is particularly important in bureaucratical-oriented judiciaries, with a structured internal hierarchy.

As with all institutional guarantees, the formal independence of the judiciary is not in itself a guarantee that judges are always free to pass independent judgment free from outside influence. They may be influenced by a wide range of factors and circumstances, which in turn may vary from one constitutional system to another. Be that as it may, the institutional independence of the judiciary in democratic governments generally results in a higher level of political influence of the judiciary. The degree of autonomy of judicial activity raises the problem of jurisprudential creativity. In democratic governments, the degree of autonomy tends to be high. For instance, where the function of assigning values is not met adequately by the Legislature, the judiciary may tend to assume that function through jurisprudential innovation.

This range of options allows us to plot the degree of jurisprudential creativity against the degree of institutional autonomy of the judiciary in a matrix, to obtain a typology of judges ranging from the 'executive' judge (little political autonomy and jurisprudential creativity, typified, for example, by nineteenth century liberal ideology of continental Europe, and by Blackstone's declarative theory of law) to the 'political' judge (considerable political autonomy and jurisprudential creativity). In between, the matrix yields two intermediates: the 'delegate' judge (little political autonomy and considerable jurisprudential creativity) and the 'guardian' judge (considerable political autonomy and little jurisprudential creativity). These last two types of judge have been repeatedly identified by various scholars as the model for the U.S. Supreme Court.[2]

Today, political influence of judicial activity is generally aknowledged, at least to a certain degree. As I would like to show in examining the Italian case, the political influence of the judiciary is tending to grow, perhaps in an unbalanced way, as the parliamentary system is undermined by an unstable executive and a Legislature weakened by issues of legitimacy.

The Italian case

Characteristics of the Italian judiciary

The political and administrative unification of 1865 allowed the extension of the Piemontaise judicial system to the whole of Italy. This had all the characteristics of a bureaucratic judiciary, subject to the control of the Executive and with an executory approach to the role of the judge. However, the first generation of high magistrates frequently assumed political roles. At the beginning of the twentieth

2 See Dahl 1993; Dahl 2000; Dworkin 1986; Murphy, Fleming and Barber 1995.

century, the judiciary began to detach itself from active politics and showed an increasing tendency towards greater self-administration and independence vis-à-vis the Executive. A law of 1921 extended the guarantees of the judiciary, particularly on the principle of *inamovibilità*; that is to say, the executive power could not remove or redeploy members of the judiciary to another post or another geographical location. During the period of fascist rule, the Executive applied a strategy of indirect control of the judiciary. Rather than establishing a fascist judiciary, it preferred to depoliticise the judges completely. This was not difficult to achieve, given the conservative attitude of the judges and their passive, executory approach to their mandate. Only sixteen of the four thousand judges were removed from office, but judges' associations were dissolved, and many special tribunals, answering directly to the Executive, were established.

The transition to democracy was marked by a high degree of continuity in administrative and judicial organisation. As early as 1946 (two years before the promulgation of the Republican Constitution), the magistrates of the Public Prosecution Service, which had always been a branch of the judiciary, had been freed from their functional dependence on the Government and were institutionally invested with the obligation to prosecute upon notification of a criminal act, a principle known as mandatory prosecution.

The Constitution of 1948 was a remarkable legal compromise between the three political and ideological forces corresponding to the parties which had taken over the government of the country after the end of the war, that is, the Liberals, the Catholics and the Marxists. Discussions in the Constituent Assembly concentrated on the form of government, and there was little interest in issues regarding the organisation of the judiciary. The parties were in general agreement to continue the judiciary's traditional executory approach, and, after the totalitarian experience, reached a consensus to limit or eliminate the power of the Executive vis-à-vis the judiciary. While the Liberal-Catholic camp favoured greater external independence for the judiciary, as a guarantee against the possibility of a leftist government, the Left showed a combination of indifference and diffidence towards the judiciary. The Left was influenced in this attitude by the myth of the Legislative Assembly, fuelled by the experience of the Jacobin revolutionary government in France. The solution adopted was a strongly independent judiciary, responding neither to the executive nor to the legislative branches of government. 'The judiciary is an autonomous order, independent of any other power'[3] states the Constitution, and, most importantly, it administered itself through a body, the Supreme Council of the Judicary, which already existed, but from which all representatives of the Executive had been expelled by the new constitutional provisions.

Another important feature introduced by the new Constitution was the abolition of extraordinary courts and most of the special jurisdictions. Special courts had been the instrument of the dictatorship for controlling the judiciary, whose jurisdiction had been heavily reduced. The Republican Constitution declares that 'jurisdiction is exercised by the ordinary judges'[4] and forbids the creation of extraordinary or special judges. In addition, the Council of State for administrative jurisdiction and the Court of Accounts for fiscal matters were maintained, as well as military courts for military crimes committed by members of the armed forces.[5] The permanence and independence of the judiciary was constitutionally established, as was a prosecution service in the shape of the *magistrati*[6] of the *Pubblico Ministero*.[7] The inclusion of the Prosecution in the body of the judiciary dates back to the pre-fascist law on judicial order, which was last amended in 1941.

The most important new initiative was surely the re-organisation of the *Consiglio Superiore della Magistratura*,[8] with the President of the Republic at its head. Automatic membership was granted to the First president and to the Chief Prosecutor of the *Corte di cassazione*.[9]

3 Article 104 of the Constitution.
4 Article 102 of the Constitution.
5 Article 103 of the Constitution.
6 In the Italian system, *magistrati* are professional judges or public prosecutors, organized in an interchangeable category.
7 Article 112 of the Consititution.
8 Supreme Council of the Judiciary.
9 The supreme body of appeal, competent to declare in final instance whether a law has been correctly applied by first and second instance judges.

Two thirds of the members are *magistrati*, elected by their colleagues, and there are curently twenty of these. The remaining third is elected by the Parliament, which chooses them from amongst professors in Law and barristers. There are currently ten members who have been elected in this manner. The Vice-president, however, has to be chosen from amongst the members elected by Parliament.

The *Consiglio Superiore della Magistratura* has exclusive authority on matters relating to appointments, transfers, removals and sanctions of all *magistrati*, judges and prosecutors alike.

Jurisprudence based on constitutional values versus bureaucratic structure: Evolution and struggle

During the first decade of the Republic, the relationship between the judiciary and the government continued, resulting in a certain degree of dependence, as a consequence of the influence of the senior *magistrati* of the *Corte di cassazione*.

The turning-point was marked by the beginning of the activity of the *Corte costituzionale*[10] in 1956, and of the new *Consiglio Superiore della Magistratura*, or C.S.M., in 1959. The institution of these two bodies, and their interaction, drastically reduced the traditional power of control of the government over the judiciary.

The establishment of the new C.S.M. according to the provisions of the Constitution, in particular, further exacerbated the growing tensions within the judiciary. The law applying the constitutional provisions to the C.S.M. gave senior *magistrati* a predominant role. The renewed freedom of association for the judges soon led to an open conflict between the judges of the lower jurisdictions and those of the higher jurisdictions. At the beginning, the subject of the conflict was the internal selection procedure, which directly affected the career progression of judges. During the 1960s, the old hierarchy was gradually dismantled; after 1968, promotion became de facto automatic, based on the number of years in service. The demands of the sixties also led to an increase in salaries. These two facts, together

10 Constitutional Court.

with the university boom of the seventies, changed the social structure of the judiciary markedly, since the salaries of judges are amongst the highest in the Italian public sector.

The further democratisation of the C.S.M. was completed in 1975, when the law concerning the elections to this body was modified by the introduction of an electoral system based on proportionality, so that there was no longer a predominance of *magistrati* from the higher jurisdictions.

All these changes came about as a result of extensive lobbying of the political institutions and parties by the associations of judges. This special lobbying found its natural focal point in the *Consiglio Superiore della Magistratura*, thanks to its mixed composition of parliamentarians and members of the judiciary and to the key role played by the parliamentary Vice-president.

Almost all the judges' associations shared a common interest in modifying career conditions and conditions of pay. It is important, however, to bear in mind that this apparently unified front was accompanied by deep internal divisions when it came to the institutional and political role of the judiciary.

At the end of the sixties, the progressive currents represented by the associations of younger judges from the lower jurisdictions called for an 'ideological qualification' inspired by the values of the Constitution. This involved the political role of the judge and its influence on the transformation of Italian society, in accordance with the main principles of the Constitution. The most extremist current, known as *Magistratura democratica*, supported a connection with socio-political movements outside the judiciary; this collaboration in the name of the social evolution of the country caused sharp conflicts inside the judiciary. This attitude led to a jurisprudence inspired by the so-called 'programmatic provisions' of the Constitution, above all Article 3, on the equality of all citizens before the law. Article 3 also declares it to be:

> [...] a duty of the Republic to remove those obstacles of an economic and social nature which, by limiting in practice the freedom and equality of citizens, impede the full development of the human person and the effective participation of all workers in the political, economic and social organisation of the country.

Article 3 of the Constitution has thus been used to promote change through jurisprudence, and it is also on the basis of this article that many applications for the scrutiny of laws considered unconstitutional have been submitted to the *Corte costituzionale*.

The eighties have been defined as the 'years of emergency', due to the phenomenon of political terrorism. Many judges fell victim to terrorist attacks. Emergency laws seriously restricting an individual's rights to freedom were promulgated, and the judiciary sometimes applied them in ways which gave rise to severe criticism. During this period, even the most progressive currents represented in the C.S.M. withdrew to adopt more moderate positions, leading the judiciary to present itself as a united body. Political terrorism trials in these years were sometimes perceived as 'merely political' by a significant part of public opinion. In one case, a famous academic personality, convicted for terrorist activities, was elected as a member of the Italian Parliament while still on trial, thus being temporarily immune from prosecution; afterwards he went to France, where he spent the following twenty years as a political refugee.

The Nineties: criminal trials and politics

The nineties were characterised by the growing attacks of organised crime from Mafia-related organisations, aimed at the physical elimination of individual judges and public prosecutors.

At the beginning of the decade, the President of the Republic embarked on a hostile debate with the C.S.M. concerning some of the residual prerogatives of the Minister of Justice. The underlying reason for this dispute, however, was an attack on the independence of the judiciary and on the powers of the C.S.M. The position of the latter was strongly defended by its Vice-president against presidential 'protagonism'. This dispute was the prelude to a period during which the opposition on the part of the judiciary to the political branches of the government became quite aggressive. The white-collar trials and investigations, which focussed on episodes of political corruption and pressure in public administration, soon led to a political earthquake. These were the so-called *tangentopoli* cases, which took their name from the Italian slang for bribes and commissions, *tangenti*, styling this after the lengthy popular board game Monopoly, to produce *tangentopoli*. A 'campaign for justice', largely fed by sensationalist media reporting, arose amongst the general public.

A call for the founding of a Second Republic came from the political parties which were involved to a lesser degree in the investigations. Many voices began to question the validity of the actual constitutional set-up. After the political elections of 1996, a parliamentary commission was appointed to draft an amended constitution, but it did not see its task to completion. All the same, the white-collar trials had contributed to drawing attention to the reality of the administration and application of justice, particularly where criminal trials were concerned. The only article of the Constitution to be amended in the end in 1999 was article 111, which now lays out in the Constitution the basic guarantees for those persons who find themselves the subjects of criminal investigations and trials (the so-called 'fair trial' article).

The above-mentioned modification of the Constitution can also be interpreted as a necessary political response to the excesses of the 'campaign for justice', in which the media played a very important role.

Current trends, or the quest for professionalism

The current organisation of the judiciary in Italy is in general not considered to be very satisfactory. Although the internal hierarchical structure has been abolished, the judicial body displays the characteristics of a bureaucracy, particularly when one considers the issue of selection procedures.

A need for a greater professionalism on the part of the judges has been expressed, though the term is vague and somewhat misleading.

At the beginning of 2001, the government drafted a law which would introduce a form of parallel recruitment to the judiciary for lawyers having completed five years of legal practice. Such recruitment would take place in the form of an easier selection procedure for lawyers, who would then enter the judiciary directly as first instance judges, as opposed to the standard procedure of selected judges, who must undertake a traineeship.

The government's draft encountered very strong opposition from the judges. One of the criticisms voiced against it points out that inequality of treatment would thus be introduced, as well as an arbitrary mix between certain lawyers representing a party in the trial (who, with this new bill, would require a very short period of practice), and the judges, who have to be, by definition, an impartial third party.

Conclusion: Rethinking the rule of law?

The rule of law aims at providing maximum political accountability for the people.

As the Italian case should have shown, political accountability is not always necessarily provided by a maximum degree of independence among the different branches of government.

My personal opinion is that checks and balances on a basis of shared civil values serve the cause of democracy better than a rigid mechanical separation of the judicial branch from the context of the government. But, it is very difficult to achieve this in political societies with a small degree of political integration of civil values.

Maybe the institutionalist motto *ubi societas, ibi jus* (where there is society, there is law) is right after all.

Bibliography

Dahl, R. (1993), *Democracy in the United States* (new edition of 4th revised edition), University Press of America

Dahl, R. (2000), *On Democracy*, New Haven and London, Yale University Press

Dworkin, R. (1986 and 1997), *Freedom's Law: The Moral Reading of the American Constitution,* Harvard University Press and Oxford University Press

Murphy, W., Fleming, J. and Barber, S. (1995), *American Constitutional Interpretation*, (Second Edition), Westbury, NY, The Foundation Press, Inc.

Montesquieu (1979), *De l'Esprit des Lois*, Garnier/Flammarion

http://bracton.law.cornell.edu/bracton/Common/; vol. 2, p. 166; vol. 4, p. 248

A special thanks to my European Parliament colleagues Edward Seymour and Lucia Ravacchioli, and to Paul Claesson for revising this text (European Parliament, Luxembourg).

Helen Trouille

The *juge* and the European Union

Recent terrorist attacks, and in particular the attack on the World Trade Centre on 11 September 2001, have highlighted the need for further co-operation at international level to combat cross-border crime. However, there have been calls from legal experts for many years now to improve international collaboration in the fight against crime. This chapter begins with the study of a recent criminal case, the Rezala Affair, demonstrating that, despite the existence of extradition agreements between France and Portugal, a dangerous criminal could have escaped justice. It discusses the implications for the *juge* of judicial co-operation on a European level, and examines the status of the French *juge* in the European framework. After a brief historical overview of some of the major milestones in co-operation on European judicial affairs, with reference to European Union construction, the Council of Europe, the Appel de Genève and the Corpus Juris, some of the implications for the national *juge* and the nation states of the development of a European Judicial area are exposed. Whilst a certain number of practical considerations hamper wholehearted support for the development of a European Judicial Area, not least in the domain of sentencing patterns, it would appear that co-operation at European level in certain areas, such as international terrorism, immigration and asylum issues, fraud and trafficking in drugs, women and children, must be the way forward.

Les récents attentats terroristes, en particulier l'attaque du Centre commercial mondial le 11 septembre 2001, ont souligné la nécessité d'une coopération plus étroite au niveau international pour combattre la criminalité transfrontalière. Des appels ont toutefois été lancés depuis des années par des experts juridiques pour l'amélioration de la collaboration internationale dans le combat contre le crime. Ce chapitre débute par l'examen d'une affaire criminelle récente, l'Affaire Rezala, qui montre que, malgré l'existence d'accords d'extradition entre la France et le Portugal, un dangereux criminel aurait pu échapper à la justice. On y discute les implications d'une coopération judiciaire au niveau européen pour le juge, et examine le statut du juge français dans le contexte européen. Après une rapide revue de certains événements marquants qui jalonnent la coopération judiciaire européenne, qu'il s'agisse de la construction de l'Union Européenne, du Conseil de l'Europe, de l'Appel de Genève ou du Corpus Juris, un certain nombre d'implications du développement de l'espace judiciaire européen pour le juge national et les Etats Nations y sont analysées. Bien qu'un certain nombre de considérations pratiques limitent un soutien sans réserves au développement d'un Espace judiciaire européen, surtout dans le domaine de l'application des peines, il semble que la coopération au niveau européen dans certains secteurs, tels que le terrorisme international, les questions d'immigration et d'asile, la fraude et le trafic de drogues, de femmes et d'enfants, soit la voie à suivre.

Judicial affairs and police co-operation have remained largely on the fringes of European construction, and European Union member states seem, essentially, to have held the opinion that each nation-state and its legal professionals should be responsible for its own national judicial area. Each member state still has its own individual legal system and domestic law, determining what one may or may not do on national territory, and the penalties imposed for infringing that law. Although there are notable exceptions to this – co-operation between E.U. states has of course taken place for many decades, on an international scale, via the body of European Union legislation (since the Treaty of Rome in 1957) and the European Convention on Human Rights (since the creation of the Council of Europe in 1949), which transcended the boundaries of the European Union, and on the basis of agreements reached between individual nation-states – the idea of harmonising judicial affairs and realising a 'European justice' must, in the past, have seemed a very distant dream, and the limited co-operation in police and judicial affairs at European level to date means that the possibility still exists for those wanted by the police in one country to escape across a national border into another country and perhaps in this manner avoid facing their judges. Many have argued that this has in fact been made easier with the opening up of borders within Europe, post-Schengen. Indeed, some observers support Pierre Legrand's theory, that the legal traditions of a nation are so deeply ingrained that any steps towards harmonisation at international level are doomed to failure. Others argue that there is already regular cross-fertilisation between cultures (the setting up of the Crown Prosecution Service in the U.K., and the introduction of the notion of plea bargaining in France). It is with these issues in mind that European ministers of justice have been elaborating the project of the European Judicial Area, which was intended to focus in the first instance on issues relating to transnational crime, and in particular financial crime – fraud, money laundering – and drug-related offences, but subsequently, and of paramount importance more recently in the opening years of the twenty-first century, international terrorism. Developments within the European Union have been taking place slowly over the years, leading to a number of important initiatives. We have seen the creation in 1995 of Europol, and in 2001 of Eurojust[1] and the European arrest warrant,[2] as well as the drafting of the 2000 Nice Charter of fundamental rights, in force from 1 February 2003 and destined, in Robert Badinter's view, to become the Declaration of Human Rights of the European Union, and to head up the future European Constitution (Badinter 2002, 20).

Recent events have highlighted the potential interest of the 'internationalisation' of justice for national governments around the world. The events of 11 September 2001 and their aftermath, in particular, were a real stimulus to the plans for the introduction of the European arrest warrant. In the context of the threat of war between the West and Iraq, the discovery, in January 2003 in London and Manchester, of terrorist cells manufacturing the poison Ricin, and the arrest of two youths known to the authorities as asylum seekers led to renewed calls for stricter immigration and border controls. These and other similar cases have attracted world-wide interest and concern, and the eyes of many nations – and their criticism and advice too – have been focussed on the handling by national legal frameworks of individual terrorist incidents linked to Al Quaeda. More than ever before, there is a prevalent feeling that the way an individual nation's

1 'L'Union européenne est en train de mettre sur pied une organisation nouvelle essentielle, Eurojust, en vue de préparer la voie et de contribuer à coordonner les poursuites et enquêtes dans le cas de formes graves de criminalité transfrontalière. Cet organe va accroître, accéler et améliorer la coopération judiciaire, à savoir la coopération entre les systèmes judiciaires et tribunaux nationaux.' ('Eurojust – renforcer la co-opération judiciaire au sein de l'UE en vue de combattre la criminalité transfrontalière', http://europa.eu.int/eur-lex/fr/com/pdf/2000_0746fr01.pdf)

2 Creation of the European arrest warrant, 6 December 2001.

legal framework tackles a potential terrorist on its home ground affects the security not only of that nation, but also that of many others.

There have been other criminal cases of interest in the recent past which have directly affected France, and which are worthy of note when considering the status of the French *juge* in the European framework. In this chapter, I propose to examine in detail one case which has highlighted the way in which the authority of the French *juge* was seriously affected in the handling of a criminal matter, to sketch out some of the principal initiatives in European judicial co-operation, and to examine thereafter some of the implications for the *juge* of judicial co-operation on a European level.

Freedom over the border

The difficulties confronting the French *juge* were made very clear early in 2000, when a suspect wanted in connection with a series of violent crimes which had been committed in France escaped, en route for the Canary Isles, across two European borders into Portugal, where he was arrested and detained. Although both France and Portugal are members of the European Union, extradition of the suspect back to France was problematic. The person in question, Sid Ahmed Rezala, was a French citizen wanted for the murder of three young women, one of whom (Corinne Caillaux) had been found killed on the Calais–Ventimiglia train in the night of 13–14 December 1999, one (the British student Isabel Peake) found next to the Limoges–Paris railway line on 13 October 1999, and the body of the third, student Emilie Bazin, missing since 29 October 1999, discovered buried under a pile of coal in a cellar in Amiens on 17 December 1999. Rezala, known in the media as the *tueur des trains*, was eventually arrested in Lisbon on 11 January 2000, but was still being held in a cell there in June 2000, despite France's requests that he should be extradited. The sticking point in the extradition negotiations had nothing to do with a lack of extradition agreements between the countries – both had signed the European Convention on Extradition in 1957,[3] although France had only ratified it in 1986, and Portugal as late as 1990 (Rouchereau 1997, 20) – nor with the status of the person concerned as presumed innocent or guilty, but revolved around Portuguese law. Under the terms of the Convention, France was obliged to respect the conditions for extradition laid down by Portugal, and although Portugal attained democracy tardily in 1974, it is one of the least repressive of the European states, having already abolished the death penalty in 1866, and having as its maximum custodial sentence a term of twenty-five years in prison. Furthermore, according to the Portuguese Constitution and legislation, extradition cannot take place towards a country where there is a risk of the death penalty being incurred (incidentally, this is also so in extradition cases from France to other states), or where a true life sentence may be imposed, or where a custodial sentence may be handed down without any clear indication of the length of time to be served in prison. Although the death penalty no longer exists in France – it was abolished in 1981 by François Mitterrand's socialist government – it has become possible to receive a true life sentence, since the *peine à perpétuité réelle* was introduced by Right wing justice minister Pierre Méhaignerie in the 1994 reforms to the *Code pénal*.

It was thus very difficult for the Portuguese to hand over Rezala to the French authorities. Lengthy negotiations took place, in which, for tactical reasons, the French justice minister at that time, Elisabeth Guigou, decided to pursue Rezala for *homicide volontaire* (intentional homicide), an offence which would carry a maximum sentence of thirty years, rather than for murder, for which Rezala would be liable to life imprisonment. This was essentially in the hope that the Portuguese would feel able to grant the extradition request. It is not difficult to imagine the height of public feeling at this very suggestion, both in France and also in Britain, where indignation was being expressed at the suggestion that Rezala might escape lightly for

3 'La Convention européenne sur l'extradition du 13 décembre 1957. Ce texte, adopté par une vingtaine de pays du Conseil de l'Europe, dispose que le pays requérant – en espèce la France – s'engage à répondre aux conditions de l'extradition éventuellement posées par le pays requis – dans ce cas le Portugal.' (Prieur 2000)

his crimes – might even be set free, if Portugal did not agree to the terms of extradition – and at the length of time being taken to bring a murderer in front of his judges. British feelings were also running high at the prospect of yet another young British girl dying on French soil, and of justice not being done. The murder of teenager Caroline Dickinson, raped and killed in a Breton youth hostel while on a school trip in 1996, was still unsolved at the time and still vivid in many people's minds.[4] The implications in terms of both European Union harmony and human rights are quite major ones. Commit a heinous crime and flee to Portugal, and if you're lucky you'll literally get away with murder; if you're not so lucky, well at least you'll be out of prison a bit sooner than if you'd been caught on French soil, like other fellow prisoners.

The implications for the French *juges* were major ones. With regard to negotiating the lesser charge of *homicide volontaire*, Maître Jean-Claude Richard, one of Rezala's defence lawyers,[5] expressed serious concern at the infringing of the separation of powers and at the authority of the justice minister to predetermine the sentence. For she was instructing the *magistrats* judging the case, supposedly independent from political interference, in relation to the sentence that should be handed down to the accused.

> Un ministère de la Justice a-t-il le droit de donner instruction à un magistrat du siège réputé indépendant? En principe non. Si Elisabeth Guigou se permet de garantir qu'une cour d'assises française n'infligera pas la perpétuité à Rezala, alors son extradition devient possible, mais nous ne sommes plus en démocratie. (Jean-Claude Richard, quoted in Fleury 2000)

Furthermore, much ink was spilt expressing disquiet that a justice minister who had always sworn that she would respect the independence of the legal professions, and that she would never intervene in a case, should be doing precisely this in an international affair and amidst considerable media publicity. By so doing, it was argued that she was in effect overriding firstly, the role of the French examining

4 In March 2001, Francisco Arce Montes was arrested in Miami in connection with this crime and several others, and extradited to France in November 2001 (Prieur 2001).

5 Jean-Claude Richard and Joël Bataillé, Rezala's defence lawyers.

magistrate, the *juge d'instruction*, who would be entrusted with investigating the case and who would normally be able to announce that he was opening a *murder* enquiry; secondly, the *juges* of the *cour d'assises* which would judge Rezala and find its hands tied and its sovereignty infringed by the terms of the agreement with Portugal; and thirdly, the jury, who, with the help of the judges, would normally decide on the sentence to be inflicted if the defendant were found guilty. On the other hand, Rezala's defence lawyers also voiced their concerns that Guigou might come to an arrangement with the Portuguese authorities to try Rezala for *homicide volontaire*, but that once extradited, the true independence of the judiciary could come into play, and the courts might in reality try him for murder, and sentence him to life imprisonment, ignoring the terms of the extradition agreement – although according to international law, this should, in principle, be impossible, since it stipulates that the person extradited can only be tried for the offence for which he was extradited. Therefore, in Rezala's case, he could only be tried for *homicide volontaire*, and if the *juge d'instruction* should wish to pursue Rezala for murder during the course of the investigation, he would be obliged to revisit the terms of extradition from Portugal. Failure to do this could result in the case passing before the French *Cour de Cassation*, which rules on the just application of the law. The *Cour de Cassation* could rule in favour of Rezala, since international law has jurisdiction over domestic law.

But, in the first instance, the major question was would Rezala be extradited at all? Henri Leclerc, a very eminent French lawyer and president of the *Ligue des droits de l'homme* (League of Human Rights) emphasised the urgent need for member states of the European Union to at least adopt the principal *aut judicare aut dedere* – you either judge or you hand over. This is a principle contained in some international conventions, expressing co-operation between states in combating the most serious crimes, and whereby a state to whom an extradition request is made must either hand the individual over or judge the case itself. The possibility that the extradition request might not be granted, that Portugal would not judge the suspected criminal itself, but simply release him and expel him from Portugal, leaving him to be tracked down by Interpol to another country, whence his extradition to France would be possible, was unworthy of existing European Union legal frameworks and commitments to human rights, felt Leclerc. Indeed, Leclerc, an ardent supporter of a European Charter on Human Rights, advocates the speedy development of the European Judicial Area, which in his view should not apply solely to combating financial crime and drug-related offences, but also to catching delinquents such as Rezala, otherwise 'il est à craindre que le Portugal ne soit considéré comme un véritable "paradis penal" pour des criminels de tout poil recherchés en Europe.'(Fleury 2000)

Receptive to the arguments put before it by the French justice ministry, on 13 March 2000 the Lisbon Court of Appeal pronounced in favour of extradition to France. That is not the end of the story, however, as this decision was contested immediately by defence lawyers Richard and Bataillé, who pleaded that the separation of powers and independence of the judiciary was being seriously compromised in this case. Appeal against the decision was therefore made to the Portuguese Supreme Court, which, two months later on 24 May 2000, upheld the first decision of the Lisbon Court of Appeal to extradite Rezala to France for *homicide volontaire*, with a maximum sentence of thirty years. With Rezala insisting that he would never accept extradition to France, and the 178 member states of Interpol on the alert, a final ruling was to be made by the Portuguese Constitutional Court, which had just agreed to examine his appeal against extradition, and was due to reach its decision at the end of July 2000. And from this moment, the issue becomes somewhat hypothetical, since, on the evening of 28 June 2000, Rezala was found dead in his Lisbon prison cell, apparently victim of a successful suicide attempt. He had set fire to his cell using a cigarette lighter, during the France–Portugal European Cup Match, at a time when prisoners and warders were no doubt less attentive than usual to their environment. Despite immediate intervention as soon as the alarm was given, the emergency services were unable to do anything other than confirm Rezala's death. For the time being, the problem was resolved, but not without sounding alarm bells on a number of issues: this was Rezala's second suicide attempt whilst in custody in Portugal;[6] it followed the publication of a controversial 'confession' in *Le Figaro Magazine* on 20 May 2000, a source of extreme irritation to the French authorities, who, for procedural reasons, had not been allowed to question Rezala in depth about the case; but, most importantly as far as European judicial co-operation was concerned, significant questions had been raised about the prosecution of a known criminal and the authority of the *juge*.

The European Judicial Area

Many had been the calls during the course of this incident for the rapid development of a European Union Judicial Area to counter such problems as those outlined above, and amongst them were pleas to this effect from the families of the victims. The concept of a European Judicial Area is, of course, not a new one; a proposal for such a development was presented to the European Council in Brussels by the then French President Valéry Giscard d'Estaing as early as December 1977:

> Les pays membres de la Communauté sont engagés dans un processus qui doit les conduire à l'Union, c'est-à-dire à la création d'un espace organisé. Les traités de Paris et de Rome ont jeté les bases d'un espace économique, le Marché commun, et aussi d'un espace commercial. Nos peuples se rendent compte qu'il faut que la construction européenne ne se limite point à cela. La construction de l'Union de l'Europe devrait donc s'enrichir d'un nouveau concept, celui de l'espace judiciaire (V. Giscard d'Estaing, quoted in Rouchereau 1997, 13).

Even this statement was really an echo of article 220 of the 1957 Treaty of Rome, the founding treaty of the European Union, or Common Market, as it was known in the early days, which stipulated

6 He had already slashed his neck and arm at the prison hospital in Caxias on 17 January 2000, but without inflicting serious harm. See Inciyan and Pereira 2000.

that member states would work towards the simplification of formalities involved in recognising and carrying out legal rulings, through putting into place appropriate conventions. In the context of the late seventies, the main aim was to develop a European Judicial Area competent in criminal matters, which would combat the rise in terrorist attacks such as those of the Red Army, the scourge of that age. In the late eighties and nineties, the principal concerns were to tackle cross-border financial crime and drug-related offences, but as we have seen, there have also been calls not to neglect the small-scale criminal either. In the twenty-first century, concern focusses once more on terrorist activity, on an international level. The shift in emphasis in the late twentieth century to preoccupations with transnational financial crime was to some extent a direct result of successes achieved in European treaties and conventions. As Europe became more unified on an economic and to a lesser extent on a political front, thanks to the Single European Act of 1986, and as border controls between most member states were lifted and the free movement of peoples became reality following the Schengen Convention of 1990 (which came into force on March 26, 1995), so has transnational fraud been facilitated, and would appear to be flourishing in a way hitherto not seen.

Furthermore, in the framework of the Council of Europe, founded in 1949,[7] just after the second world war, with the aims of furthering closer union amongst European states, of seeking solutions to problems facing European society, and of protecting pluralist democracy and human rights,[8] a number of conventions were already in place, for example, to facilitate extradition (1957), to combat terrorism (1977) and to support and recognise actions in other states

7 As distinct from the European Union, although all members of the European Union are also members of the Council of Europe. The founding convention of the Council of Europe was signed on 5 May 1949 by Belgium, Denmark, France, Great Britain, Ireland, Italy, Luxembourg, The Netherlands, Norway and Sweden. Today there are 43 member states representing some 735 million people (see Sauron 2002, 367).

8 Council of Europe web site: http://www.coe.int/T/E/Communication_and_Research/Contacts_with_the_public/About_Council_of_Europe/An_overview/

in relation to criminal cases,[9] and of course the European Convention on Human Rights.

Wishing to elaborate plans for closer co-operation in the European Union with a view to developing a European Judicial Area, a working party of senior civil servants met over four years in the late seventies. These initial plans did not meet with success, and the French project for criminal co-operation at E.U. level elaborated during this period and to be signed on 19 June 1980, finally floundered due to lack of support from the Netherlands, who favoured leaving judicial co-operation within the framework of the Council of Europe. In 1982, a further proposal by the French for judicial co-operation headed by Robert Badinter, the then French Justice Minister, this time to be accompanied by a the creation of a European Criminal Court, met with a similar lack of success due to opposition again from the Dutch, and certain other states. France was obliged to put on hold her plans for specific and autonomous legal co-operation amongst member states of the European Community – which, in her view, corresponded to the idea of a true European Union – and to turn to the Council of Europe treaties, which she had until then refused to ratify.

Indeed, the European Court of Human Rights, instituted in 1959 by the Council of Europe's European Convention on Human Rights, has steadily gained standing and legitimacy in Europe, obliging signatories, by its judgments, to adapt their domestic law and to harmonise it with that of the Convention, with one judgment in two requiring a state to make changes to its legislation. For example, Britain has been obliged to legislate against corporal punishment in its schools, and was also taken to task over its treatment of I.R.A. suspects; Italy has been sentenced for the slowness of its legal procedures; the Republic of Ireland for its ultra-conservative attitudes on divorce and abortion; and more recently there has been the

9 20/4/1959: Convention européenne d'entraide judiciaire en matière pénale; 28/5/70: Convention européenne sur la valeur des jugements répressifs; 15/5/72: Convention européenne sur la transmission des procedures répressives.

conviction of France for torture of a suspect in police custody.[10] Despite France's insistence on this particular occasion that the European Court had no jurisdiction over French *juges* and that they would 'remain masters of their own decisions' (Henley 1999, 16), decrees of the European Court *must* be observed[11] and have an ever-increasing impact on national law. The Convention obliges member states to be more vigilant and often less repressive in their law than they would otherwise have been. To date, no member state has rejected a ruling by the Court, an act which would be liable to exclude them from the Council of Europe and cause them to be held in opprobrium by other European democracies (Delmas-Marty 1999, 75). Indeed, the European Union takes some of the Council of Europe's conventions for granted, assuming that member states – and, most importantly, future member states – will abide by them. However, although this approach may represent a step towards a true European Judicial Area, in the meantime, it is rather unwieldy, making it necessary to consult a variety of texts which dovetail, overlap, and sometimes contradict, in complex fashion, and emphasising the desirability of streamlining at European Union level. The recent integration of the European Convention on Human Rights into U.K. law – a step which was made 'to allow cases concerning the rights given under the Convention to be brought in the U.K. courts' and 'to create a society in which the rights and responsibilities of individuals are properly balanced and in which an awareness of the Convention rights permeates our governmental and legal systems at all levels'[12] –

10 In 1999, the European Court of Human Rights found five French police officers guilty of brutally abusing suspected drug-dealer Ahmed Selmouni, a Moroccan-born Dutchman. He was awarded the equivalent of £62,000 damages for the sexual abuse and beatings received, and authorities were criticised for the fact that it had taken seven years to convict the police officers responsible (Henley 1999, 16).

11 'Conventions are essential instruments of legal co-operation between states. They are binding on states which ratify them.' Council of Europe website: http://www.coe.int/T/E/Communication_and_Research/Contacts_with_the_public/About_Council_of_Europe/An_Overview/Legal_co-operation?default.asp#TopOfPage

12 Home Office website: 'Human Rights Act: Frequently Asked Questions': http://www.homeoffice.gov.uk/hract/hrafaqs.htm

is just one indication of the growing influence of European judicial organisations, which we also see echoed in the existence and development of the United Nations Courts: the International Court of Justice (The Hague), the United Nations Criminal Tribunals (The Hague and Arusha, Tanzania) and the recently ratified International Criminal Court (also to sit at The Hague).[13]

Despite the setbacks experienced in the seventies and early eighties to the development of a European Judicial Area in the framework of the European Union, interested parties had not resigned themselves to failure, and a number of conventions were elaborated in the eighties and nineties, many of which were very similar to those of the Council of Europe, complementing or adapting them slightly. However, further frustrations were encountered in their application, since, in order for them to come into force, they had to be ratified by all member states, always a lengthy process accompanied by much hesitation. The nineties saw a number of significant developments. The Maastricht Treaty was ratified in 1992, and its 6th Title, dedicated to the 'third pillar', inscribes co-operation in justice and home affairs into the institutional framework of the Union, and makes specific mention of co-operation in criminal and civil matters and police co-operation (article K9). The Amsterdam Treaty of 1997 (which came into force on 1 May 1999) turned its attention to improving the mechanisms and instruments of co-operation in the areas of immigration and asylum, key issues following the opening of borders post-Schengen, and to civil law, as family, commercial and financial links between nationals of member states increased, at the same time creating the most Byzantine of situations for legal instruments to unravel (Hubert 1999). The terms of the Amsterdam Treaty mean that these areas are now subject to Community rules, albeit with a five-year 'running-in process' during which the Council will continue to take decisions by unanimous vote. Co-operation – either direct or through Europol[14] – between the police and other

13 On 11 April 2002, the U.N. celebrated the ratification by 60 states of the Rome Treaty (adopted in July 1998 by 120 states), the requisiste number to bring to reality the International Criminal Court (see Tréan 2002, 6).

14 The establishment of Europol was agreed in the Maastricht Treaty (1992). Based in The Hague, Europol started limited operations in 1994 in the form of

authorities responsible for criminal matters will remain an inter-governmental matter, the main goals for co-operation being terrorism, organised crime, drugs and arms trafficking, international fraud and corruption – and, significantly in the case of the Rezala affair, crimes against persons and children.[15]

During these years, calls for action were made by legal professionals. On 1 October 1996, the *Appel de Genève* was issued by seven European lawyers – instrumental amongst them, the French *juge d'instruction* Renaud van Ruymbeke – whose aim was to alert governments and public opinion to the archaism of European legal systems in the face of the opening up of borders to people, goods and capitals, and to denounce tax havens and other forms of financial fraud. Progressively, European citizens were becoming more and more aware of the extent of the problems posed by organised crime, financial and economic fraud, often involving E.U. monies or subsidies, money laundering and large-scale corruption. It was felt that

> [...] tous les appareils juridiques et judiciaires, conçus au XIXe siècle, du temps de la diligence et des chevaux de poste, sont devenus complètement obsolètes à l'heure de l'Internet et de la cyberfinance. Il faut à peine vingt minutes pour qu'un paiement électronique fasse le tour de la Terre. Il faut un an ou davantage, pour qu'un juge obtienne la documentation relative à une opération financière, lorsque celle-ci s'est nouée à l'étranger, et à la condition encore qu'une réponse soit donnée à sa requête, ce qui n'est pas toujours le cas. (Bertossa et al. 2000, 18)

In 1996, at the initiative of the European Commission, a group of experts under the leadership of Mireille Delmas-Marty, prominent legal expert, author of many learned books and professor at the Sorbonne, began to elaborate a project, the *Corpus Juris*, which it was hoped would lead to the creation of a European Public Prosecutor. Although the *Corpus Juris* was limited to fraud against the E.U.

the Europol Drugs Unit. Progressively, other important areas of criminality have been added. The Europol Convention came into force on 1 October 1998 and Europol commenced its full activities on 1 July 1999. 'Fact sheet on Europol', Europol web site: http://www.europol.eu.int/index.asp?page=facts

15 European Union website: http://www.europa.eu.int/en/agenda/igc-home/intro/chap2/en-1.htm

budget, and in particular in relation to agricultural subsidies, laying down substantial penalties, it was perceived by its supporters as the embryo of a future European criminal code, currently numbering just 35 articles and outlining eight offences.[16] It had been the European Commission's intention to integrate these proposals into the 2000 Treaty of Nice, modifying the Treaty on European Union. But reactions to *Corpus Juris* – particularly in the British camp – were hardly ones of undiluted support. To its British critics, *Corpus Juris* appeared to be modelled on what was seen as an imperfect French system which revolved around the highly suspect *juge d'instruction* and *parquet*, and British lawyers felt that it represented a threat to our rights to trial by jury and *habeas corpus*, due to the 'huge concentration of powers in the hands of the E.P.P., who is responsible for investigation, prosecution, committal to trial, presenting the prosecution case in trial, and the execution of sentences' (Dick-Ericson 1998). In the end, the Nice Treaty created the European Judicial Co-operation Unit 'Eurojust',[17] in place of the E.P.P., to protect against fraud: a unit of prosecutors and magistrates or police officiers of equivalent competence from each member state, whose mission would be to improve co-ordination between relevant national authorities in relation to prosecuting serious crime, particularly organised crime. This is seen as a decisive move towards the creation of a powerful and independent European Public Prosecutor – anathema to the detractors of the *Corpus Juris*. Ironically, the instigators of the *Appel de Genève* also regret this move, seeing it as a backward step which will slow down dramatically the European Commission's aim, and their own.

16 See Dhombres 1999, 17.

17 Decision of the European Council at Tampere, Resolution no 46, October 15–16, 1999 and Nice Treaty, Treaty of European Union articles 29, 31, 32.

Implications for the *juge*

Harmonisation at European level may therefore still seem a long way from perfection. The Rezala case demonstrates few advantages to be found in European judicial co-operation, contrary to the hopes and expectations of the signatories of the *Appel de Genève* and the initiators of the *Corpus Juris*. In the Rezala case, we had French judicial processes hampered by the law of another European state and French *juges* pinioned by their own justice minister. On the other hand, Jean-François Burgelin, *procureur général près la Cour de Cassation*, appears to see European initiatives as overbearing rather than consrtuctive, and even goes as far as to declare: 'Notre législation nationale est [bouleversée] par un droit européen dont la formation ne dépend plus du Parlement français mais des instances europeéennes'.[18] So, just how do European developments actually affect the French *juge*?

As far as the European Convention on Human Rights is concerned, in order to ensure that the obligations to which member states have committed themselves in signing the Convention are respected, each member state has the right to bring another member state before the European Court of Human Rights in Strasbourg for violating the Convention. Furthermore, simple citizens of member states who have been unable to obtain satisfaction in a case via their own domestic legal frameworks may also have recourse to the E.C.H.R. (article 35 of the Convention), and states which are found not to have observed the Convention's terms are liable to payment of compensation to the complainant. Thus, the E.C.H.R. required France to pay compensation of FF 252,000 and FF 48,000 damages, plus costs, to a Bayonne-based publisher, Ekin, prevented for nine years from publishing the Spanish book *Euskadi en guerre*. The book, which traces the history, culture and political context of the Basque country, was banned on French territory in April 1988 by Charles Pasqua, Interior Minister at the time, following a police crackdown on

18 Burgelin's speech to the Cour de cassation, 11 January 2001, quoted in Sauron 2002, 364.

Basque refugees in the Bayonne area in October 1987, and the abduction of a Spanish businessman by E.T.A. in February 1988.[19] Pasqua's decision to ban the book relied on a 1939 decree on foreign publications, asserting that the work could incite its readers to violence and it thus represented a danger to public safety. A number of unsuccessful appeals against this decision were made to the *tribunal administratif* in Pau before the Conseil d'Etat finally overruled this court in 1997 – but without granting compensation of any kind. The E.C.H.R. ruled that the 1939 decree contravened the right to freedom of expression, a right which should not be restricted by national borders, and ordered compensation to be paid to the publishers. Similarly, the E.C.H.R. ruled against the *juges* in the Papon case and granted war criminal Maurice Papon 29 193 Euros expenses on the grounds of 'unfair trial'. Papon had not handed himself over to the law on the eve of his appeal to the *Cour de Cassation (la procédure de mise en état)*, as required by French law at the time (and repealed by the 2000 *loi sur la présomption d'innocence*), and consequently saw his appeal to the *Cour de Cassation* refused. In fact Papon, a free man at the time, had preferred to flee to Switzerland rather than be deprived of his liberty, even for a short time. But for the E.C.H.R.:

> Le respect de la présomption d'innocence, combiné avec l'effet suspensif du pourvoi, s'oppose à l'obligation pour un accusé libre de se constituer prisonnier, quelle que soit la durée, même brève, de son incarcération. (Pereira 2002, 7).

An indivdual – or a judge – may therefore benefit from the terms of European Convention legislation before this legislation has actually become national law in the country in which he or she resides. Sauron (2002, 378) speaks of a new interactive relationship between the judge, the lawmaker, and the citizen, which contrasts with the hierarchy of the past when the lawmakers passed the laws, the judges applied them and the citizens submitted to them. Now, either judge or citizen may contest the law, and ultimately change domestic legislation, as we see in the Papon case. This naturally leads to a situation,

19 See Garicoix 2001, 8.

says Sauron, where the judge is no longer simply a tool of the state. France has a number of recent examples of *juges* who have refused to bend to the Executive.

Nation states may even be required to question the very basis of their own legal systems. The French legal world was thrown into turmoil when the status of the *avocat general* and the *commissaire du gouvernement* were declared by the E.C.H.R. to constitute a violation of article 6 of the European Convention on Human Rights, which stipulates the right to a fair trial:

> Toute personne a droit à ce que sa cause soit entendue équitablement, publiquement et dans un délai raisonnable [...] (Convention européenne des droits de l'homme, article 6.1)

The European Court of Human Rights now demands of the *Cour de Cassation* that it allow all parties in a case the same right of access to preparatory documentation before a hearing as the *avocats généraux*, 'en application du principe de l'égalité des armes' (see Reinhardt et Slimane-Kaïd c/France, 31 March 1998, confirmed Slimane-Kaïd c/France, 25 janvier 2000).[20] A similar decision was reached in the case of Fontaine and Bertin (8 July 2003):

> The applicants also complained that, unlike the advocates-general, they had not been sent a copy of the reporting judge's report. Referring to its case-law, the Court reiterated that, given the importance of the reporting judge's report, the advocate-general's role and the consequences of the outcome of the proceedings for the applicants, the imbalance created by the failure to communicate the report to the accused's lawyer on exactly the same terms was not consistent with the requirements of a fair trial. In the present case, the Court noted that the advocates-general had received a copy of the entire report, whereas the applicants had not even received a copy of the part of the report which was not covered by the principle of the secrecy of deliberations. The Court accordingly held by 6 votes to 1 that there had been a violation of the Convention on that account. As regards the complaint concerning the presence of the advocates-general at the deliberations, the Court noted that that practice had ended in France in October 2001. Referring to its relevant case-law, the Court held unanimously that there had been a violation of Article 6 of the

20 See www.credho.org/cedh/session08/session08-02-01.htm. See also Kress, 7 June 2001, www.credho.org/cedh/session08/session08-04.htm

Convention on that account. (www.echr.coe.int/Eng/Press/2003/July/Judgment Fontaine&Bertinv.%20france.htm).

It would appear that this ruling has resulted from a misunderstanding of the functions of the *avocat général* and the *commissaire du gouvernement*. The *commissaire du gouvernement* is in fact a highly-respected and independent *magistrat*, who shares his views on a case with the *Conseil d'Etat*, and who retires with the judges after trial for the deliberations, but does not take part in them. Guy Canivet, *premier président de la Cour de Cassation*, describes the *commissaire du gouvernement*'s conclusions as: 'les joyaux du droit administatif français, les opinions qu'il faut consulter si l'on veut avoir une idée synthétique de la jurisprudence.'[21] The *avocat général* performs a similar role at the Cour de Cassation. From this example, we see that it is clear that the legal cultural identity of a nation must be respected in order not to arrive at the wrong conclusions.

The European citizen is thus not subject only to his or her domestic law. He or she may have recourse to the national courts, to E.U. legislation or to the E.C.H.R. and its judges in order to obtain satisfaction. This in effect means that the law – a law – is no longer supreme, uncontestable, and that the decision of a judge may be called into question by various routes. On the one hand, this may seem to undermine the authority of the national judge, but on the other hand, the judge is no longer bound to national law either and may also use European Union legislation or the European Convention to go beyond national law. Indeed, the judge's role in the interpretation of European texts is an important one, the wording of these texts, based on principles, being, of necessity, rather imprecise (e.g. *procès équitable, délai raisonnable*). The role of the national judge will surely increase, with enlargement towards Central and Eastern European states and Turkey, whose cultures are less similar to our own than those of current member states, almost certainly meaning that European legislation will continue to be expressed as broad, overarching principles in order to account for the diversity of cultures making up

21 Guy Canivet, 'La convergence des systèmes juridiques par l'action du juge', Franco-British Lawyers Society Colloquium, Glasgow, 19–20 September 2003.

the E.U. But there may also be a strengthening of the role of the European judges to reinforce European standards, for example, in terms of protection of human rights in matters of criminal procedure, standards which may be less developed in some future member states.

With regard to recent initiatives, in the Amsterdam Treaty, the European Union pledged to create 'un espace de liberté, de sécurité et de justice' by May 2004. At the half-way point in 2001, two major sticking points appeared to have made themselves clear. Firstly, the harmonisation of penalties to be imposed for the offences covered: for example, a European law on trafficking in persons was blocked for 10 months because ministers could not reach agreement on the sentence which a trafficker should receive (Rivais 2001). This is far from a simple matter, since national practices vary considerably: the Northern states tend to impose lighter sentences than the rest of Europe, but these are served to the end;[22] in Belgium, on the other hand, a prisoner can expect to be released after having served only a third of his or her sentence. In 2001, European justice ministers were not prepared to undermine the coherence of their own domestic criminal codes by harmonising sentencing patterns, and it seems difficult to conceive of European judicial harmonisation where, for the same offence, Spain may hand down a sentence of twenty years in prison and Denmark just five.

The second major challenge is the mutual recognition of judicial decisions, which the Tampere summit declared should be the corner stone of co-operation. One only has to reflect on the reactions to the European arrest warrant to appreciate the difficulties here, when already, before enlargement to the former communist states and Turkey, we are reluctant to consider handing over our citizens to another nation's judicial system for judgment. The only unproblematic areas of mutual recognition are those already addressed by E.U. harmonisation, which has limited considerably the offences which can be covered by the European arrest warrant.

22 In February 2003, Germany sentenced Moroccan Mounir El Motassadeq to 15 years in prison for his part in the September 11 atttack, the maximum sentence possible.

Conclusion

One can see, then, that over the years quite considerable steps have been made to advance co-operation in legal matters across Europe, and that these developments have the effect of both reducing and augmenting the authority of the *juge*. One can also see that, despite these steps, even apparently fairly clear-cut situations, such as the Rezala case, cause problems. It is very easy to say that a European criminal code and a European Public Prosecutor are the obvious solution to combating transnational crime, and that they are also the obvious accessories to a Union which is constantly increasing co-operation in economic and political spheres. After all, developing a system of laws is one of the first steps of every evolving nation. But the stumbling blocks are also obvious: in order to obtain harmonisation of procedures within Europe, one needs the support of all member states and for the time being, the differences in cultures and legal systems are precluding this – a situation which will not become easier with European enlargement. A true European criminal code covering all offences does not seem realistic, at least for the time being, but a European Judicial Area applied selectively to certain offences – those highlighted specifically in E.U. projects – appears to be the way forward. Enlargement makes this task at the same time more complex and more pressing. The ever-growing threat of international terrorism, the expansion of immigration and asylum issues, of drug trafficking and, traffficking in women and children and of large-scale financial crime must make the E.U. particularly vigilant and encourage member states to overcome their natural desires to preserve sovereignty. The European Union still has a difficult task in front of it: not only that of devising a judicial area which can function efficiently, but also that of convincing its members that, where justice is concerned too, *'l'union fait la force'*.

Bibliography

Bertossa, B. et al., 20 October 2000. 'Europe du droit ou Europe du crime?' *Le Monde*, p. 18

Badinter, R. (2002), *Une Constitution européenne*, Paris, Fayard

Dick-Ericson, T. 27 September 1998. 'The Corpus Juris', [on-line]. Oxford, http://www.keele.ac.uk/socs/ks40/torq1.htm, accessed 16 January 2003

Delmas-Marty, M. (1998), *Trois défis pour un droit mondial*, Paris, Editions du Seuil

Delmas-Marty, M. (1999), 'Chances et Risques', *La justice pénale internationale*, Problèmes politiques et sociaux (La Documentation Française) no. 826, 27 August 1999, p. 75

Dhombres, D. 21 September 1999. 'Il faut aller vers une définition du délit européen', *Le Monde*, p. 17

Fleury, E. 9 May 2000. 'Sid Ahmed Rezala sera-t-il extradé? Portugal 'paradis pénal' pour Rezala?' *L'Humanité*, http://www.humanite.presse.fr/journal/2000/2000-05-09/2000-05-09-051.html, accessed 16 January 2003

Garicoix, M. 27 July 2001. 'La France condamnée pour l'interdiction d'un livre basque', *Le Monde*, p. 8

Guillaume, G. (2002), 'Progrès et limites de la justice internationale'. In Soulez Larivière, D., et Dalle, H. (eds), *Notre justice: Le livre vérité de la justice français,* Paris, Editions Robert Laffont, pp. 385–396

Henley, J. 9 November 1999. 'France put in dock for unfair trial', *The Guardian*, p. 16

Hubert, P. (décembre 1999), *Quels avenirs pour l'Europe de la justice et de la police?* Rapport du groupe de travail présidé par Patrick Hubert, Commissariat général du Plan, Paris: La Documentation Française, available on line, http://www.plan.gouv.fr/publications/hubert.html, accessed 16 January 2003

Inciyan, E. and Pereira, A. 29 June 2000. 'La mort de Rezala, le "tueur des trains", dans sa prison de Lisbonne', *Le Monde*

Pereira, A. 27 July 2002. 'La Cour européenne des droits de l'homme condamne la France pour "procès inéquitable" dans l'affaire Papon', *Le Monde*, p. 7

Prieur, C. 17 May 2000. 'L'affaire Rezala souligne les imperfections de l'Europe judiciaire', *Le Monde*

Prieur, C. 21 November 2001. 'Le suspect du meurtre de Caroline Dickinson a été extradé vers la France', *Le Monde*

Rivais, R. 16 November 2001. 'Les deux défis d'un espace judiciaire européen', *Le Monde*

Rouchereau, F. (1997), 'L'Espace judiciaire européen', *L'Espace judiciaire européen*, Regards sur l'actualité (La Documentation Française) no. 235, novembre 1997, p. 20

Sauron, J.-L. (2002), 'L'état de justice européen'. In Soulez Larivière, D. Et Dalle, H. (eds), *Notre justice: Le livre vérité de la justice française*, Paris, Editions Robert Laffont, pp. 365–384

Tréan, C. 11 April 2002. 'La Cour pénale internationale qui siègera à La Haye, devient réalité', *Le Monde*, p. 6

About the Council of Europe: Contacts with the Public; Communication and Research; An overview; Aims [on-line] http://www.coe.int/T/E/Communication_and_Research/Contacts_with_the_public_/About_Council_of_Europe/An_overview/, accessed 23 January 2003

About the Council of Europe: Contacts with the Public; Communication and Research: An overview; Legal Co-operation; Conventions: the force of law [on-line] http://www.coe.int/T/E/Communication_and_Research/Contacts_with_the_public_/About_Council_of_Europe/An_overview/Legal_cooperation/default.asp#TopOfPage, accessed 23 January 2003

Eurojust – Renforcer la coopération judiciaire au sein de l'UE en vue de combattre la criminalité transfrontalière [on line] http//:europa.eu.int/eur-lex/fr/com/pdf/2000_0746fr01.pdf, accessed 13 February 2003

Europol – Europol at a glance: Fact sheet on Europol [on-line] http://www.europol.eu.int/index.asp?page=facts

Human Rights Act: Frequently Asked Questions: http://www.homeoffice.gov.uk/hract/hrafaqs.htm

The European Union at a glance: Treaties; The Amsterdam Treaty: A Citizen's Guide; Moving freely and living in a secure environment [on-line] http://www.europa.eu.int/en/agenda/igc-home/intro/chap2/en_1.htm, accessed 16 January 2003

http://www.credho.org/cedh/session08/session08-02-01.htm
http://www.credho.org/cedh/session08/session08-04.htm

Sir Thomas Legg Q.C.[1]

The English judiciary: some current issues

The English judges, like their French counterparts, are seeing their role changing, and finding themselves in positions of increasing authority, the effects of which will only become truly apparent in the course of time. On both sides of the Channel, we are already witnessing a certain number of decisions reached which have political consequences, and this phenomenon will only grow, endowing the judges with greater influence in public and political debate. We can expect them, personally and corporately, to come under the spotlight more vividly than before. There may be a question whether we fear the judges. There is also a question whether we should fear *for* the judges.

In spite of the local differences, the issues in both countries have one striking similarity: they both involve questions of the *legitimacy* of the judges, especially as against elected policitians. In this chapter, I will discuss this common theme as it affects three areas: independence, appointments and accountability.

Les juges anglais, comme leurs homologues français, voient leur rôle changer et se trouvent en positions d'autorité croissante dont les effets n'apparaîtront vraiment qu'avec le temps. Des deux côtés de la Manche, on est témoin d'un certain nombre de décisions à conséquences politiques. Ce phénomène ne fera que s'accentuer, dotant les juges d'une influence accrue dans les débats publics et politiques. On peut s'attendre à ce qu'ils attirent, personnellement et en tant que corps, une attention plus vive que par le passé. Nous pouvons nous demander si nous avons peur des juges. Nous pouvons également nous demander si nous devrions avoir peur pour les juges.

En dépit de différences locales, on est frappé par une similitude singulière entre les deux pays: tous deux posent la question de la légitimité des juges, particulièrement par opposition aux politiciens élus. Dans ce chapitre, j'examinerai ce thème commun quant à ses effets dans les trois domaines suivants: indépendance, nominations et responsabilité.

---

1 Permanent Secretary of the Lord Chancellor's Department, 1989–1998.

Current developments

These are interesting times for the English judges, as they are for their French brethren. Their role and prominence are growing and thriving. This chapter sets out to explore why this should be so.

Firstly, because of the political currents underlying our government and society. Secondly, because of the continued growth, powered by the judges themselves, of judicial review of executive action. Thirdly, because of our membership of the European Union, and the legal conflicts it throws up between British and European legislation. And finally, because recent constitutional changes have conferred major new jurisdictions on the courts: devolution to Scotland and Wales and, above all, the incorporation of the European Human Rights Convention into our domestic law, which took effect on 2 October 2000.

The consequences of this shift will unroll during the coming years. However, it is clear that the judges will be making more weighty and politically-charged decisions. This is already giving the judges a higher profile in public and political debate. There may be a question whether we should fear the judges. There is also a question whether we should fear *for* the judges.

Developments in England have taken a different form than in France. Here, they are more concerned with the judges' role in constitutional and public law, rather than with criminal proceedings against members of the political class. Of course, we too have had our *affaires*, as in the cases, among others, of Jonathan Aitken and Neil Hamilton. But they have not raised issues about the role of the judges in the way they have in France. We have to remember that, in England as in other Anglo-Saxon jurisdictions, we do not regard the prosecutors as members of the judiciary. For us, the judges are the *juges du siège* but not the *parquetiers*. Nevertheless, in spite of the local differences, the issues in both countries share one striking similarity: in both, they involve the legitimacy of the judges, especially as against politicians, *les élus*. This common theme affects three areas, among others: appointments, independence and accountability.

Nature of the English judiciary

Before examining these, let me sketch in the background with a few points about the judges on this side of the Channel, which may, of course, already be well known to you. I am speaking about my own jurisdiction, that is England and Wales, but in most of what follows, all the United Kingdom jurisdictions are broadly similar.

First, our adversarial system of trial permeates our legal culture and profoundly moulds our view of the role of the judge. We see the judge's role as normally that of umpire between the advocates for two contesting parties. Furthermore, our trial judges normally sit alone. They only sit in twos or threes in appeals, and it is very rare at even the highest appellate level, the House of Lords, for more than five judges to sit. In addition, our courts are courts of general jurisdiction. We have no dual system for private and public law issues. We also have a small judicial corps. There are fewer than 1,300 full-time professional judges at every level for the whole of England and Wales, which has a population of over 50 million people. These full-time judges are supported by about 2,000 part-time professionals and 30,000 lay magistrates who deal with over 95 per cent of all criminal cases.[2] But the central core provides the leadership, and sets the tone – above all, the 160 or so judges of the High Court, Court of Appeal and House of Lords. Moreover, there is no career judiciary, at least, not in the French sense. Virtually all our judges are lawyers in private practice, appointed after some years' service as part-time judges. They are almost never younger than 45 when appointed, and often much older, because it is simply not possible to acquire the necessary experience and eminence in less than about 20 years at the minimum. Appointment to the High Court is still seen by most as the recognition and reward of rising to the highest ranks of advocates. And, once appointed, most judges stay in the level of the judiciary to which they are first appointed. The Court of Appeal and the House of Lords are filled by promotion, normally from the High Court and the Court of

2 See Judicial Appointments: Annual Report [to Parliament] Cm. 1999–2000, 4783 (or see http://www.lcd.gov.uk/judicial/peach/report fr.htm)

Appeal respectively, but this is the only sense in which we have a career judiciary.

The resulting professional culture of the judges is remote from government, and remains rooted in the legal profession from which the judges are drawn, and in which, essentially, they see themselves remaining. Whitehall and Westminster are on other planets for most of them. Nevertheless, and most significantly, our senior judges are high officers of state. All High Court judges are knighted on appointment, and all Lord Justices are made Privy Counsellors, an honour normally given among politicians only to Cabinet Ministers. And of course judges of the House of Lords are given peerages. These honours and titles might seem trivial, but within government they send a powerful symbolic message about the judges' standing and authority. The judges are paid accordingly, much less than most of them earned at the Bar, but much more than most other public officials, including Cabinet Ministers. Their salaries can be increased, and regularly are, but by law they cannot be reduced. Finally, our senior judges have strong security of tenure: since the Act of Settlement 1701,[3] they have held office during good behaviour and can only be dismissed by the Queen on a joint address of both Houses of Parliament. This has never happened to an English judge in the 300 years since the Act was passed. Lower judges can be removed by the Lord Chancellor for misconduct or incapacity, but this power is controlled by law and sparingly used. Indeed, it has only been exercised twice since the County Courts Act was passed in 1846.[4]

Appointment

Against that background, we can come to the theme of legitimacy, and first as it affects the appointment of the judges. This is very much a matter of current debate. Our judges are appointed by the Queen on the advice of the Lord Chancellor, a unique officer of government.

3 12 and 13 Will. III, c. 2.
4 9 & 10 Vict. c. 95.

The Lord Chancellor is a party political appointment of the Prime Minister in each new government, and he is always a senior lawyer or judge. The Lord Chancellor defies the separation of powers by being at once a judge and the head of the judiciary, and a senior Cabinet Minister, and the speaker of the House of Lords. To some, this combination of functions looks unacceptably anomalous, and the future of the Lord Chancellor is itself under challenge from some quarters. Some say that it is inappropriate for a minister to appoint the judges at all, but this seems, in my view, to be a misconception. In every other major English-speaking country, judges are appointed by the executive, and there are important constitutional and practical arguments for this in a democracy. There must be an element of accountability, and no branch of government, even the judges, should be self-appointing. Others say that the Lord Chancellor should have to appoint the judges on the advice of an independent statutory board of commission. Here the example of the *Conseil Supérieur de la Magstrature* is very much in point, and I think it is worth studying the annual *Rapports d'Activité du Conseil supérieur de la magistrature*.[5]

As so often, our practice in England is not quite so different from France as the formal institutions would suggest. In fact, in the new appointments system that we have built up over the last 20 years or so, the Lord Chancellor acts in a structured and highly collegiate way, in close partnership with the senior professional judges, after wide and increasingly formal consultations, and with a considerable degree of information and advice from his own department. The building of this system is ongoing, and there are still improvements to be made, but it has survived parliamentary and expert inquiries with flying colours. Perhaps this is the more so because most informed opinion, even though divided on how the judges should be appointed, tends to agree that the present generation of senior judges is of high quality and progressive approach, compared with its predecessors.

The Lord Chancellor appoints the judges on professional and personal merit, and operates an increasingly open system in deciding on the candidates. In the distant past, party political considerations

5 Conseil supérieur de la magistrature – Rapports d'activité, Éditions des Journaux Officiels.

often played a part in our judicial appointments, as they still do in some other English-speaking countries; but those days are long gone here. Nevertheless, there is much criticism of the system. For example, there are relatively few women judges and hardly any from the ethnic minorities.[6] Some say that the bench ought to be more representative of the community at large. Such criticisms raise issues about whether it is right for the judicial branch of government to be representative in this sense, what is meant by merit in this context and so on. There are also practical difficulties because the pool of candidates from which the Lord Chancellor must choose is determined by who entered the legal profession 20–25 years ago and has since reached the top, and he has no control over this factor.

This debate will clearly continue, as no doubt it should, since the growing power of the judges makes it ever more reasonable for the public to take an interest in who they are. It really is at least two debates at once. One debate is about the legitimacy of an important branch of government. At the same time, the other debate is about what kind of people we want as our judges. The first debate is fairly well understood. The second needs more attention than it has so far been given.

There are further issues to be considered subsequently about the appointment of our higher appellate judges. Notably, should our highest court of appeal still be part of the House of Lords? Given the political power now to be wielded by the highest judges, should we take account of their personal opinions and attitudes, and try to balance them in composing the court, as happens to some extent in the United States Supreme Court? Should we follow the Americans in requiring our highest judges to be appointed with the advice and consent of the upper House? And so on.

6 Out of 157 judges of the High Court and above in September 2000, 11 were women and none were from ethnic minorities. Of the full-time judiciary as a whole, 11% were women and 1.3% were from ethnic minorities. Annual Report to Parliament, www.lcd.gov.uk/judicial/womjudfr.htm and www.lcd.gov.uk/judicial/ethmin.htm

Independence

Let us now consider the independence of the judges. At present, this seems an area of potential rather than actual concern. But the potential is always there.

Historically, the English judges emerged on the winning side of our 17th-century revolution, perhaps by contrast with their French colleagues after their 18th-century revolution. The common lawyers, or most of them, were effectively allies of Parliament against the king, and Parliament was willing to endorse and support their legitimacy. Many of the judges' safeguards and securities I have already mentioned were legislated by Parliament long ago. Nevertheless, our unwritten Constitution gives the judges no final guarantees for their independence. This is because we have no complete separation of powers. We have, of course, three branches of government – legislative, executive and judicial – but their membership overlaps and they are emphatically not equal and co-ordinate. Parliament is the senior partner, because the dominant principle of our Constitution remains the legislative sovereignty of Parliament.

Largely because of our membership of the European Union, this sovereignty is currently showing signs of crumbling at the edges. And the centrality of Parliament is under challenge in other ways. Nevertheless, in principle, there are no limits to Parliament's legislative power. And there are no special constitutional statutes. All Acts of Parliament have the same status and must be equally obeyed, and all can be amended or repealed by the usual procedures.

Consequently, all our liberties depend ultimately on the self-denial of a Parliament which is dominated by whichever government won the most votes at the last election. What Parliament gave, it could take away, and this includes the independence of the judiciary. There is currently little sign of danger from this quarter, but parliament is led by the House of Commons, which is democratically elected and, when it thinks about the judges at all, tends to be very conscious that they are not. The House of Commons is a jealous god, and lurking below the surface there is the potential for a major dispute in which

Parliament would assert its legitimacy, and its powers, against the judges.

Accountability

Voices are beginning to be heard for the judges to be made more 'accountable'. At first sight, these calls look reasonable. The judges are paid, and rather generously, by the citizens to perform a vital function on their behalf. Why should they be immune from answering for their competence and performance, as the government answers to Parliament and Parliament answers to the voters? Some other English-speaking jurisdictions have set up official bodies to receive and investigate complaints about judges, and to act as disciplinary authorities. We should therefore keep an open mind about the possibility of doing so ourselves.

However, I would be cautious about it. If the judges had to look over their shoulders at a supervising authority, even one composed of other judges, outside the normal channels of appeal, their independence could be impaired. Yet some of the proposals go further. For example, some time ago, one of our leading conservative newspapers stated that the Human Rights Act posed an 'obvious danger' that Parliament's role and standing would be diminished by the advance of the judiciary; and the article concluded that, if the judges were to make political decisions, the question of their accountability would have to be addressed.

It is not yet clear what, if any, detailed proposals lie behind this comment, and others like it. Perhaps they have in mind that the judges should be elected, as in some US states they are re-elected, though the federal judiciary have always been appointed by the President with the advice and consent of the Senate. But in any case, to make the judges accountable to any outside authority for the perceived political correctness of their decisions would, arguably, pose a major threat to the rule of law. So there will be much to fuel debate in the months and years to come.

Bibliography

Act of Settlement, 12 and 13 Will. III, c. 2; see ed Browning, A., (1953), English Historical Documents 1660–1714, London, Eyre and Spottiswoode, pp. 129–134

County Courts Act, 9 & 10 Vict. c. 95

Conseil supérieur de la magistrature – Rapport d'activité 2001 (2002), Éditions des Journaux Officiels

Conseil supérieur de la magistrature – Rapport d'activité 2000 (2001), Éditions des Journaux Officiels

Conseil supérieur de la magistrature – Rapport d'activité 1999 (2000), Éditions des Journaux Officiels

Judicial Appointments: Annual Report [to Parliament] Cm. 1999–2000, 4783

http://www.lcd.gov.uk/judicial/womjudfr.htm

http://www.lcd.gov.uk/judicial/ethmin.htm

http://www.lcd.gov.uk/judicial/peach/reportfr.htm

http://www.parliament.the-stationeryoffice.co.uk/pa/cm200001/cmselect/cmcomm/155/15505.htm#a20

James Raymond

Ideology and jurisprudence: French theory and Anglo-American law

This chapter draws upon my experience teaching judges in several Commonwealth countries. Through the use of several real-life examples taken from the American and Canadian context, and supporrting my conclusions with reference to Derrida and the post structuralists, I set out to show how judges create fictions of certitude when the facts are indeterminable, the law ambiguous, and the logic inconclusive. I take the undecidability of jurisprudence as a given, not a scandal. More importantly, I use jurisprudence as an instance of a particular kind of discourse, distinctive in its logic, its language, and its pretensions to certitude, which I contrast with the discourses of symbolic logics and empirical sciences. Each of these discourses is laced with its own (often unrecognized) ideologies. The fact judges resolve 'aporias' with ideology is, if not a reason to fear them, at least a reason to realize that they are, like the rest of us, creatures of ideology – only immensely more powerful.

Ce chapitre est fondé sur l'expérience acquise par l'enseignement des juges dans plusieurs pays du Commonwealth. Par le moyen de plusieurs exemples vécus tirés du contexte américain et canadien, et en soutenant mes conclusions par référence à Derrida et les post-structuralistes, je cherche à montrer comment ils créent des fictions de certitude lorsque les faits sont indéterminables, la loi ambiguë et la logique peu concluante. Je considère l'insolubilité de la jurisprudence comme un donné, et non pas un scandale. Plus important encore, j'utilise la jurisprudence comme exemple d'une catégorie particulière de discours, distincte de la certitude dans sa logique, son langage et ses prétentions, que je contraste avec les discours des logiques symboliques et des sciences empiriques. Chacun de ces discours est empreint de ses idéologies propres (souvent non reconnues). Que les juges usent d'une idéologie pour résoudre les 'aporias' est, sinon une raison de les craindre, au moins une raison de comprendre qu'ils sont, comme nous tous, des créatures de l'idéologie mais infiniment plus puissants.

Before I had a chance to present an earlier version of this chapter at the conference which inspired this volume, one of the other participants attacked my title. 'What do you mean by French theory?' he asked. 'There is no such thing as French theory.'

Point taken.

What I meant by French theory, of course, was a body of thought associated with the term deconstruction or post structuralism and with a group of philosophers whose most eminent exponent might be Jacques Derrida. It is a style of thought that is both scandalous and impossible to refute. It challenges traditional notions about texts and interpretation, essentially making it impossible to believe that words convey meanings, like kernels inside a nutshell: stable, extractable clearly defined. But to call it French is a mistake, for at least two reasons: first, because French theorists are too various and contentious to be treated as a homogeneous entity; and second, because, wherever it began, it has transcended geographic boundaries. It has also transcended disciplinary boundaries, spilling beyond philosophy into numerous other disciplines. In American Law Schools, it is known as critical legal theory, the bête-noire of legal education, a school of thought that gets its energy from the notion that all jurisprudence is nothing more than the imposition of ideological preferences of individual judges.

But whatever they are called, post structuralists and the critical legal theorists have it right. Jurisprudence, like literary criticism, is fundamentally ideological. Judges are generally careful to maintain the appearance of logic, but the limits of logic are apparent in any case in which there is a strong dissenting opinion. Jurisprudence often maintains the illusion of geometric rationality; but when presented with identical facts and an identical body of law, competent judges often reach diametrically opposite conclusions, each side persuaded that the other is mistaken either in its apprehension of the facts, or in its choice of the law by which the facts should be judged, or in its interpretation of the law.

In what follows, I will illustrate the collapse of logic in two cases, one American, the other Canadian. I have selected these cases almost at random, not because they are unusual, but because they are in fact typical. Almost any case with a strong dissent would serve as well. After illustrating the problem, I will explain why it is inevitable, and why we need not regard it as particularly scandalous.

The first example is Kimel v. Florida Board of Regents.[1] In Kimel, librarians at a state university in Alabama argued that they had been discriminated against because of their age, contrary to the Age Discrimination in Employment Act (A.D.E.A.). Their suit was eventually consolidated with a similar complaint by employees of the correctional system in Florida. From the plaintiffs' perspective, the case must have seemed open and shut:

> Alleged Fact: the University of Montevallo and the state of Florida have discriminated against employees on the basis of age.
> Controlling Law: the Age Discrimination in Employment Act (A.D.E.A.) proscribes discrimination in employment on the basis of age.
> Conclusion: the University of Montevallo and the state of Florida must compensate those employees for whatever damages they have incurred as a result of the discrimination.

Assuming that the factual allegations could be substantiated, there would seem to be little room for argument about the law. But the plaintiffs never had a chance to present their evidence. In a decision by the United States Supreme Court, the plaintiff's logic was lost in an abyss of inconclusive reasoning, each apparent syllogism countered by another. The exchange, abstracted below from the majority decision and the dissents, resembles nothing so much as a tennis match in which each player hits what looks like a decisive shot, only to have the ball returned with equally apparent decisiveness:

> Alleged Fact: respondents discriminated against Plaintiffs on the basis of age.
> Controlling Law: discrimination on the basis of age violates the A.D.E.A.
> Conclusion: plaintiffs are therefore entitled to back pay and other compensation.
>
> Alleged Fact: the employers in question are state agencies.
> Controlling Law: the 11th Amendment grants states (and therefore state agencies) immunity to suits brought by their citizens.
> Conclusion: plaintiffs have no standing in court.

1 139 F.3d 1426, affirmed.

> Alleged Fact: plaintiffs are citizens of the states they are suing.
> Controlling Law: the 11th Amendment prevents citizens from suing states in which they do not reside, but is silent on whether they can sue the states in which they reside.
> Conclusion: plaintiffs have standing in court.
>
> Alleged Fact: the courts have consistently interpreted the 11th Amendment to grant states immunity to suits brought by private citizens regardless of where they reside.
> Controlling Law: the tradition of stare decisis (the rule of precedent) requires the courts to honour the interpretation of the law established by earlier courts.
> Conclusion: plaintiffs have no standing in court.
>
> Alleged Fact: earlier interpretations of the 11th Amendment are clearly at variance with the plain meaning of the text.
> Controlling Law: the Constitution is more authoritative than judge-made law.
> Conclusion: plaintiffs have standing in Court.
>
> Alleged Fact: in passing the A.D.E.A., Congress failed to indicate that…

The argument trails off into an endless tangle of theories about when Congress is entitled to pass a law that overrides state prerogatives, and whether Congress or the Courts are empowered to tinker with the provisions of the Constitution. What began as a simple question of fact (Did these employers really discriminate against the plaintiffs on the basis of age?) metamorphoses into a question of standing (Do the plaintiffs have a right to sue?), and from there to a question of legislative intent (Did Congress intend to give private citizens the right to sue?) and into numerous subsidiary issues each growing out of the others like a set of infinitely fertile Russian dolls. What is remarkable about these arguments, granting the assumptions implicit in each, they are all equally valid, thereby violating the principle of contradiction that is the foundation of conventional logic. They are all also equally inconclusive. Logic melts like a clock in a surreal painting when applied to real language and real issues.

In the end, plaintiffs prevailed in a 5–4 decision. Although the majority of the court (like the dissenters) supported its conclusion with the appearance of logic, it is apparent to any disinterested observer that they prevailed not because they were right, but because they were the majority. They were, we know from other cases and other sources, ideologically opposed to what they perceived as the federal governments encroachment on the rights of states to govern their own affairs. Nothing, we suspect, would have persuaded them that Congress had the power to tell states how they must treat their employees.

Another example of logic melting in the heat of personal ideology is a Canadian case, Rodriguez v. British Columbia (Attorney general). Sue Rodriguez was dying a horrendous death as a result of amyotrophic lateral sclerosis (also known as Lou Gehrig's disease). She was gradually losing all ability to move, or speak, or take food, or even to blink her eyes. She was doomed to remain fully conscious, a prisoner in a body over which she had absolutely no control, entirely dependent on others even for minimal bodily functions. Ms. Rodriguez decided, with the support of her family and her physician, to terminate her agony when it became unbearable, but was prevented from doing so by a British Columbia statute forbidding physician assisted suicide. This case turned on the interpretation of a text, the Canadian Charter of Rights and Freedoms, which like all legal texts is incurably ambiguous.

If logic were capable of resolving the issue, the case would have been relatively simple:

> Fact: physician assisted suicide
> Controlling law: the Canadian Charter of Rights and Freedoms
> Conclusion: is (or is not) legal.

But once again, logic in law bears only a vague resemblance to logic in science and mathematics. It turns out that the Charter provides not one, but three sections under which Rodriguez's intended act might be judged: Section 7, which provides the right to life, liberty and security of person; Section 12, which provides the right not to be subjected to cruel or unusual punishment or treatment; and Section 15 (1), which forbids discrimination on the basis of disability. To complicate matters, any of these rights might be abridged under Section 1, if the abridgment can be demonstrably justified in a free and democratic society. If these possibilities were diagramed in the logic tree, there would be a total of 12 possible paths, one beginning with a yes/no answer to Section 7, Section 12, and Section 15 (1), and for each yes answer, a second pair of paths to decide whether the limitation of rights is justified under Section 1 (See Figure 1). The diagram actually under-represents the possibilities, since nothing prevents an individual judge from pursuing more than one path, perhaps even reaching contradictory results, and then having to choose which of those results trump the other. In other words, a judge might have determined that the British Columbia statute did not violate Section 7 (and therefore properly deprived Ms. Rodriguez of the right to die on her own terms), as well as Section 15 (1); but the same judge might then determine that the violation of 15 (1) was not justified under the exception in Section 1 (thereby affirming Ms. Rodriguez's right to die on her own terms). Which conclusion would override the other?

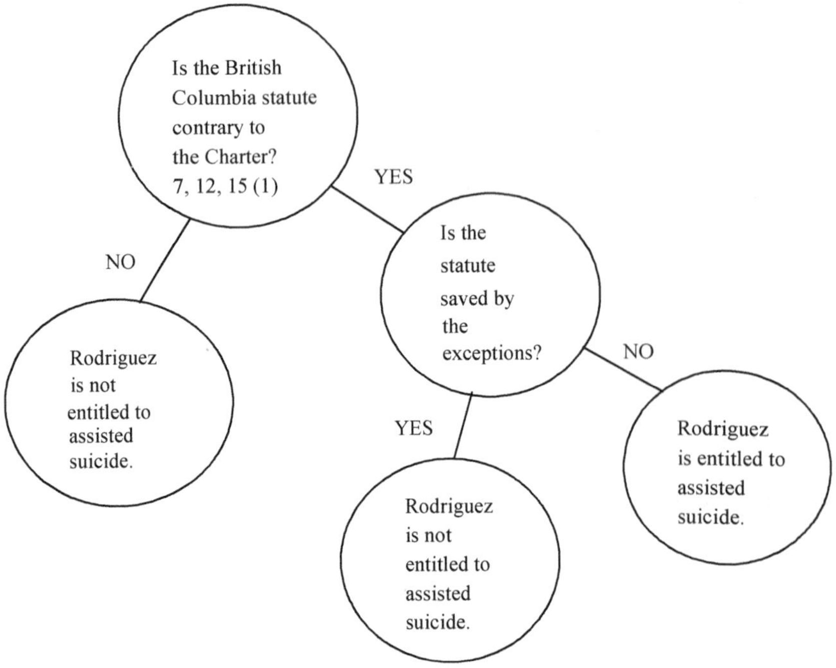

Figure 1. Rodriguez case logic tree

The justices took a total of six paths, some of them shared, to reach their conclusions. Five justices (LaForest, Sopinka, Gonthier, Iacobucci, and Major) travelled three paths together, first deciding that the British Columbia statute did not violate Sections 7 and12; but then, after conceding that it did violate Section 15(1) (i.e., depriving disabled persons of an option that would be available to others), determined that this violation was acceptable under Section 1.

Two justices (L'Hereux-Dubé and McLachlin) travelled one path together, deciding first that the British Columbia statute violated Section 7, depriving Ms. Rodriguez of her right to life, liberty, and security of person, and then deciding that this violation was not justified under Section 1.

Two justices (Lamer and Cory) travelled a single path together, deciding first that the British Columbia statute discriminated against Ms. Rodriguez as a disabled person, and then deciding that this violation was not justified under Section 1.

In addition, Justice Cory travelled a path that the majority had followed, deciding that the British Columbia statute did not violate Section 7.

It would be interesting to observe in detail the fissures in language and logic that allowed these distinguished jurists to infer different conclusions from the same body of fact and law, but that discussion must wait for another occasion. For the moment it is enough to point out that, although judges are generally meticulous in maintaining the appearance of logic, logic in jurisprudence is by no means the precise and reliable instrument that it is in purely symbolic discourses. In fact, the manifest debility of logic in this context confirms what we might have already suspected before the critical legal theorists pointed it out: that judgments are ultimately rooted in the ideologies of judges, not grounded in law, logic, and scientifically precise language. In this case, we suspect that each judge approached the problem of suicide with preconceptions based on intuition, religious conviction or the lack thereof, and possibly an awareness of individual narratives that would support one conclusion or another – preconceptions that could not be explicit in the judgment itself. There is no remedy to this problem. In fact, it is not properly a philosophical problem, any more than the uncertainties of weather can be called a philosophical problem, unless we can plausibly imagine weather without uncertainty or jurisprudence without ideology.

Critical legal theorists and other post structural philosophers (if I may be permitted to ignore their differences and treat them as a group) are therefore correct in what they describe, as long as they do not suggest that things might be otherwise. They also share an error that is common in even in the most sophisticated philosophical discourses, both conventional and contemporary. They use words like 'truth' and 'knowledge' (even in denying the accessibility of truth and knowledge) as if these words were univocal. In speaking of fissures in our linguistic representations and aporias in our assertions, they are inattentive to differences among the languages and logics of various discourses. A corollary limitation, it seems to me, is that in addressing the problematic of representation – that is, in discussing the inscrutable relationship between our ideas and the world outside our heads – they are inattentive to radical differences implicit in different realms of discourse. There are, in fact, several realms of discourse, each distinguishable from the others on the basis of the epistemic claims it makes, the rules of inference it employs, the degree of certitude to which it can legitimately aspire, and the degree of ambiguity it tolerates in its language. Just as importantly, each realm is distinguishable from the others on the basis of the claims it avoids, the questions it is incapable of addressing without abandoning the limits that constitute its methodological integrity. There are, no doubt, numerous forms of discourse to be added to those I will examine, but within the academy, three are pre-eminent. One is the discourse of mathematics and other symbolic logics. The second is the discourse of empirical science. And the third is the discourse of the humanities, which at considerable risk, I like to call the realm of rhetoric (the risk is that this designation will invoke pejorative connotations that rhetoric has acquired over the centuries). Any human assertion may be located in one of these realms, which are related to one another in what might be described as a set of nesting boxes (see Figure 2).

There is no preferential hierarchy among them; none is superior to the others as a way of knowing. Together they comprise a zero sum set in which every gain in scope, every increase in distance from a purely symbolic discourse, is balanced by a loss in precision and

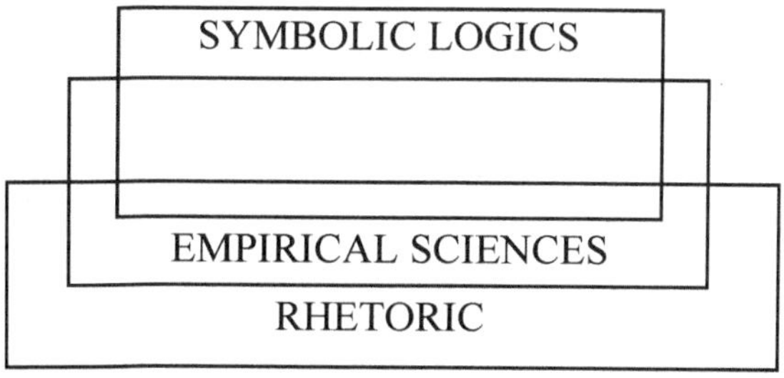

Figure 2. Realms of discourse (i)

certitude (see Figure 3). Jurisprudence belongs in the third category. Like all the humanities, jurisprudence is cursed or blessed with a language that is rotten with ambiguity. It has to determine the meaning of texts in which meaning is indeterminate. It has to declare facts without the benefit of replicable experiments, often without the benefit of disinterested witnesses.

The most obvious distinction among these realms of discourse is the kind of language characteristic of each. Pure mathematics and all symbolic logics limit themselves to artificial languages, symbolic systems from which ambiguity has been functionally distilled. In symbolic logics, terms are defined by stipulation. No one can participate successfully in these discourse communities without understanding each symbol in exactly the same way that others understand it. There can be no debating the meaning of S, or =, or >. Because the symbols in these discourses have no existential pretensions (i.e., they do not pretend to describe objects outside the mind), they are absolutely precise, and at the same time absolutely useless. To retain their purity and precision, they must be quarantined from everyday usage and the semantic instability of natural language. The moment they are applied – the moment they pretend to describe relationships outside the realm of the purely symbolic – they become compromised. They become science, which is to say, they become more useful, but less reliable.

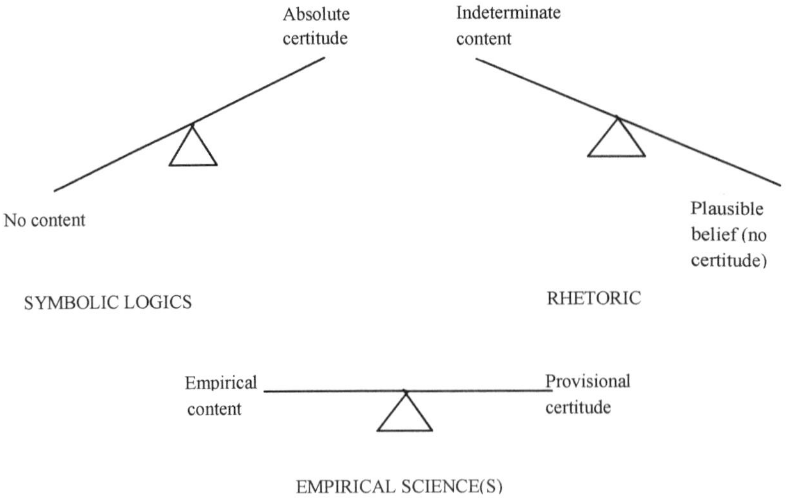

Figure 3. Realms of discourse (ii)

The language of geometry, to take one example, is unambiguous and absolutely precise. The formula $C^2 = A^2 + B^2$ (the Pythagorean Theorem), means exactly the same thing to Euclidean geometers all over the world: the square of the hypotenuse of a right triangle equals the sum of the squares of the other two sides. But to be more precise, the formula should be read with an acknowledgment that it refers only to hypothetical entities: 'If there were such things as squares, hypotenuses, right triangles, sides, and the possibility of absolute equality as we have defined these terms, the square of the hypotenuse of a right triangle would equal the sum of the squares of the other two sides.' Without this qualification, there is a seductive certitude and precision about in the formula. The values on either side of the equals sign are not approximately equal or sometimes equal, but always and absolutely equal, independent of empirical data or the perspective of the observer or the precision of the measurement. But assertions in symbolic logic are absolutely reliable precisely because they have no existential pretensions. Geometric figures are figments of the geometer's abstractive powers, crudely represented by images that are at odds with their immateriality.

The language of symbolic logics is only one source of their precision. Another source is that having created a universe of perfect symbols, symbolic logics confine themselves to that ideal universe by employing an exclusively deductive logic – drawing inferences from definitions and postulates that are accepted as given (data, données) without proof or even the possibility of proof. To admit any induction whatsoever would contaminate the system. It would introduce problems of measurement, perspective, and indeterminacy. Symbolic discourses, by definition, operate in a universe that is purposefully fictive. The moment they leave this realm – the moment they are applied, for example, to determine the orbit of a planet or the speed of an electron – they are necessarily compromised in precision and reliability.

Empirical sciences, on the other hand, are more capacious in their scope and bolder in their existential pretensions. They claim to describe entities outside our minds. But they do so at enormous costs. Nothing in the world is as pure or as precise as the language scientists use to describe it (or even if it were, we could never know it). There is an unbridgeable gap between the languages of science and the things they describe, a gap avoided in mathematics when mathematicians admit that they are not describing, but inventing the universe of their discipline. It makes no sense to speak of representation in these two realms without understanding the claims of representation in each are radically different.

Scientists attempt to eliminate the ambiguity in their language by imitating the practice of mathematics, that is, by using symbols that are not part of ordinary discourse. But they can only partially succeed. Every chemical symbol represents an element in a pure form, though no laboratory can produce such an element with the assurance that it is not contaminated by some foreign particle, if even on a sub-sub-atomic magnitude. Every mathematical value in science is a pretense of precision that is possible only in the non-referential world of pure mathematics.

No serious physicist imagines for a moment that Einstein's celebrated formula ($e = mc^2$) has the same precision as the Pythagorean theorem. No serious physicist imagines that light travels at exactly 186,000 miles per exactly one second, or that we could know it if it did; no one imagines that the energy released in an actual event of nuclear fission can be described mathematically beyond a certain degree of precision. But if symbols and measurements in science are always only approximations, they are useful approximations. And if scientific assertions are always subject to the possibility of being unsettled by the discovery of new data, they are undeniably useful assertions, reliable to the extent that they are confirmed by independent observation until they are disconfirmed by contradictory data.

Science is scientific in part because it limits itself to what is quantifiable, replicable, independently observable. It avoids entities that are creatures of language, either of the artificial language of mathematics on one of its boundaries, or creatures of natural languages on the other. Science is powerless to make assertions about human values, or ethical obligations (e.g., to endure a painful death), or the meaning of texts (e.g., literature or law), or about future events that are not governed by mechanical processes or statistical necessity (e.g., elections or sporting events). When scientists venture into these topics, their observations are not scientific.

One of the great illusions among even brilliant scientists (Harvard's E. O. Wilson among them) is a faith that, given enough time and resources, science could answer absolutely any question. The truth is that science is incapable of addressing (still less of answering) certain kinds of questions because the procedures that make science 'scientific' limit the kinds of inquiry science can make. Science achieves whatever reliability it achieve by limiting itself to subjects that are independently observable, represented by language in which definitions are grounded in empirical criteria, and examined with a logic that is grounded on inductive evidence. Science is equipped to describe what is in the physical world, and in certain limited situations to predict what will be. But it cannot address, as science, what ought to be or what cannot be physically observed (e.g., an obligation).

Rhetoric begins where science must leave off. The language of rhetoric, that is, the language of newspapers, history, law, ethics, esthetics, politics, and metaphysics, is rotten with ambiguity. Words like 'cruel and unusual punishment', for example, or 'life, liberty and security of person' can never be defined by empirical criteria or stipulated definitions. Their meaning will always be debatable in any given factual situation. And while the logic of rhetorical discourses can include both induction and deduction, it necessarily includes inferences from analogies, arguments from consequences, speculations based on common sense, values rooted in nothing more than cultural habits or personal preferences, none of which would have any place in science or symbolic logic. Even factual assertions in rhetoric discourses, for example, that a university did or did not discriminate against its employees on the basis of age, are necessarily speculative. Assuming that the plaintiffs did in fact receive unfavorable treatment, who can divine the motives of a corporate entity (the university), comprised of numerous individuals, each driven by a unique combination of interests and desires?

These are not defects in rhetorical discourses. The soft logic, the ambiguous language, the uncertain data, these are the conditions in which every humanistic discipline operates, either consciously or unconsciously. Jurisprudence differs from other humanistic disciplines only in this: that we have, as a society, created a secular priesthood in the law. Just as religious priests can create or alter realities with their words (they can consecrate, they can bless, they can declare sins forgiven or people to be married), judges can, by the sheer power of the authority vested in them, declare the meaning of ambiguous texts and find facts on the basis of circumstantial evidence. We would never tolerate this sort of authority in academic discourses; but we cannot do without it in jurisprudence.

To dream of a judiciary independent of ideology is to imagine a chimera. There is no escape from this condition. There is, however, the possibility of understanding it better. When I lecture to judges, I often close by contrasting the discourse of jurisprudence with the discourse of science. Scientists discover, I tell them. Judges declare. When judges determine facts and meaning, the syntax of their declarations may resemble the syntax of scientific assertions, but juridical declarations are often based on authority, not on indisputable or independently observable evidence. I also contrast judges with other writers. Poets may be, as Shelley said, the unacknowledged legislators of the world; but judges are the unacknowledged poets of the world – poets in the etymological sense of creators, scopes who call things into being by the sheer force of language. Novelists, I tell them, invent worlds with words and invite us to inhabit them. Judges create worlds with words and require us to inhabit them.

Ought we, then, to fear judges?

Absolutely. We should regard them with the reverence and awe that high priests receive in societies we might regard as less sophisticated than our own.

Bibliography

Derrida, J. (1992), 'Force of Law: The Mystical Foundation of Authority' in *Deconstruction and the Possibility of Justice*, ed Cornell, D., Rosenfeld, M. and Gray Carlson, D., London, Routledge

Derrida, J. (2003), *Voyous: deux essais sur la raison*, Collection la Philosophie en Effet, Galilée

Nass, M. (2002), *Taking of the tradition: Jacques Derrida and the legacies of deconstruction*, Stanford U.P.

Rajan, T. (2002), *Deconstruction and the remainders of phenomenology: Sartre, Derrida, Foucault, Baudrillard*, Stanford U.P.

Part III

The future of the *juge*

Malcolm Harvey

The new French Revolution: recent changes to the *cour d'assises*

The decision by France's National Assembly on 10 February 2000 to introduce the right to appeal against the decisions of the *cour d'assises* was a triumph not just for human rights, but also for rhetoric. In a rare display of cross-party unity – the bill was passed unanimously – deputies on both sides of the chamber hailed the decision as 'a revolution', 'an historic step' and 'the end of an extraordinary anachronism'. Is this reform truly historic? Why has it taken so long to implement? What makes the *cour d'assises* so unusual? In this chapter, these questions will be examined.

It begins with a brief discussion of the historical and ideological context in which the *cour d'assises* was set up, a discussion which is necessary to understand what may seem to be an incredibly enduring injustice. It then looks at previous attempts to reform the court, focussing on Jacques Toubon's proposals in the mid nineteen nineties, quoting the reactions of judges, lawyers and academics. This is followed by a critical analysis of the latest reforms, with particular emphasis on the balance of power between judges and lay jurors. We shall also look towards the future and outline further areas of potential reform.

La décision prise par l'Assemblée Nationale française le 10 février 2000 d'introduire le droit d'appel des jugements des cours d'assises a constitué un triomphe, non seulement pour les droits de l'homme, mais aussi pour la rhétorique. Dans une rare démonstration d'unité interpartis – le projet de loi fut voté à l'unanimité – les députés toutes tendances politiques confondues saluèrent la décision comme 'une révolution', 'un pas historique' et 'la fin d'un extraordinaire anachronisme'. Cette réforme est-elle vraiment historique? Pourquoi a-t-il fallu si longtemps pour l'appliquer? Qu'est-ce qui rend la cour d'assises si exceptionnelle? Ces questions seront examinées dans ce chapitre.

Nous commencerons par une brève discussion du contexte historique et idéologique dans lequel la cour d'assises fut établie, discussion nécessaire pour comprendre ce qui apparaît comme une injustice persistante incroyable. Nous examinerons ensuite les différentes tentatives antérieures pour réformer la cour, en particulier les propositions de Jacques Toubon vers la mi-quatre vingt dix relevant les réactions des juges, des juristes et de la doctrine. Cela sera suivi d'une analyse critique des dernières réformes, mettant l'accent sur l'équilibre des pouvoirs entre les juges, les avocats et les jurés non professionnels. Nous envisagerons également l'avenir et esquisserons d'autres sphères de réforme potentielle.

The unanimous decision by the National Assembly on 10 February 2000 to introduce the right to appeal on the facts against convictions by the *cours d'assises* (the courts dealing with the most serious crimes such as murder, rape and armed robbery) was hailed on both sides of the chamber as *'une révolution silencieuse'* and *'une réforme capitale, sans doute l'une des plus importantes depuis très longtemps dans notre droit pénal'*.[1] Given the widespread approval of the changes among both politicians and lawyers, it may seem surprising that it took twenty years of lobbying, several unsuccessful bills and a change of tack by the government of the day for this long-overdue reform to be implemented.

This chapter sets out to show that the delays stem largely from the unique position of the *cour d'assises* in the French judicial system. A brief overview is provided of the historical and ideological background of the court, which accounts for its unusual mode of functioning. Previous attempts at reform are described, in particular the ill-fated Toubon reforms of 1995 and 1996. This is followed by a discussion of the latest changes, with particular emphasis on the balance of power between the judiciary and lay jurors; finally, further improvements are suggested.

Historical background

The *cour d'assises* was a key element in the reshaping of France's criminal justice system after the 1789 revolution. Its immediate predecessor, the *tribunal criminel*, set up by the Act of 16–21 September 1791, was the first court in France to contain a jury; the

1 For a full transcript of the debate see Assemblée Nationale (2000a).

twelve lay jurors delivered their verdicts publicly and individually. There was also a *jury d'accusation* to hear committal proceedings, a task taken over in 1808 by the newly-created indictment division (*chambre des mises en accusation*, later renamed the *chambre d'accusation*). The *tribunal criminel* was replaced during *la Terreur* (1793–1794) by the much-feared *tribunal révolutionnaire*.

The *cour d'assises* came into being in 1810 as part of the Napoleonic reforms of the criminal justice system enshrined in the 1808 *Code d'instruction criminelle* and the 1810 *Code pénal*. It was modelled on the English Assize Court (replaced by the Crown Court under the Courts Act 1971), which in common with other English institutions was greatly admired at the time in France. It retained a jury, although the *Conseil d'Etat* had to withstand Napoleon's hostility on the matter (Jeandidier 2000, 2060).

A *cour d'assises* consisting of a jury of twelve, a presiding judge *(président)* and four assistant judges *(assesseurs)* was set up in every *département*. In a significant departure from its predecessors, the proceedings were oral,[2] public and to some extent adversarial (the term used in this context is *contradictoire*, meaning that both sides are given a hearing). Matters of law were decided by the judges, whereas the verdict was reached by the jury alone and was given collectively and anonymously.

The jury was a potent symbol in the post-revolutionary period. It was seen as a bulwark against the power of judges, much distrusted under the *ancien régime* as agents of the Crown (entrenched suspicion of the judiciary remains a feature of French society today). Juries acted as representatives of the people, declared sovereign by the 1789 *Déclaration des droits de l'homme*. It flowed from this that, just as 'the King can do no wrong', so the sovereign people were infallible: *vox populi, vox dei*, as the saying goes. In the two centuries since the revolution, despite criticism of the *cour d'assises*, the jury has retained its quasi-sacred status. It is noteworthy that French jurors sit

2 Only the presiding judge may consult the case-file in advance, to prepare the questioning of the accused and witnesses. The other judges and the jury base their decision on what is said in the courtroom, although they can on request view documents from the case-file during the deliberations (Code de procédure pénale 2001, article 347).

alongside judges rather than forming a separate panel (*Code de procédure pénale*,[3] article 303), symbolising their overlapping roles. Jurors are in fact officially termed *magistrats* (Vernier and Peyrot 1996, 75).

The practical consequence of this fiction of popular infallibility was that judgments of the *cour d'assises* were not susceptible to appeal on the facts. The only possibility was to make an appeal on a point of law *(pourvoi en cassation)* to the *Cour de Cassation*, which is empowered to quash verdicts and order a retrial. As a result, the trial process became highly formalised to ensure that rules of procedure were scrupulously observed.[4]

The *cour d'assises* remained largely unchanged for two centuries with the exception of two areas: the method of selecting jurors and the respective powers of judge and jury.

Jurors were originally chosen at random, but from 1853 onwards the list of those eligible for jury service became subject to socio-cultural qualifications such as wealth, level of education and local standing. This was finally abolished by the Act of 28 July 1978, which stipulated that jurors should be selected randomly from the electoral register, with the only restrictions being related to legal incapacity, previous convictions or professional incompatibility (C.P.P., art. 255–257). The much-proclaimed 'people's jury' is thus a recent development.

The balance of power between judges and jury has also been altered on several occasions. The court originally adopted the English system whereby the jury reaches a verdict on the facts and the judges decide on the sentence. However, it was subsequently considered inappropriate for judges to have exclusive sentencing powers, partly through mistrust of the judiciary and partly following a number of controversial acquittals by juries seeking to pre-empt an excessively harsh sentence (Angevin 1999, 5–6). A partial solution was found in 1832, when jurors were allowed to grant mitigation, but the number of

3 Abbreviated to C.P.P. throughout the rest of this chapter.

4 These rules of procedure range from legal technicalities, such as the drafting of the court's decision, to matters of protocol such as witnesses being able to communicate with one another before testifying, or jurors betraying their opinions in court (Vernier and Peyrot 1996, 55).

acquittals was still considered too high. Jurors were eventually given joint sentencing powers in 1932.[5]

The main change in the court's history was introduced by the Vichy government in the Act of 25 November 1941, which provided that judges and jurors would deliberate and vote together on the facts, the law and the punishment. The aim was no doubt to shackle juries. This law was subsequently confirmed, with minor alterations, by the ordinance of 20 April 1945 and has remained unchanged since then.

Also in 1941, the number of jurors was reduced from twelve to six, doubtless for similar reasons. It was subsequently increased to seven in 1945 and to nine in 1959, with a majority of at least 8:4 required for a conviction (i.e. more than half of the jurors in addition to the three judges), thus reinforcing the rights of the defence and reaffirming the primacy of the jury.

In 1982, a *cour d'assises spéciale* consisting of seven judges with no jury was set up for alleged military offences (C.P.P., art. 698–6). Its jurisdiction was later extended to terrorist offences (1986) and drug trafficking by organised groups (1994) (C.P.P., art. 706–27). The aim of the 1986 reform was to prevent 'jury nobbling', following threats made to jurors during the trial of *Action Directe* terrorists, while the law on drug trafficking was part of a political drive to 'get tough' on the drugs trade. Both measures were criticised by some lawyers as a knee-jerk reaction undermining the principle of a lay jury (Vernier and Peyrot 1996, 98–99).

5 Note de Thierry Berland, avocat à la Cour d'appel de Dijon: le recrutement du jury, aujourd'hui nettement plus représentatif de la population française, est réellement populaire. Ainsi ce jury est effectivement plus répressif que l'ancien jury, où la classe bourgeoise et rurale était sur-représentée. Cette classe était de fait plus tolérante et, contrairement à l'opinion généralement répandue, ne réprimait pas les associaux et les défavorisés. De plus, les statistiques démontrent qu'en cas d'appel, les cours d'assises, où les magistrats professionnels dominent, sont plus sévères et aggravent les peines.

The road to reform

The cour d'assises and human rights

The paradox of French criminal law, as critics pointed out for years, was that it was possible to appeal against decisions concerning relatively minor offences, but not against convictions for the most serious crimes (punishable in some cases by the death penalty until 1981). This was because the *cour d'assises* is the only French court to have a jury, whose decisions cannot be questioned on account of the supposed infallibility of the people. The *tribunal de police*, which hears *contraventions* (minor offences), consists of a judge sitting alone, while the *tribunal correctionnel*, which hears *délits* (intermediate offences) has a panel of three judges. In both cases, an appeal on the facts can be lodged with the *cour d'appel*.

This state of affairs appeared to contravene article 2 of protocol 7 of the European Convention on Human Rights (E.C.H.R.), which provides that 'Everyone convicted of a criminal offence by a tribunal shall have the right to have his conviction or sentence reviewed by a higher tribunal'. When the French government ratified the Convention in 1988, it added the following proviso: 'The Government of the French Republic declares that, in accordance with the meaning of Article 2, paragraph 1, the review by a higher court may be limited to a control of the application of the law, such as an appeal to the Supreme Court' [i.e. *recours en cassation*]. This technically obviated the need for reform of the *cour d'assises*, but article 2 nonetheless proved something of an embarrassment for successive governments. Former justice minister Jacques Toubon admitted while in office that this system was contrary to the spirit of the Convention (Toubon 1996, 5).

It was sometimes argued that a two-tier system already existed since all decisions made by the *juge d'instruction* (investigating judge) are theoretically reviewed by the *chambre d'accusation* (the indictment division of the *cour d'appel*) before the accused can be committed for trial (Arpin-Gonnet 1996, 8). However, this is a somewhat specious argument since it confuses the investigative stage with the trial stage. The Convention uses the terms 'conviction or sentence', which clearly refer to the latter. The possibility of lodging an appeal during the investigation is no guarantee against a miscarriage of justice during the trial.

Consequently, even patently unsafe convictions could not be overturned unless there had been an error in procedure.[6] Judges endeavoured to make the proceedings 'appeal-proof', which at times caused them to concentrate on procedure rather than substance (Vernier and Peyrot 1996, 117–118). Only in truly exceptional cases, where significant new evidence had come to light, was leave given for an appeal on the facts *(demande en révision)*, but this was generally a matter of clearing a person's name decades after the alleged offence was committed, often posthumously.[7]

These criticisms, which make gloomy reading from the point of view of human rights, are borne out by the statistics. In 1997, 5% of appeals on points of law were allowed; and since these appeals made up 16% of all cases (Jacot 1999, 179), this means that only 0.8% of all verdicts were quashed that year. In addition, the number of long prison sentences *(peines de réclusion criminelle)* has risen sharply since the abolition of the death penalty, from 1,850 in 1981 to 5,394 in 1999 (Salas 1999). It seems reasonable to infer from this that a number of innocent people in France are currently behind bars. This apparent injustice was compounded by striking disparities in sentencing policy between different *cours d'assises* (Vernier and Peyrot 1996, 100–101; Gozzi 1996, 6) – and sometimes between different juries within the same court – which the *Cour de Cassation* was powerless to correct.

6 It has been claimed that, in practice, the supposed limiting of the appeal to points of law was a mascarade, and that in practice judges used abstruse legal reasoning to justify a decision based on the facts (Vernier and Peyrot 1996, 101). However, few defendants benefited from this, given the small number of cases quashed (see below). If an appeal on points of law was unsuccessful, the only remaining remedy was a presidential pardon.

7 In the period from 1991 to 1999, an average of fewer than three appeals were allowed per year out of a total of about 118 cases submitted annually. See www.courdecassation.fr/_rapport/rapport99/activite99/comrevision.htm.

Previous attempts at reform

Campaigners for legal reform in France long focussed their efforts on combating the death penalty. Since its abolition in 1981 there have been a number of attempts to reform the *cour d'assises*, which until recently were unsuccessful (see Table 1).

A commission was set up in 1982 by the Socialist justice minister Robert Badinter to study the idea of an appeal court, but its proposals were not implemented. An amendment to the bill on the reform of criminal procedure, tabled in 1992, first suggested the idea of a 'rotating appeal' *(appel tournant)*. It was rejected (and criticised by the Socialist justice minister Michel Vauzelle). A similar attempt in 1994 proved unsuccessful.

The neo-Gaullist Jacques Toubon, who tabled the 1992 amendment, made reform of the court a priority of his term as justice minister. He put forward two draft bills, both of which were withdrawn. The first, tabled in 1995, proposed setting up a rotating appeal, with cases being reheard by another *cour d'assises*. It was rejected on the grounds that the appellate court would not be a 'higher tribunal' as required by the E.C.H.R. The second, tabled the following year, proposed solving this problem by creating a first-instance *tribunal criminel départemental* consisting of three judges and two *citoyens-assesseurs*. The latter were volunteer lay persons who would serve for up to two months a year over a three-year period after being vetted by their local mayor and a panel of judges on the basis of their 'professional, social or human experience'. The court would hand down reasoned decisions appealable before the *cour d'assises*. The project was shelved following a hostile reception from both the legal profession and academics, who considered that two 'semi-professional' volunteers would be a less democratic institution than randomly-selected lay jurors and an ineffective counterbalance against three professional judges (Farthouat 1996, 5; Gozzi 1996, 8–9). It was also argued that the jury would have its hands tied when hearing an appeal against a reasoned decision drafted by professional judges (Vernier and Peyrot 1996, 120).

Following these setbacks, Toubon set up the Deniau commission in an attempt to find an acceptable compromise. In its report published in April 1996, the commission advised that the jury system was 'a fundamental institution of the [French] republic' (Deniau 1996, 58) and should be retained for both first-tier and appellate courts. In a significant departure from previous dogma, it argued that juries are not sovereign from a constitutional point of view and should consequently not be regarded as infallible (Deniau 1996, 20–23). Accordingly, it recommended the creation of a criminal court of first instance consisting of three judges and five jurors, with the *cour d'assises* becoming an appeal court. This solution had already been mooted by the Paris Bar Council (Farthouat 1996, 7–8) and by the Association of Criminal Lawyers (Peyrot 1996). More controversially, the commission proposed that leave to appeal be required and, consequently, that both courts should hand down reasoned decisions (Deniau 1996, 14–15).

A bill adopting these suggestions was tabled in June 1996 and was approved unanimously by the National Assembly in January 1997, but the assembly was dissolved in April 1997 before the bill could complete its parliamentary passage. The incoming Socialist justice minister Elisabeth Guigou criticised her predecessor for proposing a reform without obtaining the necessary funding, also claiming that the reform was 'too complicated' (Jacot 1996, 180).

Reform at last

In spite of a broad consensus amongst judges, lawyers and academics – and also the general public[8] – on the need to introduce the right to appeal against verdicts of the *cour d'assises*, Guigou did not pursue the matter, partly for financial reasons and possibly because of the hostility aroused by some of Toubon's proposals. Although she mentioned it in her general policy statement to the government on 29 October 1997, she did not subsequently propose any legislation.

Reform of the *cour d'assises*, when it finally came, was something of an afterthought. Unusually, the Senate was instrumental

8 A survey of the general public in 1996 reported that 76% of those questioned were in favour of this (Deniau 1996, 13).

in this change of heart. In June 1999, a group of senators led by Robert Badinter added an amendment to the bill on the presumption of innocence proposing the system of a rotating appeal (*appel tournant*[9] or *appel circulaire*) which, as mentioned earlier, had been unsuccessfully tabled in 1992 and 1995.

Guigou opposed a similar amendment when the bill was first presented to the National Assembly, arguing that although she agreed with the reform in principle, there were insufficient funds. However, she had come round to the idea by the time of the second reading, and in fact tabled a government amendment identical to the text submitted by the parliamentary committee.

The final draft proposed by the committee included some alterations concerning the number of jurors and the possibility of an appeal by the public prosecutor or the victim. The changes to the *cour d'assises*, which were not part of the committee's original remit, were presented as part of measures creating a two-tier structure for matters relating to individual freedoms.[10] The bill came before the National Assembly for a final reading on 24 May 2000 and finally reached the statute book as article 81 of *Loi n° 2000–516 du 15 juin 2000 renforçant la protection de la présomption d'innocence et les droits des victimes*. It was incorporated into the *Code de procédure pénale* as articles 380–1 to 380–15 and came into force on 1 January 2001.

9 This is strictly speaking not an appeal but a retrial. The term *recours*, used in the first draft of the amendment, is more accurate than *appel*, used in the final version. The procedure has been described as a 'second chance' for the accused rather than an appeal *per se*, an argument used to explain why the prosecution could not initially appeal against acquittals (Lazerges 2001, 18).

10 The other main innovation is the removal of the powers of investigating judges to detain suspects in custody. The decision will now fall to a second judge unconnected with the case, known as the *juge des libertés et de la détention* (C.P.P., art. 137–1 to 137–5). Although the reforms were intended to limit the powers of investigating judges, they have in one respect had the reverse effect since, as a corollary to reinforcement of the trial stage, the investigative stage has been simplified. Whereas formerly a committal for trial at the *cour d'assises* by an investigating judge had to be examined by the indictment division, the judge now has sole responsibility for this decision (C.P.P., art. 181). The indictment division has been replaced by the *chambre de l'instruction*, whose role is limited to hearing appeals against decisions by the judge (C.P.P., art. 186).

The new legislation did not originally provide for an appeal by the prosecution against acquittals, in order to reinforce the presumption of innocence. Paradoxically, this meant that the prosecution could appeal against decisions by the *tribunal de police* and the *tribunal correctionnel*, but not against judgments by the highest criminal court in the land. The only possibility was to lodge a counter-appeal to have the sentence increased in cases where an appeal was initiated by the defendant (C.P.P., art. 380–2), a measure designed to discourage defendants from appealing as a delaying tactic.

An interim report noted that this aspect of the reform was regarded by all those consulted, excluding defence lawyers, as contrary to the principle inscribed in the E.C.H.R. of a level playing-field for both prosecution and defence (Lazerges 2001, 18; cf. Jeandidier 2000, 2061). A subsequent report by Socialist M.P. Julien Dray, commissioned by the government to defuse opposition to the new law, proposed that the prosecution be allowed to appeal against acquittals. This proposal was included in a bill submitted to the National Assembly by Dray in early 2002 and was passed on 21 February of that year. Prior to the final vote, the Senate added an amendment restricting appeals to the *procureur général* (chief public prosecutor attached to each court of appeal) in order to ensure consistency. The new provision has been added to article 380–2 of the *Code de procédure pénale*.

Discussion of the reform

Advantages

A combination of features enabled the reform to gain widespread support.

First, courts having original jurisdiction retain the present system of three judges and nine jurors, whereas the appellate *cour d'assises* has a jury of twelve (C.P.P., art. 296). The higher number of jurors gives the second court the necessary authority to overturn verdicts reached by the original jury, thereby pre-empting objections to a similar proposal in 1995.

Secondly, the sacrosanct principle of the sovereignty of the people is theoretically maintained since the final word on the facts rests with the second jury, not appeal-court judges. However, by acknowledging that the jury is not infallible, the reform implicitly replaces the notion of sovereignty with the more contemporary concept of citizenship (Salas 1999).

Thirdly, defendants are in all instances judged by randomly selected lay jurors, the idea of *citoyens-assesseurs* – who would no doubt have been regarded with suspicion by many French people – having been abandoned. As at present, a majority of the jurors must reach a guilty verdict in order to secure a conviction.

Additionally, the appellate court is not susceptible to local prejudices, being situated in another *département* designated by the criminal division of the *Cour de Cassation* (C.P.P., art. 380–1). This should counteract the regional disparities in sentencing policy mentioned above.

A final – and politically decisive – advantage is that the reform is less expensive to implement than previous proposals, since it avoids setting up a new permanent court. However, it will inevitably lead to an increase in the workload of courts. Guigou claimed that the appointment of 422 new judges over the previous three years made the reform viable (Assemblée nationale 2000b, 4633). The estimated cost of building or refurbishing courtrooms is FF 70 million (Lazerges 2001, 19).

Drawbacks

An anomaly of the new system is that the appeal court is almost identical to the court of first instance: the jury is slightly larger but the judges are of the same rank. It can thus be argued that the appellate *cour d'assises* is not a 'higher tribunal' as required by the E.C.H.R. This problem was originally taken on board by the Deniau commission, which recommended a genuine two-tier structure rather than an *appel tournant* (Deniau 1996, 35–36).

Furthermore, the reform does not address certain controversial aspects of the French criminal justice system.

First, the new system retains the principle of a jury consisting of both jurors and judges. There is little doubt that the judges, although in a minority, influence jury members, particularly since the presiding judge is also foreman of the jury. Such an intrusion by the judiciary into the workings of a jury would be unthinkable in most democracies. This hybrid jury is an uneasy compromise between vestigial revolutionary idealism (the 'sovereignty of the people') and realism (the recognition that the complexity of modern law requires the guidance of qualified professionals). Admittedly, it also enables judges to dissuade jurors from handing down excessively harsh sentences.

Secondly, judges still play a dominant role in the proceedings, which are not adversarial in the common-law sense of the term. They have wide discretionary powers over how the trial is conducted (C.P.P., art. 309–316) and are responsible for examining both the accused and witnesses; cross-examination is now possible but not systematic.[11] An ironic or cynical judge can in effect become a second prosecutor, influencing the way the accused is perceived by the jury. A notorious case in point was the trial of Omar Raddad in 1994, where to compensate for the lack of incriminating evidence the judge called witnesses offering hearsay evidence to cast aspersions on the accused. This has given rise to accusations that the procedure is weighted against the defence: the additional presence of a lawyer representing the victim's civil interests (*constitution de partie civile*, a

11 Before the recent reforms, any questions from the prosecution and defence had to be asked through the judge. Although some judges were flexible in this respect, others insisted that lawyers look at them, not the witnesses, when asking questions. A significant innovation in the new law is that prosecutors and defence lawyers may directly question the person in the witness stand, subject to the agreement of the judge. This applies to both the *cour d'assises* (C.P.P., art. 312) and the *tribunal correctionnel* (C.P.P., art. 442–1). Unlike similar proposals passed in 1993 but revoked following a change of government, which would have made cross-examination compulsory, the latest change simply makes it an option. Depending on how presiding judges react, this could signal a move towards a more adversarial trial procedure (Le Gunéhec 2000, 1351).

system unique to France) leaves defence counsel somewhat outnumbered. They are theoretically bound by restrictions on the length and tone of their closing speech, unlike public prosecutors, who at times give free rein to their contempt for the accused (Vernier and Peyrot 1996, 68–69).

Another possible objection is that the decisions of both courts are still unreasoned, making it difficult to find grounds for appeal (in common with other criminal courts, for instance English Crown Courts). This again makes the *cour d'assises* an exception in the French criminal justice system, since reasoned decisions are handed down for the lesser offences of *contraventions* or *délits* if the case goes to appeal. In this respect, the present reform may be viewed as a retrograde step compared to the Toubon bill, which would have corrected the impression that judicial decisions can be arbitrary.

Additionally, the *cour d'assises* has retained the standard of proof known as *intime conviction* ('inner certainty'), which in 1804 replaced the complex system of *preuves légales* under the Ancien Régime. The advantage of *intime conviction*, which extended the range of admissible evidence, was that it allowed non-lawyers to judge a case and thus paved the way for lay juries.

Two centuries later, this notion appears somewhat archaic. The definition of *intime conviction* read out to jurors sounds more akin to religious belief:

> La loi ne demande pas compte aux juges des moyens par lesquels ils se sont convaincus, elle ne leur prescrit pas de règles desquelles ils doivent faire particulièrement dépendre la plénitude et la suffisance d'une preuve; elle leur prescrit de s'interroger eux-mêmes, *dans le silence et le recueillement* et de chercher, *dans la sincérité de leur conscience*, quelle impression ont faite, sur leur raison, les preuves rapportées contre l'accusé, et les moyens de sa défense. La loi ne leur fait que cette seule question, qui renferme toute la mesure de leurs devoirs: 'Avez-vous une intime conviction?' (C.P.P., art. 353; emphasis added).

As the use of the word 'juges' shows, *intime conviction* applies also to judges sitting without a jury at the *tribunal correctionnel*. So impressionistic a standard of proof is difficult to reconcile with the supposedly rational nature of modern law.

Finally, since the *cour d'assises* is not a permanent court, introducing a two-tier system will make the legal process even slower. It remains to be seen whether the increased number of judges will compensate for the additional workload, estimated at a third of the annual average of 2,500 verdicts, i.e. about 750 appeals per year (Le Gunéhec 2000, 1354).

Possible improvements

Several of the objections mentioned could be countered by adopting the following measures.

First, a more clear-cut distinction between the role of judge and jury could be achieved by reverting to the original system whereby the jury deliberate alone on the verdict. If the jury need guidance on a point of law, they could submit written questions to the presiding judge. In the event of a conviction, the judges would then set the sentence with the jury as at present.

Secondly, the defence should be allowed to order further investigations before the second hearing, to avoid it being simply a re-run of the original one.

Thirdly, the adoption of a truly adversarial trial procedure would reduce the role played by the presiding judge and create a more level playing-field between prosecution and defence. This would include systematic examination-in-chief and cross-examination by both parties. Instead of being the master of ceremonies, the judge would act as an arbiter ensuring that rules of procedure are observed. A lower profile would raise the status of judges, since they would be promoted from the role of inquisitor to the role of Solomon.

Indeed, there have been calls from lawyers for France to adopt a fully adversarial criminal procedure at both investigative and trial stage, as Italy did in 1989. Investigating magistrates would be abolished: the public prosecutor would be in charge of judicial investigations, with defence lawyers being entitled to order further enquiries.[12] This would correct the current imbalance between prosecution and defence, but would arguably accentuate social inequalities between defendants since poorly-paid duty lawyers would not be in a position to conduct extensive investigations. In any case, there appears to be ingrained political resistance to the idea: Guigou stressed that the reforms did not imply that France was moving towards an adversarial system.[13]

A logical conclusion of abandoning the dogma of the infallible jury would be to relinquish *intime conviction* in favour of a more rational standard of proof such as the common-law notion of being convinced 'beyond reasonable doubt'. *Intime conviction*, with its connotations of subjectivity, is difficult to square with the principle that the accused should be given the benefit of the doubt (C.P.P., art. 304).

Finally, it has been argued that the *cour d'assises* should hand down reasoned decisions, in line with France's lower criminal courts (Blanc 1996, 309–310; Gozzi 1996, 8; Salas 1999). Persons convicted of a serious crime, with the heavy sentence this generally entails, have a right to know the reasons for the verdict. This would lend greater transparency to the legal process and would make it easier to assess whether there are grounds for an appeal. Reasoned decisions would also reduce the sense of injustice felt by victims where the accused is given a lenient sentence or acquitted on the grounds of diminished responsibility. To this end, a number of judges already give reasons orally after the verdict has been pronounced.[14]

However, it would be no easy task to couch in legal terms the reasons for a decision reached by twelve or fifteen people, the

12 At present, defence lawyers cannot carry out independent investigations or call expert witnesses. They can request that the investigating judge conduct further investigations or seek a second expert opinion, but the judge is not bound to grant their request (C.P.P., art. 82-1 to 82–3, 167).

13 'Alors que les principes directeurs qui fondent notre procédure sont maintenus, il est créé un nouvel équilibre, non pas pour plus d'accusatoire ou d'inquisitoire – j'ai déjà dit que ces deux systèmes ont chacun leurs mérites et leurs inconvénients – mais pour plus de contradictoire' (Assemblée Nationale 2000b, 4634).

14 As pointed out by the judge J.M. Fayol-Noireterre in the radio programme *Le bien commun* (France-Culture, 25 November 2000).

majority of whom are non-lawyers (Deniau 1996, 52–53). Such decisions would further increase the power of the judiciary since they would have to be drafted by the presiding judge. This would also mean that judges would continue to retire with the jury. Reasoned decisions could indeed lead to an elaborate cat-and-mouse game between judges seeking to make their decisions appeal-proof and lawyers trying to find flaws in the legal reasoning. This would not be conducive to greater social justice, since only well-paid lawyers would be prepared to spend the time needed to unpick elaborate decisions. From a wider perspective, it can be argued that such decisions would be incompatible with the principle of a lay jury, which rests not on legal expertise but on common sense.

Conclusion

Although there is still room for improvement, this is a significant reform which, after over two centuries of existence and almost two decades of unsuccessful attempts at legislation, has finally brought the *cour d'assises* in line with other French criminal courts, and indeed with the requirements of human rights. Although the changes fall short of calling into question the inquisitorial nature of French criminal procedure, they are an important step in modernising a court which, although it handles only a minute proportion of criminal cases,[15] is the most dramatic, most controversial and possibly the most hallowed of France's legal institutions.

15 Less than 0.5% of criminal cases are heard by the *cour d'assises* (Vernier and Peyrot 1996, 123).

1982	Justice minister Robert Badinter sets up commission to investigate possibility of an appeal court.
1992	Amendment proposing rotating appeal tabled by Jacques Toubon; rejected.
1994	Another amendment rejected.
1995–96	Two draft bills by justice minister Jacques Toubon shelved following criticism: • rotating appeal • *tribunal criminel départemental* (three judges, two *citoyens assesseurs*), with *cour d'assises* as appeal court.
1996	*Haut comité consultatif* set up by Toubon.
1997	Bill proposing *tribunal d'assises départemental* and *cour d'assises d'appel* passed unanimously by National Assembly in January. National Assembly dissolved in April.
1999	Amendment proposing rotating appeal tabled by senators.
2000	Amendment passed unanimously by National Assembly in February.
2001	Act came into force on 1 January.

Table 1: The road to reform

Bibliography

Angevin, H. (1999), *La pratique de la cour d'assises*, 2nd edn, Litec

Arpin-Gonnet, F. (1996), *La Cour d'assises*, L'Hermès

Assemblée nationale (2000a), www.assemblee-nat.fr/2/2cra.htm, 2e séance du 10 février 2000

Assemblée nationale (2000b), www.assemblee-nat.fr/2/2cra.htm, séance du 24 mai 2000

Blanc, G. (1996), 'La souveraineté populaire en question', *La Semaine juridique* 30–35, pp. 307–310

Code de procédure pénale (2001), 42nd edn, Dalloz

Deniau, J.-F. (1996), *Rapport du Haut comité consultatif sur la procédure de jugement en matière criminelle*, http://www.ladocumentationfrancaise.fr/brp/notices/964075300.shtml

Farthouat, J.-R. (1996), 'Ni vrais jurés ni faux magistrats, les citoyens assesseurs seront des otages', *Dossiers de la Semaine juridique* février 1996, pp. 7–8

Gozzi, M.-H. (1996), 'La réforme des cours d'assises: entre nécessité et utilité', *Petites Affiches* 21, pp. 6–9

Jacot, M. (1999), *Délit de justice. L'affaire Michel Peuron et autres erreurs judiciaires*, Bayard Editions

Jeandidier, W. (2000), 'Requiem pour la chambre d'accusation', *La Semaine juridique* 46, pp. 2059–2065

Lazerges, C. (2001), *Rapport d'information sur l'évaluation de la loi no. 2000–516 du 15 juin 2000*, http://www.ladocumentationfrancaise.fr/brp/notices/024000017.shtml

Le Gunéhec, F. (2000), 'Aperçu rapide sur la loi du 15 juin 2000', *La Semaine juridique* 28, pp. 1351–1354

Peyrot, M. (1996), 'La cour d'assises en appel', *Le Monde* 18 janvier 1996, p. 12

Salas, D. (1999), 'Comment réformer les assises', *Libération* 24 juin 1999

Toubon, J. (1996), 'La réforme de la procédure criminelle devrait concilier efficacité et droits de l'homme', *Dossiers de la Semaine juridique*, février 1996, pp. 5–6

Vernier, D. et Peyrot, M. (1996), *La Cour d'Assises*, 2nd edn, Presses Universitaires de France

Jacqueline Hodgson

The role played by the *juge* in the protection of the suspect's rights during the police investigation

Using empirical data from a study of the investigation and prosecution of crime in France, this chapter focuses on the pre-trial phase and the ways in which the rights of the suspect are protected during the *garde à vue*, the detention in police custody. It examines the place of custodial legal advice and the extent to which the role of the *procureur*, the public prosecutor, as judicial supervisor is able to offer guarantees as to the conduct of the investigation and the interrogation of the suspect. It commences by a brief examination of the essential differences between the accusatorial and inquisitorial systems. An explanation of the procedures observed during the police investigation and interview stage follows, leading to a discussion of the role of the defence lawyer in the inquisitorial system. The chapter concludes that, despite recent reform, the police investigation is not supervised in a way which is able to protect the interests of suspects. False confessions have been made through a process of detention and interrogation placing no effective constraints upon the ways in which the police construct the evidence of suspects. Change proposed in line with the E.C.H.R. is resisted and perceived by many to owe more to adversarial than to inquisitorial procedure and so to be inappropriate to a procedure based around judicial supervision. Those involved in the investigation and prosecution of crime regard the strengthening of defence rights as privileging the interests of the accused over those of the victim or the effectiveness of the investigation and to have a distorting effect upon French criminal justice.

En utilisant les données empiriques tirées d'une étude sur les enquêtes et les poursuites criminelles en France, ce chapitre se concentre sur la phase antérieure au procès et sur la manière dont les droits du suspect sont protégés au cours de la garde à vue, la détention par la police. On y examine la place réservée au conseil juridique pendant la période de détention et la mesure dans laquelle le rôle du procureur, en charge de la surveillance judiciaire, est en mesure d'offrir des garanties pour la conduite de l'enquête et l'interrogatoire du suspect. Le chapitre débute par un bref examen des différences essentielles entre les systèmes accusatoire et inquisitoire. On explique ensuite les procédures appliquées au cours de l'enquête policière et de l'interrogatoire, ce qui mène à discuter le rôle de l'avocat de la défense dans le système inquisitoire. Le chapitre en arrive à la conclusion, qu'en dépit de la récente réforme, l'enquête policière n'est pas supervisée de telle sorte que les intérêts soient protégés. Le système de détention et d'interrogation a conduit à de fausses confessions, sans imposer de limites efficaces à la manière dont la police échafaude l'édifice de preuves opposé au suspect. Le changement proposé en conformité avec la Cour européenne des droits de l'homme rencontre des résistances et beaucoup le perçoivent comme plus proche de la procédure inquisitoire que du système contradictoire, et par suite ne convenant pas à une procédure liée à une supervision judiciaire. Ceux qui ont pour tâche la recherche et la poursuite des délits estiment que le renforcement des droits de la défense avantage les intérêts de l'accusé par rapport à ceux de la victime ou à l'efficacité de l'enquête et qu'il a pour effet de déformer le système français de justice pénal.

The role of the *juge* or *magistrat* is central throughout the criminal process in France – in supervising the investigation, in prosecuting the case, and in trying and sentencing the defendant. In this paper, I wish to focus upon the pre-trial phase and the ways in which the rights and interests of the suspect are protected during the all-important period of detention in police custody, the *garde à vue*. In particular, I wish to examine the place of custodial legal advice and the extent to which the role of the *procureur*[1] as judicial supervisor is able to offer guarantees as to the conduct of the investigation and the interrogation of the suspect. As well as considering the legal framework in place, the analysis will also draw upon my own empirical data collected as

1 The *procureur* (public prosecutor), the *juge d'instruction* and the trial judge all form part of the career-trained *magistrature* and it is possible to move between the functions. The defence lawyer is not a *magistrat*, but an *avocat*. Whilst all three types of *magistrat* are referred to as *juge*, the *procureur* is often distinguished as part of the 'standing' judiciary. Her professional status differs from the other two, in that she is hierarchically accountable to the Minister of Justice and so subject to executive control. However, it is important to note the different way in which judicial status is understood in France: it is much broader than that in more adversarial jurisdictions such as England and Wales and the United States, which tend to model their definition upon the function of the trial judge. It is only from the ethnocentric perspective of Anglo-American commentators that the status of the *procureur* as judge is a 'myth'.

part of a study into the investigation and prosecution of crime in France.[2] What I seek to argue here is that, whilst representing an important degree of police accountability, the function of the *procureur* as judicial supervisor of the pre-trial investigation is not, of itself, sufficient to justify the diminished role afforded the defence lawyer.

Judicial supervision in an inquisitorial process

In an adversarial model of criminal procedure, the theory is that the truth will emerge as a result of the efforts of two opposing sides – one representing the prosecution and the other the defence. These two 'adversaries' are charged with investigating the case for or against the accused and presenting it for scrutiny at trial, where live evidence is heard and interrogated by counsel for both sides. As a broadly inquisitorial model of criminal procedure,[3] the effective conduct of criminal investigations in France, including the protection of the suspect, is assured through the process of judicial investigation and supervision. A judicial officer representing the public (rather than defence or prosecution) interest, is engaged in a search for the truth, concerned to ensure that the case is investigated thoroughly and effectively, pursuing lines of enquiry which might exculpate, as well as incriminate, the suspect. The proper treatment of accused persons and the respect of defence rights are guaranteed by the judicial character of the investigation (rather than through the involvement of

2 I am grateful to the Leverhulme Trust for funding this project and to the British Academy and the Nuffield Foundation for funding a smaller earlier study. For details of the research methodology, see Hodgson (2002a), n.1.

3 Anglo-American commentators tend to characterise French legal procedure (and that of other 'Continental', as they are often referred to, jurisdictions such as Germany) as inquisitorial. This reflects the sense of difference felt between the two, but is really a generalisation. The French regard their criminal procedure as mixed, as it is no longer characterised by the features of a purely inquisitorial process i.e. a written procedure, conducted in secret, allowing the accused no right to put her case.

the defence lawyer), placing the *magistrat* at the centre of criminal procedure. In its purest form, this model anticipates that criminal investigations will be undertaken personally by a judicial officer, but in most instances the law makes provision for enquiries to be carried out by the police, under the supervision of a *magistrat.*[4] Given the judicial nature of the enquiry in France and the guarantees which this judicial involvement is said to provide for the individual, this allows for a strong emphasis on the pre-trial phase, rather than the trial, as the locus for resolving factual and evidential issues.

Traditionally, this enquiry was written, conducted in secret and the parties were not afforded any opportunity to present their case.[5] Although somewhat modified in form, notably during the *instruction* procedure, the principle of judicially supervised criminal investigations remains at the centre of the modern pre-trial phase in France: in a minority of instances the case is investigated by the *juge d'instruction*[6] and in the majority, by the police under the supervision and direction of the public prosecutor, the *procureur*. In contrast to the defence lawyer who represents only the interests of the accused, as *magistrats*, the *procureur* and *juge d'instruction* are charged with acting in the wider public interest in all aspects of their work. This is a key feature of the legal structure of pre-trial investigation, justifying the enormous concentration of power in the hands of the *magistrat*. As a consequence, the defence lawyer performs a diminished role compared to her counterpart in an adversarial process: it is the judicial supervisor who is responsible for gathering both inculpatory and

4 Thus, the *procureur* oversees the period of police detention and directs the police in criminal investigations (Art 41 C.P.P.). The *information* procedure nominates the *juge d'instruction* to conduct the criminal enquiry, but she is then able to delegate almost all investigative tasks to the police by issuing a *commission rogatoire*. For a more detailed account of the different powers and responsibilities of these two *magistrats*, see further Hodgson (2001).

5 See e.g. the original 1808 *Code d'instruction criminelle*.

6 This requires the *procureur* to open an *information*, setting out the offence to be investigated and any evidence so far obtained. It may be opened with or without a named suspect. The procedure is mandatory for the most serious offences, *crimes*, and discretionary for lesser offences, *délits* and *contraventions*. In 1999, 18% of cases handled by the *juge d'instruction* were *crimes* and 81% *délits*.

exculpatory evidence and for ensuring the legality of the investigation, including proper respect for the rights of the defence.[7]

But this does not mean that the defence lawyer has no part to play in French pre-trial criminal procedure. In the 7% of cases investigated by the *juge d'instruction*, the defence and the victim[8] (as parties to the enquiry) are allowed access to the case dossier during the investigation, as well as being able to request that particular investigatory acts be carried out. In practice, most of the enquiries are not undertaken personally by the *juge*, but by the police through the delegated powers of the *commission rogatoire*,[9] although significantly, the questioning of the accused must be conducted by the *juge d'instruction* herself. This will take place, not in the sparse and hostile environment of the police interrogation room, but in the more congenial surroundings of the *juge*'s office where a contemporaneous record of the interview is made. Since 1897, in response to increasing concerns over the enormity of the power of the *juge d'instruction*, power exercised behind a shield of secrecy, the defence lawyer has been present during this judicial questioning of her client and permitted to consult the case *dossier* beforehand.[10] This marked a significant change to the procedure originally laid down in the 1808 *Code d'instruction criminelle* and the reform was widely criticised at

7 This was described by the recent Truche Commission (1997, 60) as follows: 'It is for the *parquet* and the *juge d'instruction* to gather the evidence of any offence against the criminal law without presuming guilt. They are concerned to investigate both that which inculpates and that which exonerates, giving the suspect the benefit of any doubt. In doing this, they must respect legal procedures.'

8 The victim is treated as a party to the case in France. She may be represented by a lawyer and make a claim for compensation which will be dealt with by the criminal court.

9 This enables the *juge d'instruction* to delegate formally specific investigatory acts; e.g. she may require a telephone tap to be put in place and a report with full transcripts to be produced in 6 weeks' time, or, for the police to investigate the whereabouts of a named individual.

10 The conduct of the investigation by the *juge d'instruction* was likened to a 'duel between the *juge* and the accused, a duel without witnesses and with weapons of which the *juge* alone had the mastery' (H. Halton *Étude de la procédure criminelle*, p. 69, cited by Salas (1991, 248). There had been proposals for a more adversarial procedure to be adopted, but these were rejected out of hand by the high-ranking judiciary and by Parliament.

the time as undermining the nature of the inquisitorial process and frustrating the *juge* in her search for the truth:

> by obliging the *juge* to warn the accused at his first formal questioning that he is free to say nothing, by imposing the presence of a lawyer at all following interrogations, by, above all, constraining the *juge* to give the case file to the defence lawyer the day before every interrogation, this law paralyses the action of the judge who can barely hope, even himself, to discover the truth.[11]

In contrast to the well established defence rights enjoyed by those subject to judicial questioning during *instruction*, where the suspect is arguably far less vulnerable, it was not until 1993 that custodial legal advice was available on a statutory basis to suspects detained and questioned by the police (Art. 63-4 *Code de procedure Pénale*, C.P.P.). The reform[12] was modest in comparison to that of 1897 – the suspect was permitted a 30 minute consultation with her lawyer, 20 hours after the start of detention and the lawyer was not allowed to be present during interrogation nor to have access to the dossier – yet, it prompted similar outrage from the *magistrature* and the police, with public demonstrations and letters to the press. And just as a hundred years before, the intrusion of the defence lawyer was regarded as undermining the effectiveness of judicial supervision and as distorting the inquisitorial structure of criminal procedure through the unwelcome introduction of an adversarial element.

Further reforms of the *garde à vue* procedure were legislated in June 2000,[13] obliging the police for the first time to tell the suspect of

11 M. Lemonde, *Police et Justice*, p. 71–72, cited by Salas (1991, 249).

12 The 1993 legislation also provided additional safeguards regulating the detention of suspects. It stipulated that detention is initially for a 24-hour period, authorised by either the *procureur*, or where detention takes place in the course of an *instruction*, the *juge d'instruction* (Art. 63, 77 C.P.P.). On the same authority, detention may be extended for a further 24 hours, or, in cases of suspected terrorism, drugs trafficking or organised crime, for a further 36 hours. A custody record must be kept, detailing the time in which the person is detained, as well as interrogation, rest and meal times (Art. 64 C.P.P.) and the suspect may consult with a lawyer and a doctor and may have a friend or relative informed of her detention (Art. 63–4; 63–3; 63–2 C.P.P.).

13 The 1997 Truche Commission (whose Report preceded and influenced the 2000 reform) considered it essential that witness confrontations with, and

her right to silence (Art. 63–1 C.P.P., though, with the new right wing administration, this was repealed in March 2003), as well as the nature of the offence for which she is being held and the date when it was committed. The suspect's access to custodial legal advice was also improved, permitting her to consult with her lawyer immediately upon detention and then again after 20 hours and if detention is extended, again after 36 hours. The impact of this advice, however, remains limited. Consultation may last no more than 30 minutes and the lawyer remains barred from the interrogation of the suspect; and although she must now be told of the date and nature of the offence, the lawyer is still not entitled to be informed of the extent of the evidence against her client.

These changes represent a positive step in strengthening the due process protections available to the suspect held in *garde à vue*. This is significant in a legal culture which has yet to recognise the psychology of false confessions and a structure of supervision which depends upon the police as trusted allies in the process of investigation.[14] The French criminal process is, and strives to remain, largely inquisitorial. The guiding objective at all stages of the process is the search for the truth and defence rights have been seen as antagonistic to this search and as benefiting only the accused and her lawyer, rather than contributing to the overall integrity of the process. Historically, criminal procedure has been characterised by a crime control approach, where the freedom of the individual is considered to

police interrogations of, the suspect should be tape recorded, but this recommendation was not taken up by the Legislature. Although interestingly, the interrogation of juveniles is to be video taped, with the possibility of extending this safeguard to all suspects after a 12-month review.

14 Allies upon whom, significantly, the *procureur* is structurally dependent. The double hierarchy of the police, on the other hand, means that they are accountable to the *parquet* only in criminal matters. When asked if this created tensions, one high-ranking *procureur* replied: 'You only need to look at the tensions created when, for example, one talks at the national level of creating a criminal police investigation bureau under the Minister of Justice, the creation of which all the police unions are radically opposed to. Why? Because [...] it is clear [...] that in their organisation, in their ethos, in their culture, what counts for them, because it is their hierarchy, because it is their career, because it is the organisation of their daily work, what counts above all, is not the Minister of Justice, but the Minister of the Interior.' [A6] See below, note 25, re referencing.

be best protected through the provision of broad legal powers for the repression of crime.[15] Recent reforms have been very much influenced by the need for conformity with the E.C.H.R.,[16] but guarantees of equality of arms and defence rights continue to be viewed by many as adversarial concepts[17] and therefore to be resisted.[18] This has created a tension between ensuring, on the one hand, that France continues to comply fully with E.C.H.R. requirements and on the other, that it does not abandon the essentially inquisitorial structure of its criminal procedure. This tension is resolved in the 2000 legislation through a strategy of minimal adjustment, incorporating European Convention guarantees in a way which does not challenge the essential structure of the French criminal process.[19] Judicial supervision continues to be characterised as the success story of inquisitorial procedure and the *magistrat* the principal guarantor both of the integrity of the investigation and of proper respect for the rights and liberties of the suspect. Defence rights, while improved, remain severely constrained. Suspects held in police custody have prompt access to a defence adviser, but the impact of this safeguard is severely limited by the short time allowed for consultation and the exclusion of the defence lawyer from the police interrogation. In addition, whilst the police

15 See e.g. Vroom (1988).

16 See further Hodgson (2002b).

17 On the day that most of the reforms came into operation, Mme Gilles-William, the president of the association *'droit à la sécurité'* told *Le Figaro* (01/01/01), 'The root of the problem is that we are aping the American system, when our own law does not lend itself to that. The overall result will be negative.'

18 The work of 'Anglomaniacs' as one *juge d'instruction* in area F put it. See also the response to the reports of the Delmas-Mary Commission (1989; 1990) which preceded the 1993 reform, which, in introducing 'adversarial' elements rather than strengthening the existing inquisitorial procedure, was seen by many as going in the wrong direction: e.g. Sauvon (1990); Waquet (1990); Gendrel (1992). Note also, that as the June 2000 reforms were debated, the then Minister of Justice, Elisabeth Guigou, used every opportunity to affirm her opposition to all things adversarial: 'The adversarial system of justice is by nature unfair and unjust. It favours the strong over the weak. It accentuates social and cultural differences, favouring the rich who are able to engage and pay for the services of one or more lawyers. Our own system is better, both in terms of efficiency and of the rights of the individual.' (Address to the *Sénat,* June 1999).

19 See further Hodgson (2001a); Hodgson (2002b).

were required to inform the suspect at the start of detention of her right to silence (before this was repealed in March 2003), officers were instructed[20] that they should not remind the accused of this right at the start of any interrogation, as the law did not require it, and it may be seen to encourage the accused not to answer questions. The suspect was told of her right, but there was a concern that she should not exercise it. The 2000 project probably represents a high point in the provision of due process protections, as legislation under the Raffarin administration has been, predictably, of a different nature, with the Justice agenda dominated by concerns with law and order. Current proposals relating to serious and organised crime seek to strengthen the hand of the police and the *procureur*, whilst further diminishing the role of the *juge d'instruction* and the defence.[21]

Supervising the *garde à vue*

The appeal of judicial supervision to observers from an adversarial jurisdiction, as well as to those within France, is its potential to effect a wide investigation, ensuring that the police might also follow leads which exculpate, as well as incriminate, the suspect. In this way, the premature fixation upon the guilt of the suspect and the tendency to 'construct' the case against her, (the hallmark of so many miscarriages of justice in England and Wales)[22] can be avoided. An

20 By the official Ministry of Justice circular (04/12/00) accompanying the legislation.

21 The Justice agenda has been dominated in particular by the repressive measures proposed by the Minister for the Interior, Nicolas Sarkozy. The Justice Minister, Dominique Perben has largely followed in his tracks. For example, he announced plans to extend the length of time a suspect may be held in *garde à vue* in a wide range of serious cases, withholding access to custodial legal advice for 36 hours in such instances. See *Le Monde* 12/12/02, p. 10. Compare also the halting and in some cases reversal of reforms in 1993, after the change of government.

22 See, for example, the case of Stephen Miller (one of the 'Cardiff Three': R v Paris, Abdullahi and Miller (1992) 97 Cr. App. R. 99, pp. 103–5.

important corollary to this model of judicial investigation is the relatively diminished role afforded the defence in comparison with that in an adversarial procedure. Key to this inquisitorial model, is the involvement of a judicial officer whose status, ideology and objectives are independent of those of the police and who, therefore, as well as ensuring that the enquiry is conducted effectively, is also able to challenge and go beyond the narrow confines of a police dominated investigation whilst at the same time ensuring that the rights of the defence are respected. However, the way in which the *procureur* understands her role in supervising the police investigation (and indeed, the legal model of supervision set out in the C.P.P.) is rather different. Her principal objective is not to monitor closely the work of the police, but to ensure the construction of a legally coherent dossier that will withstand the scrutiny of the court. In this way, supervision is perhaps best characterised as being concerned with the *outcome* and the *form* of the police investigation, rather than with the *method.* This is done quite literally by monitoring the output of the enquiry, ensuring that basic evidence is collected and that compliance with procedural safeguards has been documented. During the *garde à vue*, officers are prompted to take witness statements and reminded of the need to gather basic probative evidence such as a specimen of blood to measure the alcohol levels of the suspect; a medical certificate relating to the victim's injuries; a death certificate; or vehicle insurance documents. When reviewing the dossier, the *procureur* will check that statements are signed and in triplicate; that the *garde à vue* documentation records times, medical visits and the communication to the suspect of her rights; that the *procureur* has been informed of the suspect's detention and any extension authorised. This has the potential benefit of filtering out obviously weak cases where the basic elements of an offence are not made out[23] or there has been a failure to comply with, or document, basic procedural safeguards. Focusing upon the outcome and the legally documented form of the investigation, however, rather than the process and the method by which it is conducted, cannot of itself provide a sufficient guarantee as to either

23 As one *procureur* told us: 'Our job is to shake out the dossier to bring out anything which does not stick.' [C1] See below, note 25, re referencing.

the treatment of the suspect or the credibility of confession and other evidence. Supervision is reduced to an essentially bureaucratic (and largely retrospective) process of review.[24] Great reliance is placed upon written evidence and authenticity of form is equated with a wider guarantee of legitimacy in relation to how the evidence was obtained. As one *procureur* we observed in area C[25] warned an accused who wished to correct something in his statement taken by the police: 'I am paid to read the dossier of evidence. I believe what I read... This is written and signed.'

The relative disengagement of *magistrats* from the case investigation needs to be understood as part of the legal cultural expectation of what constitutes supervision. The legal text is framed such that the *procureur* could undertake personally large parts of the investigation, but for a number of reasons, there is no expectation that this will take place. In many instances, there are simply insufficient resources for *procureurs* to engage in a more proactive way with the police investigation during the *garde à vue*. Most were responsible for the detention of suspects in *garde à vue* across a wide area[26] and had too many cases in progress at any one time to allow for anything more than minimal involvement via telephone or fax. It is also a function of the paradoxical structural relationship between the *procureur* and the police, in which, as a *magistrat* she is an authority over the police, yet at the same time is wholly dependent upon them in order to carry out her own legal duty to investigate and prosecute crime. In our

24 The *procureur*'s review of the case dossier prior to making her final decision on whether to pursue the case, is a central part of the supervision process. However, under the procedure known as *'temps réel'* straightforward cases which are not serious enough to require the suspect to be brought before the court are now dealt with over the telephone, immediately at the close of the *garde à vue*. The *procureur* will indicate the charge to be brought and the date when the accused should appear and the police will issue the official summons to appear. This has the advantage of dealing with cases more rapidly, but it is more work for the police and the *procureur* is denied the opportunity of reading the dossier before making her final decision.

25 Six areas (A–F) were included in my empirical study. Quotations from field notes note the area; those taken from interviews are referenced by a letter (denoting area) and number (denoting the respondent number in that area).

26 In one urban centre, for example, this included 660 officers supervised for the most part by 3 procureurs.

questionnaire survey, although most *procureurs* (85%) said that they would never see the police, whatever their rank, as colleagues and 79% described officers as subordinates, there is a recognition that co-operation and trust are more likely to foster a good working relationship than assertions of rank or authority. One *procureur* told us: 'I think that, really, I direct [the investigation], but equally, so do the police... Fine, you can assert your authority, but that is not an effective way to get things done.' [E2] Another *procureur* also explained the importance of trust given the dependence of *magistrats* upon the police:

> I think you need to be aware that you cannot work without the police. Then, if you want to do a good job, there needs to be a relationship of trust and mutual respect. Legally, hierarchically, we give them orders, but anyone who thinks that it just needs to be written in the law to work like that is mistaken. [D1]

The nature of the authority which the *procureur* might exercise over investigating officers is further limited by the competing structures of authority in which both police and *gendarmes* operate. Although under the Minister of Justice (with day-to-day answerability to *magistrats*) in the conduct of criminal investigations, in all other matters[27] – most notably the organisation and availability of personnel and resources – the police and *gendarmerie* are under their own administrative hierarchy.[28] Whilst not creating obvious conflict and confrontation, this considerably weakens the control which the *procureur* is able to exercise over officers.[29] If her directions are

27 The police organisation and administrative function includes crime prevention, public order, traffic control and political intelligence gathering. The line between judicial and administrative policing is not always clear e.g. in the policing of public order, if an offence is committed, this becomes a judicial matter.

28 The police are under the Minister of the Interior and the *gendarmes* the Minister of Defence. Justice is the poor relation in this relationship as these two ministries 'are very jealous of their authority and carry much more weight in the state than does the Ministry of Justice' Lévy (1993, 179).

29 'In a difficult inquiry, a police officer is likely to follow the advice of his police boss, rather than that of the magistrates' (Guyomarch 1991, 321, cited in Horton 1995, 36). This was seen quite clearly in an affair in Paris in 1996 when a number of officers, on the orders of the head of judicial police in Paris,

ignored, she has few means of sanctioning the police. This was a source of frustration for some *magistrats*.

> It is odd giving orders to the police when they are not really our subordinates. They are in their own hierarchy and are under the Minister of Defence or of the Interior. That is awkward and not always very comfortable [Procureur, area D].

> The problem is that they [the police] have their own hierarchy, which counts much more for them. 'The' reform, would be to place their hierarchy completely under judicial authority. If the police were wholly responsible to the Minister of Justice, then we would be able to master the situation completely [A5].

In this relationship of mutual dependence and uncertain authority, trust and confidence are the key to success. This was emphasised to us over and again by *procureurs*, police and *juges d'instruction*. A model of supervision based on challenging and verifying the investigative work of the police would create antagonism and undermine this trust. For most *procureurs*, a more effective way of promoting good police practice is by strengthening the police-*procureur* relationship and improving the level and quality of contact between them. When asked about the ways of controlling the *garde à vue*, one *procureur* told us:

> It would be better [...] to improve this collaboration [between police and *procureur*] in this climate of confidence, it is much more meaningful it seems to me [...] than to develop systems of control which [...] one way or another, can go wrong [A6].

The centrality of trust, as against assertions of authority, in the process of supervision was demonstrated quite clearly in the approach of the *parquet* to police station visits during the *garde à vue*. Although judicial supervision by the *procureur* represents the central safeguard ensuring the proper conduct of the *garde à vue*, there is neither a norm nor an expectation of personal attendance at the police

refused to follow the orders of a *juge d'instruction* to search the home of Jean Tiberi, a politician and mayor of Paris. As a result, the head of the judicial police, M. Olivier Foll was stripped of his status as a judicial police officer for six months. See *Le Monde* 28/2/97. For the *juge*'s own account of this and other incidents, see Halphen (2002).

station.[30] Any visits which do take place are agreed in advance and are designed to improve police-*parquet* contact, representing an act of support rather than surveillance.[31] One *procureur* explained the nature of his visit to the local police station to extend the *garde à vue*:

> There is not any violence here. It's more to make contact [...] I try and visit them there as it can be easier than trying to find an escort and it allows me to see the police or the *gendarmes* in their own environment – on their own territory [Area F].

To do otherwise is considered inappropriate. A visit designed to check on the *garde à vue*, for example, is less well received: 'I have some colleagues who went to visit the station in their area and it is an initiative which did not arouse enthusiasm from their hosts [...] they went to check on the *garde à vue*' [E3].

> There used to be a woman in the *permanence* who did go down to the police station and it caused a terrible rumpus. The police were furious that she just turned up. You have to be careful when you go down – so that the police don't think it's because you're suspicious of them (Procureur, area D).

Despite the absence of defence lawyers or the tape recording of interrogations, there was no question of sitting in on the police questioning of a suspect or a witness.

> That would make me ill at ease. If I realise that there are questions that should have been asked, I ask the police to put them to the suspect, but I am not actually present. I can go to the scene and make sure all the evidence is seized after a search, yes. But I do not sit in on interviews [A2].

30 The original circular accompanying the 1993 reform making the *procureur* responsible for the *garde à vue* envisaged some personal visits: 'Comme par le passé, le déplacement sur les lieux d'exécution des mesures de garde à vue permettra au magistrat du parquet de s'assurer du bon déroulement de celles-ci et du respect des formalités prévues par le présent code.'

31 87% of our *parquet* questionnaire respondents reported that they sometimes or rarely visited the police station. 69% said that this was always or often announced in advance and 25% that this was sometimes the case. The principal reasons for attending were to strengthen relations with the police and to deal with practicalities such as extending the *garde à vue* period. 56% said that such visits were rarely or never to assert their authority, and only 31% reported that they were often or always to effect some check.

The importance of confession evidence

As a *magistrat*, the *procureur* is charged with representing the public interest, with ensuring that the investigation is conducted effectively, including proper respect for the rights of the defence. Yet, in depending upon the police to conduct the investigation for which she is responsible, the interests of the *procureur* are inextricably linked with those of the police.[32] For the *procureur*, as for the police, 'the public interest' is understood in largely crime control terms, centring upon the need to ensure the effectiveness of the investigation and the ability of the police to arrest, detain and interrogate the suspect in 'the search for the truth'. As a result, for both *procureurs* and the police, the principal function of the *garde à vue* is to obtain a confession.[33] 'The *garde à vue* is a constraint which can last 48 hours, or four days for drugs cases. It is to put pressure on [...] With people who resist, it breaks them down [A2].'

And despite 40% of our *procureur* questionnaire respondents reporting that they suspected that violence or excessive pressure was sometimes used during the *garde à vue*, the *procureur* is generally tolerant of the kinds of pressures which the police may need to exert in order to make the suspect tell 'the truth', that is, to confess. Even questioning which might be classed as overbearing or oppressive by a British court is considered acceptable, and at times necessary, to get at 'the truth'. One *procureur* told us that when he spent some time at the police station as part of his training, he saw a suspect slapped across the face: 'It's not shocking, it was just to move things on. It was a

32 The neutral posture which the role requires for the *procureur* to both direct and judge the investigation, to be both involved and detached from it, is almost impossible to maintain: 'What is the role of the *parquet*? Is it to immerse yourself completely in the direction of the investigation, or is it to keep a quasi-olympian detachment, waiting for it to happen, for it to deliver the results ready-made...? Of course, I think, it is something between the two [A6].'

33 One *procureur* described the central place which the confession occupies in French criminal procedure: 'For us, the confession, in countries with a Latin tradition, has always had an extremely important place, whereas the Anglo-Saxons have always tried to restrict it. The origins are historical and are, I would say, almost ideological and religious [A6].'

drugs case and the officer wanted to know the truth... I wouldn't call that "violence" [D1].'

Other *procureurs* explained the pressure that might be necessary in order to obtain a confession:

> Pressure to confess, yes, that exists, of course, because it is linked to the very nature of the interrogation, such pressure exists, and [...] this pressure to confess [...] also allows the investigation to progress [A6].

Thus, the *procureur*'s supervision of the *garde à vue* did not act as a constraint upon the conduct of the *garde à vue*, but was frequently directed at facilitating or encouraging officers in obtaining admissions from the suspect. This is done in two ways. Firstly, where the *procureur* is more closely involved (because of the gravity of the case, or the small size and caseload of the locality) by shaping the interrogation strategy. Sometimes officers are directed to pursue a particular line of interrogation or to use a different approach to try to win over the suspect with threats or promises. For example, the police in area A had arrested the suspect for possession of an offensive weapon (a knife) and together with others, for assault. The suspect had made no admissions and the police had no evidence that it was he who had inflicted the knife wound. The *procureur* advised the police on the approach they might take to move things on:

> The victim cannot say anything, saw nothing? So what are we going to do, we have nothing, we can do nothing... There is a risk that the *juge d'instruction* will not remand him in custody. He has no previous convictions in any event. This is a delicate case. We have to find something. You have no evidence which would enable you to say who struck out? This is about the psychology of your job. Perhaps you need to play the incident down a little to get the evidence. You need to explain that clemency does exist, and that the attitude of a person will be taken into consideration. You get the idea of how I see this going?

In most cases, however, the favoured strategy of the *procureur* was one of perseverance, to extend the *garde à vue* period to allow another 24 hours of detention and interrogation. Not only was it extremely rare for the *procureur* to refuse such an extension, but in the majority of instances, the idea came from her rather than the police. These were typical of the conversations the *parquet* had with the police:

> He's not going to spit it out in 2 hours. I will extend the *garde à vue* then you can question him again and try and get a confession. Then we'll see... [Area A].

> Let the *garde á vue* do its job. We can always prolong it. Keep interviewing him from time to time to refresh his memory [Area D].

> Keep him in for the moment and try and get him to confess. Interview him again this afternoon [Area D].

Another *procureur* explained her approach:

> The 48 hours can be used to get [the suspect] to crack. I systematically prolong the *garde à vue* to ensure this. Frequently, it's the first interview in the morning after they've spent the night in custody that they crack, because they're tired and vulnerable and realise that we will keep them in custody... It's not an environment where the police hit them – it's more psychological [Area D].

Understood in this way, the *procureur*'s parallel role in the protection of defence rights is at odds with her representation of the public interest. Supervision of the investigation acts less as a constraint upon the police conduct of the *garde à vue* and more as a shield, enabling the police to gather evidence against the suspect unhindered. Provided the dossier indicates that the legal procedural safeguards have been complied with, the *procureur* is not concerned to monitor closely the methods by which evidence is obtained. This approach to the conduct of the *garde à vue* is important in understanding the nature of the opposition to any extension of the suspect's right to custodial legal advice. Both police and *magistrats* tend to express their resistance to the extension of defence rights in neutral terms, appealing to a model of judicial supervision which protects the public interest and ensures the effectiveness of the investigation. As one *juge d'instruction* in area F explained:

> The lawyer, he works as a liar, to see how far he can distort the law... These 'Anglomaniacs' claim that equality of objectives is the same as equality of

> arms. But lawyers and judges are not the same. The lawyer wants to acquit the person who pays him. The judge wants to deliver justice to protect society.

However, the extended presence of a defence lawyer was disliked because of the constraints it placed upon police methods of investigation and interrogation, and the pressures which were considered necessary to 'get to the truth'. Far from usurping the role of the *parquet*, the presence of the defence lawyer threatened to expose the weaknesses of judicial supervision and the nature of police practices which remain conveniently concealed.[34] For example, an officer in area C explained how he had falsely claimed to have a signed statement incriminating a suspect in order to make him confess:

> If a lawyer had been there I couldn't have done that, 'playing' with non-existent admissions. But you have to do that, to get to the truth. We don't have many resources. And the people who are here are not honest, are not responsible people. They wouldn't be at the police station if there wasn't some evidence against them [...] We just want to get to the truth.

The tape recording of police interrogations was opposed for the same reason, as one *juge d'instruction* in area C explained to us on hearing that this was standard procedure in England and Wales:

34 Note also the relatively high number of *procureur* questionnaire respondents (40%) who reported suspecting that violence or excessive pressure had been used against the suspect during the *garde à vue*. See further Hodgson (2001, 352–4). The recent report of the European Committee for the Prevention of Torture was highly critical of the conditions of police detention in France. As well as insanitary conditions and prisoners being provided with little or no food, they also found evidence of kicking and punching, overly tight handcuffs, people violently thrown to the floor and in particular, the maltreatment of foreigners. All of this is said to take place during interrogation and affected some 5% of those seen by police doctors. The anti-terrorist division came in for especial criticism. Two people detained in the prison hospital in Paris recounted their maltreatment. One had been allowed only six hours rest out of 60 hours of interrogations – allegations supported by the detention records. The other had been the subject of written instructions not to allow him any bed covers and to keep the light on in his cell (*Le Monde* 19/07/01).

> It's unbelievable! And to think that we might end up doing that here [...] You should just leave the police to do their job. When you're dealing with difficult people like drug addicts and hooligans, you need to put the pressure on. I don't mean hitting them, but you have to make them talk [Area C].

And an officer in area D expressed the same concern:

> No, that's no good. You have to leave the police to do their job [...] If you think the guy did it, you try and get him to talk. You use blackmail, put the pressure on – it's not very moral, but they haven't got any morals either. If there was a witness, we certainly couldn't do that [...] In short, we need to be left to do our job, because these are not angels we are dealing with.

Conclusion

Whilst recent reforms have made important changes improving the due process aspects of French criminal procedure, judicial supervision continues to be the central mechanism regulating the detention and investigation of suspects, its presumed success rendering unecessary further measures to safeguard the interests of the accused and to ensure the reliability of evidence. However, in practice, supervision is minimal and largely retrospective and the *procureur* is both structurally and materially dependent upon the police. Inadequate resources together with the often crime control ideology of the *magistrat*, mean that the police investigation is not supervised in a way which is able to protect adequately the interests of suspects, nor to offer any meaningful guarantee as to the reliability of the evidence gathered. Given the importance attached to written evidence and the status of the case dossier as the product of a judicially supervised enquiry which does not require the oral testimony or cross-examination of witnesses, this is of enormous significance. The dangers of such 'arm's length' supervision have been powerfully demonstrated in a number of miscarriage of justice cases, where detainees have been persuaded to make false confessions to offences such as armed robbery[35] and child murder,[36] through a process of detention and interrogation which places no effective constraints upon the ways in which the police construct the evidence of suspects. Additional safeguards such as record keeping and the provision of custodial legal advice remain peripheral in their scope and implementation, concerned to bolster the legal bureaucratic form of the dossier, rather than the ways in which the evidence is constructed and produced. The E.C.H.R. and its caselaw has done much to place defence rights on the French criminal justice agenda and to force the hand of both the legislature and those interpreting the law, the *Cour de Cassation*, to ensure greater respect for the principle of equality of arms[37] – although this relates primarily to rights at trial. However, there has been resistance to such change which is perceived by many to owe more to adversarial than to inquisitorial procedure and so, to be inappropriate to a procedure based around judicial supervision. Crucially, in terms of the impact of legal change, those involved in the investigation and prosecution of crime regard the strengthening of defence rights in particular as privileging the interests of the accused over those of the victim or the effectiveness of the investigation and so, to have a distorting effect upon French criminal justice.

35 See the case of Joël Pierrot, whose conviction was quashed in May 2002.

36 See the case of Patrick Dils, whose conviction was finally quashed in April 2002.

37 For a more detailed discussion of the influence of the E.C.H.R. on French criminal procedure, including related case law, see Hodgson (2004).

Bibliography

Delmas-Marty, M. (1991), *La mise en état des affaires pénales: Rapport de la Commission Justice pénale et Droits de l'homme*, Paris, La Documentation Française

Gendrel, M. (1992), 'Garde à vue et droit de l'individu. La défense doit-elle commencer dans les locaux de gendarmerie ou de police?' *Droit pénal*, Mars, pp. 1–3

Halphen, E. (2002), *Sept ans de Solitude*, Paris, Éditions Denoël

Hodgson, J. (2001), 'The police, the prosecutor and the *juge d'instruction:* Judicial Supervision in France, Theory and Practice', *British Journal of Criminology*, vol. 41 (2), pp. 342–361

Hodgson, J. (2001a), 'Reforming French Criminal Justice', *Legal Action*, vol. 6

Hodgson, J. (2002), 'Constructing the pre-trial role of the defence in French criminal procedure: An adversarial outsider in an inquisitorial process?', *International Journal of Evidence and Proof*, vol. 6 (1), pp. 1–16

Hodgson, J. (2002a), 'Hierarchy, Bureaucracy and Ideology in French Criminal Justice: Some Empirical Observations', *Journal of Law & Society*, vol. 29 (2), pp. 227–57

Hodgson, J. (2002b), 'Suspects, Defendants and Victims in the French Criminal Process: The Context of Recent Reform', *International and Comparative Law Quarterly*, vol. 51(4), pp. 781–816

Hodgson, J. (2004), 'Human Rights and French Criminal Justice: Opening the Door to pre-Trial Defence Rights – A Comparative Perspective' in Halliday, S. and Schmidt, P., *Bringing Rights Home*, Hart Publishing

Horton, C. (1995), *Policing Policy in France*, London, Policy Studies Institute

Levy, R. (1993), 'Police and the Judiciary in France since the nineteenth century', *British Journal of criminology*, vol. 33 (2), pp. 167–186

Salas, D. (1991), Note sur l'histoire de l'instruction préparatoire en France, Annexe 2, Delmas Marty Commission: *La mise en état des affaires pénales*, p. 248

Sauron, J.-L. (1990), 'Les vertus de l'inquisitoire ou l'Etat au services des droits', *Pouvoirs*, Presses Universitaires Françaises, no. 55, pp. 53–64

Truche, P. (1997), *Rapport de la commission de réflexion sur la Justice*, Paris, La documentation Française

Vroom, C. (1988), 'La liberté individuelle au stade de l'enquête de police en France et aux Etas-Unis', *Revue de science criminelle et de droit pénal compare*, vol. 3, pp. 487–507

Waquet, P. (1991), 'Réflexions sur les rapports de la Commission Justice pénale et droits de l'homme', *Revue de science criminelle et de droit pénal comparé*, vol. 3, pp. 518–525

Pascale Feuillée-Kendall

Entretiens avec Pierre Lumbroso

Ce chapitre est un entretien entre Pascale Feuillée-Kendall et Pierre Lumbroso. Tous deux échangent leurs impressions concernant la pratique pénale au quotidien. Pierre Lumbroso ne laisse pas de dénoncer un système qui le révolte. Il pose pepétuellement la question de savoir quel est son rôle véritable face au juge tout puissant tout au long d'une procédure qu'il dit archaïque. Il soulève par ailleurs la question de l'emprisonnement des détenus, c'est-à-dire de cette masse d'individus non encore jugés, par conséquent présumés encore innocents, et qui croupissent dans des prisons françaises aux conditions déplorables, comme l'a montré Véronique Vasseur dans son ouvrage sur La Santé. Lumbroso dénonce de surcroît des tentatives de réformes en trompe-l'œil, et en particulier celle qui institue le 'juge des libertés', qui est en réalité le juge de la détention. Il explique que cette réforme n'est que de pure forme, et que la solidarité des juges du siège aboutit à des situations où l'on n'infirme pas ce que son collègue a suggéré ou décidé. Autrement dit, rien n'a changé sous les auspices d'une justice dont, comme le rappelait Casamyor, le fléau ne fut jamais à l'horizontal.

This chapter is an interview between Pascale Feuillée-Kendall and Pierre Lumbroso, in which they exchange their impressions on the practical application of criminal law on a daily basis. Pierre Lumbroso never ceases to denounce a system which appals him. He constantly questions what his role really is, when confronted with an all-powerful 'juge' and a criminal procedure which he describes as archaic. He also raises the question of the detention of remand prisoners – that mass of prisoners who have still not been tried and who are therefore still presumed innocent, but who have been left to rot in outrageous conditions in French prisons, as Véronique Vasseur has shown in her work on the Paris prison of La Santé. Lumbroso also denounces the attempts at reform which are purely a gesture towards genuine change, and in particular the introduction of the 'juge des libertés', who is in fact the 'juge de la détention'. He explains that this reform is merely a token, and that the solidarity of the judges leads to a situation where one judge is not about to go against a decision suggested or reached by a colleague. In other words, nothing has changed under the auspices of a justice whose scales, as Casamayor remarked, are never tipped in favour of the defence.

Pierre Lumbroso, ancien élève de l'Institut de criminologie, est avocat pénaliste à la cour d'appel de Paris. Il a été le collaborateur de Joseph Cohen Sobban et Henri Leclerc, puis associé avec Jacques-Alexandre Trégouët.
Sa bibliographie:
En-quête de justice, Gammaprim, 1998
La légitimité des juges d'instruction, en collaboration avec Christian Séranot, Editions du Rocher, 2001
La prison: une machine à tuer, en collaboration avec François Sammut et Chritian Séranot, Editions du Rocher, 2002

Pascale Feuillée-Kendall: Pierre Lumbroso, votre parcours est celui d'un jeune avocat, muni déjà d'une remarquable expérience de la pratique pénale. A lire vos ouvrages, on retrouve l'esprit frondeur et rebelle représentatif du 'barreau' tel que l'on se le représente souvent depuis la période pré-révolutionnaire. Votre premier livre, *En-quête de justice*, Gammaprim, 1998, écrit sous forme de notes de plaidoirie, dénonce de façon accablante un système de procédure pénal archaïque, inhumain, et dont l'épiphénomène, le séjour en prison, est catastrophique. Vous y révélez brutalement ce à quoi les premières années d'une vie professionnelle passionnée vous portent à conclure: 'Ai-je un rôle quelconque, moi, avocat de la défense, vis-à-vis d'un juge d'instruction tout puissant, et d'une institution qui refuse de se réformer pour des raisons historiques, politiques et corporatistes face auxquelles je ne peux rien?'. Vous vouliez intituler votre second ouvrage: 'La mort du juge d'Instruction'. Vous y avez renoncé, préférant le titre *'La légitimité des juges d'instruction'*. Dans cet ouvrage, vous faites état de vos expériences parfois malheureuses, en forme de duos ou de corps à corps avec des juges instructeurs. Si les Britanniques nous envient ce personnage si controversé en France, vous achevez de les dissuader de l''inventer' au Royaume Uni.

En 2002, vous écrivez un livre sur la prison, en une période où tous s'accordent à dire (y compris les sénateurs),[1] que celle-ci est une

1 Les sénateurs ont remis un rapport, en 2000, intitulant la prison 'humiliation de la République'.

machine à nier et à tuer. Vous ajoutez que les détenus ne seront plus jamais des citoyens, avec tout le sens que l'on porte à ce mot, même après avoir payé leur dette à la société.

Pierre Lumbroso: Je veux d'abord dénoncer l'injuste, l'inacceptable au 'pays des droits de l'homme'. En caricaturant à peine, voici le sort d'un individu 'pris à parti' par la justice. Totalement assommé par quarante-huit heures, parfois soixante-douze de garde à vue où il n'a pu dormir à peine et où il n'a eu pour seule nourriture qu'un ou deux sandwiches, le désormais détenu met les pieds dans une maison d'arrêt dont il ne connaît parfois ni le nom, ni même l'emplacement. Le temps pour lui s'arrête alors, devenant une notion entièrement abstraite, car désormais sans limites. Ce détenu peut rester des mois sans qu'il ne se passe rien ou au contraire à tout moment, il peut quitter la prison (l'extraction est, par exemple, le moment où l'on déplace le détenu pour le mener dans le bureau du juge). Le prisonnier subit alors l'arbitraire carcéral suffisamment dénoncé aujourd'hui, qu'accompagnent des conditions d'existence totalement précaires (Je vous renvoie entre autre au livre de Véronique Vasseur sur le sujet: saleté, vétusté, maladies et suicides). Ensuite, le manque d'information sur son affaire place le prisonnier dans un désarroi qui constitue le début de la descente aux enfers. Puis s'il cherche à comprendre, à s'informer sur le déroulement de son instruction, il se trouve trouve face à un néant qui n'est comblé que par son avocat. Le prisonnier n'a en effet pas le droit de consulter lui-même son dossier. Une fois l'instruction souvent interminable, nous pourrons y revenir, achevée, il attend la date de ses procès et jugement. Mes clients me confient que, ne voyant plus le juge d'instruction, ils comprennent d'un seul coup que tout est désormais joué, ficelé, inexorablement. Leur sort a, en effet, souvent été en partie réglé. Comme la plupart des juges d'instruction ne se rendent jamais en maison d'arrêt et que l'administration pénitentiaire n'a pas à être informée de l'instruction, le prévenu n'a plus que son avocat au monde pour lui délivrer, en dehors de ses gardiens, des nouvelles du dossier et un peu d'humanité, dans la limite des informations qu'il détient. A ce moment-là, l'extrême lenteur de la justice devient l'ennemi, et la date du jugement correspondra parfois à une page tournée par lui, longtemps après sa libération. Une fois condamné, il pourra être réincarcéré s'il est resté libre pendant l'instruction, ou attendre très longtemps en maison d'arrêt, sans disposer d'informations sur son placement dans tel ou tel centre pénitentiaire. Bureaucratie, lourdeur de l'administration pénitentiaire sont les prochains obstacles de notre condamné. Justice et administration pénitentiaire fonctionnant dans les faits très peu ensemble, sur le plan de la communication et de l'organisation administrative. Le juge d'instruction ne dispose lui-même, à moins de le vouloir pour des raisons précises tenant à la nature d'un dossier, que très peu d'informations sur le sort d'un ex-détenu. Il ne sait pas, (cherche-t-il d'ailleurs à le savoir?) si, par exemple, le détenu est susceptible d'avoir la visite de ses enfants venus parfois de l'autre bout de la France. Après le renvoi du mise en examen devant la juridiction, le juge d'instruction, comme du reste la juridiction de jugement, perd tout pouvoir sur le prisonnier.

Pascale Feuillée-Kendall: Il me paraît en effet tout à fait inacceptable que notre justice, championne d'Europe de la durée moyenne de la détention, ne considère pas comme essentiel de repenser les conditions-mêmes de cette incarcération. Au-delà même de la nécessité de neutraliser et soustraire quelqu'un jugé dangereux pour la société, cette dernière devrait certainement repenser en amont les raisons pour lesquelles l'individu en question a été condamné et sanctionné. Au-delà du devoir – incontournable – de réparation, il faut travailler à aider le détenu et le condamné à un effort de réflexion sur les raisons de sa sanction, avant ou après jugement, et à le préparer intelligemment à une réinsertion. Je pense tout particulièrement à la population pénitencière détenue ou condamnée pour stupéfiants.Tout ceci ayant lieu au moment où augmente le taux de suicides des surveillants de prisons et des détenus, où se multiplient les mutineries ou agressions, on doit affronter ces questions sans détours. Des commissions d'observation sur la prison ont décrit des conditions de détention très difficiles. Alors que le détenu est normalement privé de la seule 'liberté d'aller et de venir', par exemple, de nombreuses libertés lui sont supprimées ou inapplicables, et ce indépendemment de celles qui deviennent impossibles en raison de la surpopulation pénale. Prenons le droit de vote: aucune disposition n'interdit en principe au détenu d'exercer son devoir électoral et le législateur a réduit le nombre de personnes susceptibles de faire l'objet d'une privation de droits civiques. Mais le droit de vote est cependant quasiment inexistant en prison, car aucune disposition n'est prévue pour en faciliter l'exercice, à l'exception de quelques lignes figurant dans le guide du détenu, remis en principe à chaque arrivant (la réalité de la remise de ce document semble être à la discrétion des directeurs de maisons d'arrêt, et il demeure un mythe pour beaucoup de prisonniers).

Pierre Lumbroso: Absolument. Le secret de la correspondance est aussi une réalité difficile. Pour des raisons de sécurité, l'article D. 416 du Code de procédure pénale prévoit que les lettres de tous les détenus, tant à l'arrivée qu'au départ, peuvent être lues aux fins de contrôle. Ce droit laissé à l'administration pénitentiaire semble avoir été transformé en véritable principe de fonctionnement des établissements pénitentiaires. Certaines exceptions sont prévues pour permettre le secret de la correspondance, comme celle qui est adressée aux avocats (article D. 69), aux autorités administratives et judiciaires (D. 262) et aux aumôniers (D. 438). En revanche, dès qu'un détenu voudra s'adresser à une autorité administrative et judiciaire, par exemple, les surveillants ne manqueront pas de lui demander les raisons pour lesquelles il souhaite le secret de sa correspondance. Par ailleurs, la règle peut être violée: sur six requêtes de détenus enregistrées entre 1995 et 1996 en cours devant la Cour européenne des droits de l'homme, cinq affaires sont relatives à l'ouverture de correspondances échangées soit avec des avocats, soit avec des autorités administratives et judiciaires. Un autre exemple est celui la liberté d'information: d'après certains de mes clients, à la suite de la vague médiatique occasionnée par la sortie du livre du docteur Vasseur, l'administration pénitentiaire tenterait de pratiquer une certaine censure s'agissant des coupures de presse sur la situation précisément des prisons, adressées en pièces jointes dans les correspondances adressées aux détenus. On peut comprendre le désir de prévention de mutineries qui ont lieu régulièrement, mais tout ceci est une illusion, lorsque l'on sait que les détenus ont la possibilité, par ailleurs, de s'abonner à ces journaux et magazines. J'ai rédigé cet ouvrage avec François Sammut, directeur technique de l'administration pénitentiaire à la maison d'arrêt Paris-la-Santé, et Christian Séranot, journaliste et éditeur au moment où Véronique Vasseur s'était rendue célèbre avec son ouvrage sur la Santé.

Revenant au thème du juge d'instruction et au titre que je voulais donner à on ouvrage, c'est très simple: mon éditeur a considéré que l'idée de 'tuer' métaphoriquement ce juge d'instruction était par trop provocatrice, surtout pour le titre d'un ouvrage destiné autant au grand public qu'à des professionnels du droit.

Pascale Feuillée-Kendall: Il me semble aussi que la sortie des autobiographies de différents magistrats, Catherine Samet, Laurence Vichnievsky, Eric Halphen ou Eva Joly, entre autres, n'aurait pas facilité cette approche provocatrice. En effet, il est établi qu'Eva Joly a été intimidée, menacée de mort, et que durant six ans de sa vie, elle n'a pu aller et venir sans surveillance. Cette dernière rappelle que des juges sont morts pour avoir fait tenté d'accomplir leur mission. Cela lui vaut, après avoir été comme vous le dites pendant un temps chouchoutée par les médias, d'être aujourd'hui la victime des critiques des plus acerbes, comme si elle avait en quelque sorte mérité une telle existence, rançon de sa gloire, alors qu'elle a cherché à connaître une vérité qui dérange certains hommes publics, et que cela n'a pas plu au ' pouvoir'. Il faut admettre que des juges ont payé de leur vie, en France et ailleurs, leur audace, leur courage. Daniel Soulez Larivière, bien que dénonçant comme vous un système où le juge d'instruction n'a plus sa place, rend hommage aux magistrats qui marquèrent leur génération (Soulez Larivère 1987).

Cela étant dit, Pierre Prades a publié sans hésiter 'Supprimons les juges d'instructions' en 2002. Né en 1922, cet ancien magistrat déclare: '[...] je confirme mon intention non équivoque de le voir disparaître'. Se fondant sur l'exemple du T.G.I. de Bobigny et de son équipe de parquetiers, Prades considère que police, gendarmerie et parquet devraient traduire tous les individus déférés quotidiennement devant un tribunal pénal. Si l'affaire ne peut être traitée sur-le-champ, ce tribunal statuera (de façon collégiale) sur la mise en détention provisoire après débat contradictoire et renvera la procédure à une prochaine audience de jugement. Votre idée d'un juge chargé alors d'une mise en état des affaires pénales retrouve tout son sens. Incidemment, c'est bien un ancien juge qui parle de supression des magistrats instructeurs.

Pierre Lumbroso: Je comprends qu'un amalgame aurait pu être fait, encore que mes propos soient clairs, et largement partagés par les membres de ma corporation. Non, la 'mort' du juge d'instruction signifie pour moi la fin d'un archaïsme datant de l'inquisition. Mais il paraît quasiment impossible de se débarrasser de ce personnage qui constitue depuis, semble-t-il, l'aube des temps, une autorité, une institution tellement immuable que la perte de repères s'il disparaissait deviendrait considérable. Investi d'un pouvoir exorbitant dont il peut user et abuser en fait même s'il est soumis au contrôle de la Chambre de l'Instruction, manipulé ou pas, il peut remplir une mission indigne d'un Etat démocratique. Il peut demander, requérir ad hoc auprès des services de police toutes les investigations qui lui paraissent indispensables à la manifestation de la vérité. Il peut aussi mener des interrogatoires, confronter à autrui qui il souhaite confronter. Dès qu'il est saisi par le Parquet, il a les moyens de mettre en examen et renvoyer un individu devant, soit une cour d'appel soit un tribunal correctionnel, à son propre gré, avec les quelques nuances en réalité sans importance de la loi Guigou. Tout ceci se situe dans un contexte européen où l'on a vu diminuer les pouvoirs du juge instructeur italien, et où il n'existe pas d'équivalent à ce poste en Grande-Bretagne. Certes, j'attaque le personnage du juge d'instruction, mais pas l'homme en lui. Je connais la situation difficile à tenir de certains juges. Eric Halphen est un ami, et je sais qu'il a payé très cher ses efforts pour accomplir tout simplement son travail.

Pascale Feuillée-Kendall: Je le cite en effet:

> J'ai profondément aimé mon métier. Quoi de plus noble, de plus motivant, de plus passionnant que de chercher la vérité, que d'avoir pour guides la justice et l'égalité, le jugement et l'intuition, la découverte de soi dans le malheur des autres [...] J'en ai trop vu, de ces magistrats fatigués et aigris, courbés sous le poids des dossiers et des complaisances, songeant davantage à l'heure à laquelle va se terminer l'audience qu'à l'homme, même le plus vil, dont ils sont en train de sceller le sort. De ces magistrats prétentieux et jaloux, pensant que

> rien de ce qui n'est judiciaire ne vaut qu'on s'y intéresse, plus préoccupés par l'avancement du voisin que par celui de leur dossier. De ces magistrats mesquins et serviles, volant au secours du puissant, prêts à tout pour favoriser leur carrière. Je ne souhaite pas finir comme eux.

On ne peut que relever une certaine aigreur dans les propos d'Eric Halphen, ce dernier ayant subi des pressions intolérables qui l'ont mené à la démission. Certains Britanniques qui nous envient notre juge d'instruction ne connaissent pas suffisamment ces aventures solitaires tragiques ainsi que les abus possibles attachés à la fonction de juge d'instruction. Votre propos, semble-t-il, dans cet ouvrage écrit avec Christian Séranot, est de poser la question de la 'légitimité' aujourd'hui plus que jamais, au moment où la justice semble assumer un rôle messianique, de ce magistrat. Or sur ce thème de légitimité, Antoine Garapon s'exprime ainsi:

> Je me méfie du mot légitimité du juge que je trouve extraordinairement ambigu. De quoi parle-t-on? La légitimité, cela peut être d'abord le droit de juger. Elle se confond avec un critère juridique: le juge était-il compétent? La légitimité peut aussi renvoyer au fondement politique de l'action du juge – c'est-à-dire la séparation des pouvoirs, ce qui est un tout autre débat.

Pierre Lumbroso: Le juge d'instruction attrape en effet vite le vertige. Avant que ne commence sa mission, s'établit un acte de poursuite du procureur puis une ordonnance du président du tribunal le ou la désignant. Le rôle de l'avocat est d'ailleurs insignifiant au moment de cet interrogatoire dit de première comparution. Le juge n'a même pas à ce stade à se présenter, et la mise en examen peut avoir lieu extrêmement rapidement et le juge instruit alors sur les infractions pour lesquelles il a été saisi par le procureur de la République. L'instructeur est alors littéralement obsédé par sa volonté d'arracher la vérité par l''aveu'. Il lui arrive très souvent de poser des questions sur des faits pour lesquels il n'a pas été saisi. Il serait alors possible à l'avocat, dans l'absolu, de saisir la Chambre de l'Instruction de la cour d'appel pour faire annuler le procès-verbal de première comparution. Il resterait aussi la Cour européenne des droits de l'homme … mais dans quel délai! Nous y reviendrons, si vous le voulez. S'agissant du recours de la Chambre de l'Instruction, la jurisprudence a montré que bien peu de comportements de juges sont sanctionnés.

Pascale Feuillée-Kendall: au surnom désuet certes d'‘Antichambre de la honte’, s'est substitué celui de ‘chambre de confirmation’. L'information terminée, le juge en avise les parties, conformément à l'article 175 du Code de procédure pénale. Il reste vingt jours aux parties pour alors demander des auditions ou confrontations ou saisir la Chambre de l'Instruction. Au-delà de ce délai, aucune nullité ne pourra plus être relevée. Sachant la durée d'une instruction, six mois, un an, parfois beaucoup plus, le prévenu reste en détention provisoire, si le mandat de dépôt n'est pas levé. C'est donc bien, à ce stade de la procédure, d'un pouvoir quasi sans limite dont dispose le magistrat instructeur.

Pierre Lumbroso: En effet, une fois cette mise en examen établie, la personne mise en examen est en principe libre, sauf ‘à raison des nécessités de l'instruction ou à titre de mesures de sécurité, à être soumise au contrôle judiciaire ou, à titre exceptionnel, placée en détention provisoire …’ . Ce texte se situe parfaitement dans l'esprit d'un principe général et fondamental du droit consistant au respect de la présomption d'innocence, conformément aux dispositions de la Cour européenne des droits de l'homme. Et pourtant, malgré ce texte, le contrôle judiciaire demeure l'exception, et la détention est la règle. On voit parfois des informations ouvertes, alors que le dossier pourrait être renvoyé directement au tribunal après l'enquête de police sous contrôle de parquet, pour s'assurer de la mise en dentention par le juge d'instruction. Il s'agit ici de poser la question de l'éthique du juge. C'est bien de cela dont il s'agit, et l'on n'ose en parler ouvertement. Il en est de même pour la responsabilité professionnelle des juges. C'est là un crime de lèse-majesté! Comment prendre au sérieux des personnages qui, contrairement à des architectes, à nous, avocats, au médecins, en charge de la vie, n'ont pas à répondre de leurs erreurs ou à peine! Les Anglo-saxons remettent en cause beaucoup plus l'éthique de leurs juges alors que ceux-ci ne statuent qu'en audience publique, limitant ainsi les risques de dérapage.

Pascale Feuillée-Kendall: Qu'en est-il donc du 'débat contradictoire' censé prévenir ce type de situations? Car, en réalité, quand le procureur de la République établit un réquisitoire introductif, il prend en fait très souvent des réquisitions de placement en détention provisoire ou bien de mise en liberté sous contrôle judiciaire. Autrement-dit, la volonté du parquet s'exprime de cette façon, et le juge d'instruction est immédiatement informé par ce biais, alors que l'avocat n'a, lui, pas encore eu accès au dossier. Dans 99% des cas, en effet, ce 'débat contradictoire', rendu obligatoire par le Code de procédure pénale, ressemble à une mise en scène, le juge instructeur ayant déjà décidé de la mise en détention. Que pensez-vous de la réforme sur le recours au juge des libertés? Par ailleurs, vous établissez que le fait ne pas procéder à une sérieuse réforme de fond prouve que les uns et les autres ont pu y trouver leur compte. Comme de nombreux observateurs l'ont largement évoqué, les tentatives de réformes ont échoué jusqu'à présent, n'aboutissant qu'à des 'réformettes'.

Pierre Lumbroso: Ne nous faisons aucune illusion. Ce juge des libertés, saisi lorsqu'il y a décision par le juge d'instruction de placer en détention, dans 99% des cas, là aussi, confirme la décision du juge d'instruction. Je vous laisse imaginer le seuil d'hypocrisie déjà atteint à ce stade. Les motivations du parquet sont classiques: le trouble à l'ordre public, (entre nous soi dit la notion la plus vague qui soit), la concertation frauduleuse, la pression sur les victimes, la sécurité du mis en examen, les manques de garanties de représentation. Ces réquisitions sont même parfois littéralement reprises par le juge d'instruction dans sa saisine du juge des libertés! Le juge des libertés en aucun cas n'aura mis un terme à cela. Mon argumentation en tant qu'avocat à ce stade de la procédure ne sert à rien. Je le sais, le juge le sait: les dés sont pipés d'avance, et mon client sera détenu le soir-même. Le juge d'instruction travaille en étroite collaboration avec les services de police, qu'il 'missionne' d'effectuer un certain nombre d'investigations. Selon la formule consacrée, il délivre des commissions rogatoires – non versées au dossier tant qu'elles ne sont pas terminées – décidant d'un délai d'enquête d'environ trois mois pour les commissions nationales, et six pour les commissions internationales. Durant cette période à priori courte, en réalité très longue, lorsque l'on est détenu, le juge d'instruction et le parquet sont avertis de la progression de l'enquête. Le détenu, lui, n'est pas tenu au courant; autrement-dit, le principal intéressé de l'enquête ne sait rien de l'évolution de celle-ci.

Pascale Feuillée-Kendall: Que dire alors de la présomption d'innocence, qui n'a plus qu'une réalité de principe? Le juge devrait, selon vous, tracer la voie médiane entre deux intérêts contradictoires, celui de la société et celui du mis en examen en toute équité. En somme, parler alors d'une instruction à charge et à décharge relèverait non seulement de la théorie, mais de la fiction presque à vous lire, puisque la défense ne peut participer à l'enquête au même titre que le parquet, (l'accusation). Il demeure pourtant toujours possible à la défense d'utiliser l'article 82–1 du Code de procédure pénale, prévoyant que les parties peuvent à tout moment solliciter du juge qu'il diligente des auditions du mis en examen, de la partie civile, des témoins, ou encore qu'il ordonne des confrontations et des enquêtes sur tel et tel élément du dossier.

Pierre Lumbroso: Mais dans ce cas, le temps devient semble-t-il l'ennemi de la défense, car après le retour de la commission rogatoire, il est déjà trop tard, et le dossier a évolué sans l'avocat: ce dernier n'a pu vérifier les éléments de l'enquête. Il peut se passer en effet des semaines où l'avocat rencontre le juge pour lui demander des nouvelles de cette fameuse commission rogatoire, et qu'il n'y ait aucune réponse. Le code prévoit d'ailleurs que le juge, une fois détenteur de la commission, n'est contraint de la soumettre pour étude à l'avocat que quatre jours seulement avant tout interrogatoire. Le juge est dans l'obligation d'entendre le détenu tous les quatre mois. Il n'est pas exceptionnel que lors de cet interrogatoire, faisant suite à une commission rogatoire, le juge, non satisfait des réponses du détenu, reconduise la détention: 'Réfléchissez bien. La prison est un cabinet de réflexion. Si la mémoire vous revient, demandez à ce que je vous entende, il n'y aura pas de problème.' Ces propos si souvent entendus n'ont qu'un sens: ils signifient un chantage à la détention pour obtenir des aveux. Se livrer à de tels agissements n'est guère digne de la fonction que le juge occupe, consistant à honorer la justice de son pays. L'article 148 du Code de procédure pénale prévoit, qu'à n'importe quel moment de l'instruction, le mis en examen ou son avocat déposent une demande de mise en liberté: le magistrat dispose alors de cinq jours pour répondre, délai pendant lequel le procureur est également saisi de cette demande. Le procureur rendra ses dernières réquisitions dont l'instructeur prendra connaissance avant de prendre sa décision. Une décision que le juge d'instruction prendra alors par voie d'ordonnance. Cette dernière sera susceptible d'être soumise à appel par le procureur ou par le mis en examen dans les dix jours de la notification de la décision. L'avocat, lui, n'est pas mis au courant des réquisitions du parquet, et il est classique qu'elles soient le résultat d'une négociation secrète entre le juge et le procureur. Dans 90% des cas, le juge entérine les réquisitions du parquet, et rend une ordonnance allant dans le sens de l'accusation. Les 10% d'exceptions concernent des juges courant le risque que leur décision ne soit frappée d'appel par le procureur.

Pascale Feuillée-Kendall: C'est une tendance qui semble-t-il s'est largement confirmée dans les petits tribunaux, où un juge occupe, très jeune (24 ou 25 ans parfois) son premier poste, et qu'il s'en remet à l'expérience d'un magistrat plus expérimenté qui sera susceptible de le noter en fin d'année judiciaire. Autrement-dit, contredire son pair, son aîné, lui semble inapproprié voire dangereux. De la manière dont fonctionne le corps, les magistrats ont des statuts similaires: tous sortis du même moule, de la même école. On ne peut donc guère parler d'indépendance des juges, indépendance dont ces derniers tireraient leur grandeur. Daniel Soulez Larivière a souvent expliqué ce contresens auquel procède la société française sur l''indépendance' du pouvoir judiciaire en relation avec le politique. Pendant deux siècles, en effet, les changements de régime intervenus tous les 25 ans ont obligé un pouvoir politique fragilisé à se stabiliser au moyen d'une répression menée par ses magistrats, et la théorie jacobine a souvent considéré le juge comme un 'petit fonctionnaire', avant tout appliquant la loi. Alain Minc ajoute lui que le culte actuel du 'juge justicier' est devenu un moyen d'expier ce mépris pour les magistrats, le pouvoir politique ayant dénié toute existence au juge (Minc 1998).

Récemment, la juridicisation, accompagnée de cette pénalisation de la vie collective ont entraîné une véritable modification du langage de la démocratie, comme le rappelle Antoine Garapon (Garapon A., *Le gardien des promesses*, 1996, *La République pénalisée*, 1996). La montée en puissance de la justice a eu comme conséquence d'accorder plus d'importance à la personnalité des juges: Eva Joly offrait son premier interview à Ruth Elkrief, tandis que lors de la même émission quelques semaines plus tard, le désormais célèbre procureur Eric de Montgolfier affrontait l'ex-condamné Bernard Tapie lors d'un faux-duel télévisé au cours duquel les deux hommes prétendaient cordialement se respecter l'un l'autre: les juges deviennent par conséquent occasionnellement des vedettes, que les médias propulsent aux heures de grande écoute (Feuillée-Kendall 2000).

Pierre Lumbroso*:* La conséquence de cet état de fait consiste, pour la magistrature française, à ne pouvoir envisager une égalité de statut, de traitement entre l'accusation et la défense qui semble presque impensable, choquante. Quant à la question de la responsabilité du magistrat, comme je vous le disais, c'est un leurre. Depuis de nombreuses années, des chercheurs tels que Mireille Delmas-Marty ou des magistrats comme Antoine Garapon ont tenté de mettre en forme un système plus juste. Lorsque ce dernier explique que la responsabilité, c'est accepter d'être questionné, de comparaître, de voir ses décisions soumises à l'examen critique, c'est s'exposer au regard public, nous sommes loin de la réalité des juges. Certes, Eva Joly s'expliquait récemment lors de la sortie de son dernier livre, mais elle s'octroyait avant tout une énorme publicité.[2] Antoine Garapon ajoute que

> c'est la possibilité même du regard et de la mise en question qui fait la responsabilité. La responsabilité est à la fois la condition et la fierté de toute fonction publique. Avec la montée en puissance du thème de la responsabilité,

2 P. Lumbroso fait ici référence au passage télévisé d'Eva Joly dans l'émission très regardée 'On ne peut pas plaire à tout le monde', dans laquelle elle apparaissait comme l'invitée-vedette, au même titre qu'Alain Delon, quelques semaines plus tôt.

> la question de la légitimité s'inverse: elle ne vient plus des conditions préalables requises pour juger mais également de la possibilité offerte à chacun de consacrer ou de maudire la décision du juge. (Site de l'E.N.M., sur le thème de la responsabilité, 2000)

Pascale Feuillée-Kendall: D'après lui, le passage, en particulier depuis la chute du mur de 1989, d 'une 'démocratie représentative, formelle et classique', à une 'démocratie d'opinion' troublerait nos repères. Selon sa démonstration, dans la démocratie d'opinion, le comportement du juge devient très particulier, l'issue d'une affaire et d'un justiciable peuvent se trouver grandement affectés par une déclaration malencontreuse aux médias ou, pire, par une 'fuite'. Si l'on regarde à présent ailleurs, dans le modèle accusatoire, l'enquête est confiée à la police sous le contrôle de l'autorité judiciaire, et de larges pouvoirs sont octroyés à la défense. Les juges n'ont pas de pouvoirs d'initiative dans la recherche des preuves et ils ne dirigent pas l'enquête. Une personne suspectée est interrogée avec en principe son consentement. Les investigations ont lieu à condition qu'elles ne portent pas atteinte aux libertés dans des conditions trop graves (temps de la garde à vue, droit à l'assistance d'un avocat, etc...). La justification du caractère sérieux des charges rassemblées par la partie poursuivante doit être établie avant toute comparution devant une juridiction.

L'aveu pourra être déterminant en tant que moyen de preuve, à condition que la personne plaide coupable. Si celle-ci plaide non-coupable, cet aveu ne constituera pas une preuve, mais un moyen procédural choisi en toute liberté par l'accusé comme moyen de dispenser l'accusation d'apporter des preuves, ce qui est aux antipodes du système français. La France, en effet, a adopté un système qu'elle dit mixte, mélange tiré des modèles inquisitoire et accusatoire. La fonction d'enquête est chargée à la partie poursuivante et à un juge alors que les droits de la défense sont inégalement garantis par le contrôle juridictionnel qui a lieu au cours de la mise en état (contrôle progressif de l'enquête, comme nous l'avons vu tout à l'heure). De même, le droit français ne privilégie pas la preuve orale, contradictoire et débattue à l'audience. Cela ne veut pas dire qu'un tribunal correctionnel ne puisse décider.

Pierre Lumbroso: Le rôle de la Convention européenne à cet égard est fondamental. Elle s'impose au juge français d'abord, car conformément à l'article 55 de la Constitution, elle a, depuis sa ratification par la France, une autorité supérieure à la loi. Elle est 'd'application directe' et peut être invoquée par les justiciables eux-mêmes devant les tribunaux (Chambre criminelle de la *Cour de Cassation* dès l'arrêt RASPINO du 3 juin 1975, Bul. Crim.N° 141). La Convention européenne s'impose aussi au juge français dans la mesure où le juge national est celui qui demeure le maître d'œuvre de son application. C'est à lui qu'il incombe d'abord d'assurer la jouissance des droits consacrés par la Convention, le mécanisme international de contrôle de l'application de la Convention n'ayant qu'un caractère subsidiaire par rapport aux systèmes nationaux, ainsi que l'a affirmé à plusieurs reprises la Cour européenne des Droits de l'Homme. Autrement-dit, en appliquant lui-même la Convention européenne au plan national, le juge se couvre.

Pascale Feuillée-Kendall: En effet, la Convention européenne 'dérange' le juge français en ce sens qu'elle le force à modifier son raisonnement lui-même et ses méthodes traditionnelles d'interprétation du droit. Elle le pousse à développer à une nouvelle logique, devenue indispensable: le travail de mise en compatibilité du droit national avec les exigences de la Convention européenne nécessite ces transformations. Le juge interne doit s'accoutumer ainsi à des concepts ou des critères à géométrie variable, flexible … jusque là ignorés ou peu connus du juge judiciaire français, parce qu'étrangers à sa culture juridique traditionnelle: songeons, par exemple, aux notions de 'délai raisonnable' 'd'apparence', de 'procès équitable', ou aux critères de proportionnalité, d'effectivité, d'effet utile, etc.

Pierre Lumbroso: La Convention européenne dérange, en outre, le juge français parce qu'elle modifie jusqu'à la relation du juge avec sa loi nationale. Traditionnellement, le juge était soumis à la loi, complète expression de la souveraineté nationale. Elle était sa référence ultime. Désormais, la Convention européenne va pouvoir l'emporter sur la loi nationale dans le champ des droits et libertés individuels qu'elle protège. Elle devient à cette occasion une véritable Charte ou Constitution européenne des droits de l'homme, que le juge va pouvoir appliquer au-delà ou même contre sa loi nationale, le cas échéant. Certains observateurs se sont d'ailleurs inquiétés du pouvoir donné ainsi au juge, évoquant la possibilité d'un 'déclin de la loi' ou d'une menace pour la séparation des pouvoirs. Par ailleurs, la Convention européenne bouscule le juge français dans la mesure où de plus en plus nombreux sont les justiciables qui invoquent à présent la Convention devant les tribunaux français. Il en est de même pour les requêtes individuelles à Strasbourg, ainsi que les arrêts de la Cour européenne qui censurent la France, mettant en jeu par conséquent, le bien-fondé des décisions juridictionnelles françaises.

Pascale Feuillée-Kendall: Quelques chiffres soulignent cette emprise de la Convention et de la Cour européenne. Pour l'année 1999, on relevait 2 586 requêtes dites 'provisoires' présentées contre la France, dont 868 enregistrées; 16 arrêts de condamnation (ce qui place la France dans le trio de tête des pays les plus condamnés, après l'Italie (44 condamnations) et la Turquie (18 condamnations); autrement-dit, plus de 70 condamnations depuis 1981. Cette jurisprudence devrait constituer une sonnette d'alarme pour la France. Elle confirme les propos et idées de Mireille Delmas-Marty lorsque cette dernière voit en l'Europe la réponse à l'absence de solution interne. Selon elle, la leçon de cette jurisprudence européenne est de montrer avant tout qu'il n'est pas de modèles de procédure pénale qui échappent à la censure de Strasbourg, et si l'échelle européenne présente des apparences de désordre, (clivage accusatoire, se référant traditionnellement au modèle 'anglo-saxon' et inquisitoire au modèle continental), il ne faut pas se méprendre, ces différences prouvent la réalité d'une ouverture ou réouverture des frontières juridiques, expression de la reconnaissance de la validité de règles venant d'ailleurs (Delmas-Marty 1992). Le garde des sceaux Perben a tenté une réforme d'inspiration 'anglo-saxonne' qui ne semble pas vous avoir convaincu.

Pierre Lumbroso: Pas véritablement en effet, et je m'associe à Daniel Soulez Larivière, qui y lit une inquiétante régression du droit.

Présentée comme allant de pair avec les mesures policières de Nicolas Sarkozy pour 'répondre aux soucis des Français', argument électoral largement brandi pendant la campagne présidentielle, les bouts de réforme de la justice votés au mois d'août par le Parlement dans la foulée de la victoire électorale de la droite répondent encore moins que ceux de la gauche aux transformations nécessaires. Je cite Soulez Larivière:

> La justice en France souffre d'un déficit démocratique d'une part, et d'une absence de modernité d'autre part. Sur le plan démocratique, il s'agit de trouver le moyen de disposer en France de juges bien insérés, soutenus par une population qui les accepte même lorsqu'ils ne leur font pas plaisir par leurs décisions. Il s'agit aussi de rétablir entre la société civile et les juges une relation saine, lisible, laissant clairement apparaître que le juge ne procède pas de lui-même mais de la société civile qui le choisit et engage le cas échéant sa responsabilité.

Dominique Perben n'a certainement pas saisi cet impératif, et, comme d'autres avant lui, malheureusement, il ne parvient qu'à proposer les 'réformettes' que nous évoquions plus haut en créant des 'juges de proximité' pour les petites affaires, formule revue et corrigée de la justice de paix abolie en 1958 avec la création des juges d'instance.

Pascale Feuillée-Kendall: L'idée, s'inspirant de l'exemple britannique, n'est pas mauvaise, ayant pour objet de 'déprofessionnaliser' la justice des petits conflits en la confiant à des citoyens insérés localement et à vocation conciliatrice. En revanche, elle apparaît presque comme une provocation allant à l'encontre des intérêts du corps des juges 'normaux' professionnels. Ce n'est donc pas la création de ces 3 000 vacataires qui résoudra les problèmes fondamentaux de la justice. Soulez Lariviere rappelle que que ceux qui cherchent aujourd'hui à annihiler ce texte sur la présomption d'innocence étaient souvent les mêmes qui en étaient les plus ardents défenseurs au début 2 000. Il ajoute (*Le Monde*, 9 mai 2003), que le fait de réduire les droits des gens n'a jamais amélioré la sécurité, contrairement aux idées reçues.

Pierre Lumbroso: Et il a raison. Cela étant dit, l'introduction de la possibilité de 'plaider coupable' en France signe une approche réaliste de la répression. Nous savons depuis la lecture de Foucault que la peine a essentiellement pour but la régulation sociale et non pas le traitement mystique de la faute. Adopter un système plus 'rapide' pour le traitement des affaires dans lesquelles les gens admettent leur culpabilité et permettre à leur avocat de 'négocier', ou du moins discuter avec le procureur une sanction sous le contrôle du juge est une forme de responsabilisation générale. Donc, ce plea bargaining paraît raisonnable, limité aux délits, pour commencer (ce qui constituerait 40% des affaires pénales). L'intérêt de ce dispositif est de redonner au mis en cause la propriété, la responsabilité de l'aveu et de favoriser l'adhésion à la peine. Ainsi, de 'la reine des preuves' que le juge recherche par tous les moyens, comme un raccourçi commode à son instruction, l'aveu devient l'expression volontaire de l'accusé de sa participation à la manifestation de la vérité. Je ne crois pas cependant à l'extension du système dit 'des repentis' qui offre aux 'délinquants délateurs' des remises de peine. Il s'agira de juger les efforts sur pièce. Tous les éléments d'une réforme sont réunis pour que celle-ci aboutisse.

Mais le courage des politiques demeure l'obstacle majeur, car ils devront affronter la résistance de nos juges.

Bibliographie

Delmas-Marty, M. (1992), *Procès pénal et droits de l'homme,* Paris, Presses Universitaires de France

Garapon, A. (1996), *La République pénalisée*, Paris, Hachette

Garapon, A. (1996), *Le gardien des promesses,* Paris, Editions Odile Jacob

Halphen, E. (2002), *Sept ans de Solitude*. Paris, Éditions Denoël

Feuillée-Kendall, P. (2000), 'La justice comme nouvelle scène de la démocratie', *Modern and Contemporary France*, volume 8, number 3, pp. 381–384

Lumbroso, P. (1998), *En-quête de justice*, Gammaprim
Lumbroso, P. (2001), *La légitimité des juges d'instruction*, en collaboration avec Christian Séranot, Editions du Rocher
Lumbroso, P. (2002), *La prison: une machine à tuer*, en collaboration avec François Sammut et Chritian Séranot, Editions du Rocher
Minc, A. (1998), *Au nom de la loi*, Paris, Gallimard
Soulez Larivère, D. (1987), *Les juges dans la balance*, Paris, Editions Ramsay
Soulez Larivère, D. 9 mai 2003, *Le Monde*

Helen Trouille

Conclusion:
From the twentieth century into the twenty-first: should we still fear the *juge* in the new legal framework?

The chapters in this volume discuss the fear the public may have of the *juge*. In this concluding chapter, I will examine some major changes in legislation at the end of the twentieth century and at the very beginning of the twenty-first century, setting them in their context. With the drafting of the *loi sur la présomption d'innocence*, Elisabeth Guigou, formerly minister for European Affairs and subsequently Justice Minister in Lionel Jospin's socialist government, set about bringing certain aspects of French criminal procedure into line with the expectations of the European Convention on Human Rights, notably the right of appeal against rulings of the *cour d'assises*, the sometimes very lengthy delays in bringing cases to court (and consequently stays in prison for remand prisoners), and the creation of a *juge des libertés et de la détention*. This law appeared to create a climate in which the defendant could expect his rights to be respected, and to be presumed innocent in the first instance. However, following the 2002 presidential election campaign dominated by the issue of the fear of crime, the next Justice Minister, Dominique Perben, introduced a more repressive package of measures: a serious prison-building campaign, non-professional *juges de proximité* to tackle delinquency, and weighty measures against major road traffic offences, including prison sentences for offenders. It seems the *juge* and the politicians attempting to guarantee their re-election should still be feared in the twenty-first century.

Les chapitres de ce volume discutent la peur que le public peut avoir des juges. Dans cette conclusion, j'examinerai quelques-unes des principales réformes législatives de la fin du vingtième siècle et du tout début du vingt et unième siècle, en les replaçant dans leur contexte. En rédigeant la loi sur la présomption d'innocence, Elisabeth Guigou, d'abord ministre des affaires européennes, puis Garde des Sceaux dans le gouvernement socialiste de Lionel Jospin, tenta d'accorder certains aspects de la procédure pénale française avec les attentes de la Convention européenne des droits de l'homme, en particulier le droit d'appel des décisions de la cour d'assises, s'agissant notamment des très longs délais qui précèdent parfois l'audience des affaires (et, par conséquent, l'emprisonnement en détention provisoire), et la création d'un juge des libertés et de la détention. Cette loi parut créer un climat dans lequel l'inculpé pouvait espérer le respect de ses droits, et être présumé innocent de prime abord. Toutefois, à la suite de la campagne présidentielle de 2002, dominée par la peur de la criminalité, le Garde des Sceaux suivant, Dominique Perben, introduisit un ensemble de mesures plus répressives: un programme important de construction de prisons, des juges de proximité non-professionnels pour s'attaquer à la délinquance et des mesures sévères pour réprimer les délits routiers les plus importants, y compris des peines de prison pour les coupables. Il semble bien qu'au vingt et unième siècle l'on doive encore craindre le juge et les politiciens qui s'efforcent de garantir leur réélection.

The conference which gave rise to this volume was entitled *'Faut-il avoir peur des juges?'* The chapters included here demonstrate the power of the *juge*, but also describe the safeguards which have been put in place and the reforms made with a view to ensuring the right of every citizen to fair treatment at the hands of the law, and the protection of democratic principles (Godard, Siniscalchi). Some are more pessimistic than others in their interpretation of the situation in France today (Sainati, Lumbroso); some realistic in their appreciation of how theory is applied to reality (Hodgson). Most show that the rôle of the *juge* is in constant flux. In this concluding chapter, we would like to reflect upon the situation at the turn of the millennium, as France moved from the twentieth into the twenty-first century. Should we still fear the French *juge* in the twenty-first century? In our examination of this question, we will consider what is arguably the most significant reform to French criminal procedure since 1958, when the current *Code de procédure pénale* was adopted, the *loi sur la présomption d'innocence*, and contrast the reforms it introduced in 2001 to the more repressive ones proposed by the subsequent justice minister.

Context

The presidential elections of May 2002 brought more than one shock with them. No-one had foreseen the extent of the support which would be expressed for National Front leader, Jean-Marie Le Pen, in the first round. He had tuned into the fears of a large section of the electorate with his programme based on *insécurité* in a way which the leaders of the other key political parties failed to match. The ensuing second round landslide victory for Jacques Chirac, the R.P.R. candidate, supported by voters from the left and the right alike to keep Le Pen out of the Elysée at all costs, marked the beginning of a period of change in French politics. In July, the victory of the traditional right was confirmed by the voting in of a considerable right wing majority to the Assemblée Nationale – with the prospect of five years of undiluted right wing control ahead – but by then President Jacques Chirac had already set to work on tackling the voters' fears of *insécurité*. In the weeks and months immediately after Chirac's re-election, a battery of legislation unfurled which contrasted as strongly with the policies of his two previous socialist justice ministers, Elisabeth Guigou (May 1997 – October 2000)[1] and Marylise Lebranchu (October 2000 – May 2002) as could be conceived of in modern day France. For the new justice minister, Dominique Perben, and interior minister, Nicolas Sarkozy, had prepared a package of legal and police reforms which were described by many as repressive, and which contrasted markedly with the attempts of Guigou and Lebranchu to improve the rights of the defence, reduce the number of remand prisoners – thus tackling prison overcrowding – and improve France's reputation for human rights at European level.

As has already been alluded to, France had not distinguished itself in human rights matters with the European Court of Human Rights (Trouille), and was seen as a persistent offender of certain of the European Convention's articles, due to the character of its

1 Elisabeth Guigou moved to the *Ministère de l'emploi et de la solidarité* when Martine Aubry took up office as maire of Lille in October 2000. Marylise Lebranchu replaced Guigou at the *Ministère de la justice* in the cabinet reshuffle which followed.

criminal system. For example, the absence of the right to appeal against decisions of the *cour d'assises*, the court judging the most serious crimes carrying the heaviest penalties, was seen as infringing basic human rights as expressed in protocole 7, article 2.1 of the Convention, in which the detained person's right to have his case examined by a second instance court is evoked:

> Toute personne déclarée coupable d'une infraction pénale par un tribunal a le droit de faire examiner par une juridiction supérieure la déclaration de culpabilité ou la condamnation (Convention européenne des droits de l'homme, protocole 7, article 2.1)

The continuation of this apparent anomaly was justified in France by the fact that the verdict had been reached by a popular jury and that appeal against these decisions was possible, to the *Cour de Cassation,* although appeal to this court was essentially only on grounds of procedural technicality (Harvey), and the outcome was very rarely successful for the person lodging the appeal. Further offences were noted with regard to the right to a fair trial – the E.C.H.R. had ruled that the *procédure de mise en état* had deprived Maurice Papon of a fair trial (Trouille) and also that Abdelhamid Hakkar, tried and sentenced to life imprisonment in 1989, *in absentio* and without the presence of his lawyer, should be retried (Prieur 2001, 7) – and the right to have ones case heard within a *délai raisonnable*, two principles stated clearly in the Convention:

> Toute personne a droit à ce que sa cause soit entendue équitablement, publiquement et dans un délai raisonnable [...] (Convention européenne des droits de l'homme, article 6.1)

> Toute personne arrêtée ou détenue [...] a le droit d'être jugée dans un délai raisonnable, ou libérée pendant la procédure. (Convention européenne des droits de l'homme, article 5.3)

The contravening by the French of the *delai raisonnable* has been frequent, due notably to the apparent ease with which *juges d'instruction* have in the past requested the imprisonment of suspects prior to trial and the length of the *instruction* itself, and has been a source of concern to the French for other reasons too. The large number of *prévenus* (remand prisoners imprisoned prior to trial) in French prisons has not just been a blot on the French copybook in terms of the European Convention, but creates genuine and serious problems of prison overcrowding, and all the accompanying difficulties associated with the confining of large numbers of prisoners – some guilty, some innocent until proven otherwise – in a confined space intended for far fewer (Trouille 2000). Reducing the number of remand prisoners – calculated in the late nineties at about 40% of the total prison population, including those awaiting the results of appeals (Descombres 1997) – was therefore a priority for Elisabeth Guigou when she took up office in the Ministère de la justice in 1997, but the *loi sur la présomption d'innocence* put forward by Guigou and passed in June 2000 clearly shows her aim to bring France into line with the principles of the European Convention in general. The new law *(loi numéro 2000–516 du 15 juin 2000 renforçant la protection de la présomption d'innocence et les droits des victimes)* has inserted a new *article préliminaire* at the head of the *Code de procédure pénale*. At the end of Section III, it refers directly to the importance of reaching a verdict within a *délai raisonnable* and to the right to appeal, but the wording is very reminiscent of the terms of the European Convention. It reads as follows:

> I. La procédure pénale doit être équitable et contradictoire et préserver l'équilibre des droits des parties. Elle doit garantir la séparation des autorités chargées de l'action publique et des autorités de jugement. Les personnes se trouvant dans les conditions semblables et poursuivies pour les mêmes infractions doivent être jugées selon les mêmes règles.
> II. L'autorité judiciaire veille à l'information et à la garantie des droits des victimes au cours de toute procédure pénale.
> III. Toute personne suspectée ou poursuivie est présumée innocente tant que sa culpabilité n'a pas été établie. Les atteintes à sa présomption d'innocence sont prévenues, réparées et réprimées dans les conditions prévues par la loi. Elle a le droit d'être informée des charges retenues contre elle et d'être assistée d'un défenseur. Les mesures de contraintes dont cette personne peut faire l'objet sont prises sur décision ou sous le contrôle effectif de l'autorité judiciaire. Elles doivent être strictement limitées aux nécessités de la procédure, proportionnées à la gravité de l'infraction reprochée et ne pas porter atteinte à la dignité de la personne. *Il doit être définitivement statué sur l'accusation dont cette personne fait l'objet dans un délai raisonnable. Toute personne condamnée a le droit de faire examiner sa condamnation par une autre juridiction.* (Article préliminaire, Code de procédure pénale, emphasis added)

Reform – the *loi sur la présomption d'innocence*

The law which became widely known as the *loi sur la présomption d'innocence* was finally passed in June 2000, and came into effect on 1 January 2001. From forty or so articles at its inception (Bédier 2001, 3), it had grown to one hundred and forty-two at the time it was adopted, and had generated considerable discussion on its way. It contained a number of very significant measures aimed at enhancing the rights of the defence and bringing France into line with other European democracies: measures relating to the *garde à vue* (police custody), to the rôle of the *juge d'instruction* (the examining magistrate), to the right to appeal against judgments made for serious crimes, to the application process for *libération conditionnelle* (parole), to name just some of the most noteworthy. Those which most caught the attention of the public are outlined below.

The garde à vue (police custody)

With the arrival of the *loi sur la présomption d'innocence*, a number of major changes affected the character of the *garde à vue*, some directly influenced by Anglo-Saxon models: notably the obligation to inform the suspect of his right to silence under questioning (Article 8, see Annex I), such an unpopular move with those responsible for the enquiry, who maintained they would find it more difficult to obtain a confession and who would have to review their entire questioning procedure, that it was reversed in March 2003, less than a year after the elections returned a right-wing majority; and the presence of the lawyer, for half and hour, from the first hour of the *garde à vue* (Article 11.1, see Annex I). Previously the suspect had only been able to communicate with his lawyer from the twentieth hour of the *garde à vue*. As before, the lawyer was still not entitled to have access to the suspect's file, nor to be present during questioning, but could advise him of his rights and of the approach he should adopt. The suspect had the right to consult his lawyer again at the twentieth hour, and at the thirty-sixth hour, should the *garde à vue* be prolonged beyond the standard twenty-four hours. However, the law stipulated that the first meeting with the lawyer could not take place before the thirty-sixth hour in cases of organised crime, and before the seventy-second hour in cases of terrorism and drug trafficking (articles 11.4 and 11.5, see Annex I). Another major development borrowed directly from the English system, and one which was fiercely opposed for both practical reasons and on principle, by the police and by the Sénat, was the recording on tape of police interviews. It was felt that such measures would be costly, burdensome and unwieldy for police officers, would create problems of storage of tapes, threw suspicion on the behaviour of police officers during interviews, and would cause suspects to 'clam up' in front of the cameras, thus slowing down the investigation process. The new law was something of a compromise on this issue and required the recording on video tape of all interviews of juveniles during the *garde à vue*, from 16 June 2001, a recording which can only be consulted subsequently to confirm the content of the suspect's statement, in the event of this being contested, and this only prior to the hearing (Article 14, see Annex I).

The new law also provided that suspects only could be held in *garde à vue*, that this measure could no longer be extended to detaining witnesses, and that the suspect must be informed by the police of the precise nature of the offence in connection with which he was being held (article 7). Furthermore, if a body search was to be carried out, then this must only be performed by a member of the medical profession (Article 6, see Annex I).

L'instruction (the investigation)

The law became more rigorous with regard to the *mise en examen* (placing under investigation) of a suspect, stating that there had to be serious indications to suggest his involvement in the offence and not simple suspicions before he could be placed under investigation (Article 19, see Annex I), and providing that the actual *mise en examen* of a suspect could only take place in front of the *juge d'instruction*, and not be informed by letter (Article 19, see Annex I). At the same time, the law extended the function of the *témoin assisté* to enable a person simply suspected of involvement in an offence to be interviewed by the *juge d'instruction* in the capacity of *témoin assisté* without being formally placed under investigation, and yet still benefit from certain rights normally only given to those officially under investigation: most significantly, the right to a lawyer and to see their file (Article 33, see Annex I).[2] Previously, the *juge d'instruction* had had no alternative but to place a person under investigation if he wished to question that person in relation to an offence, in order that he should benefit from these rights but, inevitably, in the eyes of the public, such an act tended to prejudge and automatically suggest the person placed under investigation was guilty.

La liberté de communication (Freedom of information)

Two new measures introduced by the law were ill-received by journalists. Firstly, the imposition of fines of FF 100 000 upon those presenting as guilty someone under investigation was introduced (Articles 91 and 92, see Annex I). Previously, the 1881 law had dictated that prison sentences be handed down in respect of journalists portraying a person 'helping the police with their enquiries' as guilty – sentences which were in fact no longer applied. This related particularly to the publication of photographs of suspects wearing handcuffs, and the new legislation met with protests from journalists, who decried this measure for infringing the freedom of information. Secondly, a text destined to protect the victim's rights was inserted, forbidding the publication of images which could cause offence to the victim (Article 97, see Annex I), which also displeased journalists for the same reasons as those mentioned above.

La détention provisoire (remand)

The law stated that, since the person under investigation is still presumed innocent, he may only be remanded in custody in exceptional circumstances (Article 46, see Annex I). Should he be detained, this had to be in an individual cell and not in a shared one,

2 Jean Tiberi, former *maire* of Paris, was interviewed in this capacity.

but in order to allow time to tackle the overcrowding of French prisons, this requirement was only to be compulsory from 16 June 2003. From being the remit of the *juge d'instruction* alone to remand in custody, it became the responsibility of a newly-created *juge des libertés et de la détention*, who would respond to a request for detention from the *juge d'instruction* (Article 48). The *juge des libertés et de la détention* would then base his decision on a hearing with the suspect, in which both parties could put their case (Article 52), and which could be a public hearing if the defence so wished. The creation of 108 new posts was foreseen to fulfil these functions (Bédier 2001, 7).[3] In order to emphasise the exceptional nature of remand, the threshold of the minimum sentences risked in the event of a guilty verdict and for which remand would be authorised were raised: a *juge d'instruction* could only request that a suspect be remanded in custody if he had committed a major offence *(crime)* or if he risked a prison sentence of three years or more (five years or more for an offence against property or a first custodial sentence exceeding 12 months) for a serious offence *(délit)*. A time limit was also set for the maximum length of time which a remand prisoner could remain incarcerated prior to trial: ranging from four months (for suspects having no previous custodial sentences on record) to two years for a serious offence, and from two years (for suspects risking sentences of less than twenty years) to four years for a major offence (Articles 57–59). These new limits remain higher than those of many European states, but still present difficulties for *juges d'instruction* unable to complete their investigations within the allotted time (Bédier 2001, 8).

3 Despite this move to shift the responsibility for the detention of a suspect away from the *juge d'instruction*, in the experience of an *avocat* at the Dijon *cour d'appel*, it is extremely rare for a *juge des libertés et de la détention* to rule against the decision of a *juge d'instruction*.

La Libération conditionnelle (parole)

Before the *loi sur la présomption d'innocence* was passed, any reductions in sentences or conversions to non-custodial sentences, including parole, for those serving sentences of five years or less were made by the *juge de l'application des peines* (J.A.P.) and were administrative measures against which there was no appeal. Parole decisions in the case of sentences of over five years were reached by the justice ministry, based on the advice of the *comité consultatif de libération conditionnelle*. Practitioners had long been requesting a change to this procedure, considering it unjust that such decisions – which could have far-reaching consequences – should not be subject to appeal and in September 1999, Daniel Farge, *conseiller* at the *Cour de Cassation* and chair of the *comité consultatif de libération conditionnelle*, was entrusted with the task of reviewing the processes relating to the granting of parole. Indeed, successful applications for parole had dropped from 29% in 1973 to 14% in 1998 (Bédier 2001, 14). The new law (Articles 125–128) provided that, for sentences exceeding ten years, decisions relating to parole should be reached by *juridictions régionales de libération conditionnelle,* on which two J.A.P.s would sit, one being from the applicant's prison, and a representative from the *cour d'appel*, and would be subject to appeal. This removal of direct involvement on the part of the *garde des sceaux* is in line with Guigou's stated approach to her work in general as *ministre de la justice*. Decisions relating to sentences of 10 years or less were made by the J.A.P.: '... à l'issue d'un débat contradictoire tenu en chambre du conseil, au cours duquel le juge de l'application des peines entend les réquisitions du ministère public et les observations du condamné ainsi que, le cas échéant, celle de son avocat ...' (Article 125) and were, likewise, subject to appeal. This measure was to be introduced in June 2001, six months after other aspects of the law came into effect, due to the shortage of personnel, especially clerks of the Court *(greffiers)*, and has had the effect of increasing the number of requests made and paroles granted.

Decisions of the E.C.H.R.

Following the cases of Papon and Hakkar, alluded to earlier in this chapter, the *loi sur la présomption d'innocence* undertook to integrate European legislation on human rights into French texts and to show France's commitment to honouring the European Convention. Article 89 (see Annex I) allows for a revision of a trial judged unfair by the European Court of Human Rights, and Hakkar has already benefited from this new measure (the *cour d'assises* des Hauts-de-Seine sentenced him to life on 26 February 2003, thus repeating the decision of the first verdict of the Yonne *cour d'assises* in 1989). The law also repealed the obligation of *mise en état* (handing oneself over to the law) the day before the consideration of an appeal *(pourvoi)* to the *Cour de Cassation*.

Cour d'assises

The most significant of all the reforms was the introduction of an appeal procedure for verdicts reached in the *cour d'assises*, a measure which was in fact not part of the initial reform, but added in the course of its elaboration (See Harvey for a fuller discussion of these measures). This, also the most expensive of all the changes, supported by the creation of a large number of new posts of *magistrat* and *greffier*, saw the introduction of the *cour d'assises* ruling as a first instance court, with its decisions subject to appeal in another *cour d'assises* with a twelve-strong jury. The *loi sur la présomption d'innocence* initially stipulated that appeals against a verdict could only be made by the defence, and by the prosecution only with regard to the length of sentence handed down. The prosecution could not appeal in the event of an acquittal of the accused, since the law saw the right to appeal against decisions of the *cour d'assises* as reinforcing the presumption of innocence and as giving the accused a second chance. However, the feeling that this moved too far in favour of the defence was prevalent, and, following the Dray report (see Harvey), an amendment was made to the provisions on 21 February 2002, which enabled an appeal against acquittals to be lodged by the *procureur général*. The safeguard remains, however, that the accused may only receive a higher sentence after lodging an appeal if the *procureur général* has also appealed against the initial verdict.

The right to visit

The law also authorised members of both the Assemblée Nationale and the Sénat to visit police cells, detention centres and prisons at any moment (Article 129, see Annex I), to assess the conditions in which detainees were being held. This was a response to the outcry which had arisen on the publication in January 2000 of Véronique Vasseur's book *Médecin en chef à la prison de La Santé*, which described vividly the appalling conditions in which prisoners were being detained in the Paris prison of La Santé, and which prompted direct and immediate moves towards prison reform.

The impact of the reforms

The mood of the reform shows clearly through the measures outlined above: improving the rights of those under investigation and of victims, and bringing France into line with the principles of the European Convention on Human Rights. These measures were generally well-accepted, although were not without their detractors, whose criticisms were based essentially on the impracticality of implementing the new law, with the limited resources available, and some areas still remained where the suspect was at the mercy of the system: for example, the absence of the lawyer during the police interview, and no taped record of it. But despite a certain scepticism in the early days of the application of the law, some changes were rapidly identified: the number of people placed in *garde à vue* declined by 10.2% between 1 January and 1 June 2001 compared with the same period the previous year, signifying 12,300 fewer cases (Ceaux and Prieur 2001, 10), a reduction resulting from the fact that witnesses could no longer be held in *garde à vue*. And whereas police felt that the new requirements complicated procedures at the police station and extended the length of the *garde à vue* (Ceaux and Prieur 2001, 10), their fears regarding the right to silence of suspects and the presence of the lawyer from the first hour of the *garde à vue*, if not popular, had nevertheless been somewhat allayed six months after implementation. There was also a drop in the number of suspects remanded in custody as a result of the legislation – one of the principal aims of the reform – with numbers of suspects held in *détention provisoire* declining from 20,527 in January 2000 to 14,537 in August 2001 (Prieur 2002, 11), before rising again as a result of the Bonnal affair[4] and the ensuing accusations of laxism directed at the *magistrats*. These are certainly indications of a climate in which one could start to feel less fearful of the *juges*.

A certain number of amendments were made by Lebranchu as a result of the official report submitted by Jean-Paul Collomp for the *Inspection générale des services judiciaires* (14 June 2001), the *Entretiens de Vendôme*[5] (report produced December 2001) and the Dray and Lazerges[6] reports (both December 2001), culminating in the loi 2002–307. Thus, from early 2002, witnesses could once more be

4 Jean-Claude Bonnal, le Chinois, was arrested in 1998 for a robbery on a department store in Paris and released from custody in December 2000, with no trial date set. He was subsequently suspected of being responsible for the deaths of six people, amongst them two police officers, in the course of two armed raids committed after his release in October 2001.

5 *Entretiens de Vendôme*: a series of monthly meetings set up by the justice ministry, commencing 5 April 2001, involving representatives from lawyers' unions, legal professionals, the speaker of the Assemblée Nationale, a senator, two elected representatives of the people, and the justice minister. The aim was to enable those directly affected by the terms of the *loi sur la présomption d'innocence* to share their concerns about operational difficulties, thus responding to the anxieties expressed in 2000 and 2001 in the shape of lawyers' street protests.

6 Prime Minister Lionel Jospin entrusted Julien Dray with the compiling of a report on the consequences of the *loi sur la présomption d'innocence*, a report which was submitted on 19 December 2001, and which focussed its attention essentially on the law's effect on police procedures. The Assemblée Nationale for its part produced its own report compiled by Christine Lazerges and submitted on 20 December 2001. Her report bore four sections: *l'instruction, la détention provisoire, l'appel de décisions de cours d'assises, la juridictionnalisation de l'application des peines.*

held in *garde à vue*; the length of time in which police officers were to complete administrative procedures relating to the *garde à vue* was extended from one hour to two (notifying the prosecution services of the arrest, finding an interpreter, informing the suspect's family); and the right of appeal against decisions of the *cour d'assises* was granted to the prosecution as well as the defence, as mentioned earlier.

A change of government and the *loi d'orientation et de programmation pour la justice*

The 2002 presidential elections had barely confirmed Chirac as president when Nicolas Sarkozy, new interior minister, outlined his proposed law on *sécurité*, and following closely on his initiative, Dominique Perben, *garde des sceaux*, the proposals for his *programme pour la justice*, two series of reforms very in similar vein, with at their core, the intention to reassure the electorate that the government was tackling the issues which had led to the preoccupations with crime and the fear of crime so dominant in the election campaign. The emphasis of Perben's reform – the *loi d'orientation et de programmation pour la justice* (L.O.P.J.) – was on reinforcing the rights of the victim, combating juvenile crime, speeding up the trial process, reducing the number of sentences not carried out and implementing a prison building and modernisation campaign.[7] The accent this time was far more on protecting the victims of crime and on punishing the offender than on extending the rights of the defence. In the words of Pascal Clément, chairman of the *commission des lois*: 'Il faut montrer que nous avons compris l'appel désespéré des Français' (Chambon et al. 2002, 5). The L.O.P.J. was passed on 9 September 2002, to the consternation of practitioners from many walks, who, for the past decade, had been applying a more multi-

7 Perben planned the creation of 13,200 prison places, signifying the building of thirty new prisons by 2007, at a cost of 1.4 billion Euros, a programme to be overseen by Pierre Bédier, the newly-appointed *secrétaire d'état aux programmes immobiliers de la justice* (Prieur 21 novembre 2002).

discipline approach to tackling the problems of delinquency and extending the rights of all parties involved in a case. In order to bring about the reforms, the law allocated a budget of 3.65 billion Euros, to be spent on job creations and improving the smooth-running of the system. A further 1.75 billion Euros was earmarked simply to assist the implementation of the programme. During the period 2003–2007, it was anticipated that 10,100 new permanent posts would be created, and in addition to these, an additional 580 full-time *juges de proximité* and *assistants de justice* would be recruited.

One of the most significant innovations of the law was in respect of juveniles. Under the terms of the L.O.P.J., juveniles aged thirteen and over could be detained in *centres éducatifs fermés* (C.E.F.), newly created centres where juveniles on probation or under judicial supervision could be detained, with the threat of *détention provisoire* in a prison (a measure not previously possible for those under sixteen) if they did not respect the conditions of their detention in the C.E.F. (Article 18 lays down the conditions from which these young people must benefit if they are incarcerated), and where they could still continue their education. The two first C.E.F.s, seen by their creators as the *dernière chance avant la prison*, opened their doors on 17 March 2003, set up, not with the co-operation of the *Protection judiciaire de la jeunesse*, whose teaching personnel disapproved strongly of the coercive measures of the government, but with the support of the non-state sector in the shape of the *Union nationale des associations de sauvegarde de l'enfance, de l'adolesence et des adultes* (Unasea). The law planned the construction of sixty C.E.F.s by the year 2007, each to care for eight juveniles, and to be staffed by twenty-seven adults including teachers, medical staff, physical education specialists and psychologists, at a cost of 600 Euros per youth per day – five or six times the cost of other forms of detention (Prieur 2003, 10). The C.E.F.s should not be confused with the *quartiers des mineurs* located in prisons, gradually to be replaced by juvenile detention centres under the terms of the law.[8] Highly controversial was the provision that child benefit would be withdrawn

8 At 1 July 2002, 901 juveniles were incarcerated in 55 *quartiers des mineurs* in French prisons ('La réforme de la justice, 24 juillet 2002', http://www.vie-publique.fr/actualité).

from families of the detained young person, unless the family 'participe à la prise en charge morale ou matérielle de l'enfant' or else to ease his or her reintegration into the family unit (Article 23; see Annex II). *Sanctions éducatives* were elaborated for children as young as ten years of age (Article 11; see Annex II), authorising the confiscation of property used to commit the offence, forbidding juvenile offenders from frequenting the scene of the offence or forbidding them from seeing any accomplices. It was argued by some that these measures, aimed at making the troubled housing estates safer for their inhabitants, were simply targeting the deprived and depriving them still further: 'On est dans une logique de pénalisation et de guerre aux pauvres. En suspendant les allocations familiales, on va sanctionner des familles entières déjà précarisées.' (Michel Tubiana, director of the *Ligue des droits de l'homme*, see Chambon et al. 2002, 5). Monique Sassier, director of the *Union nationale des associations familiales*, went even further:

> C'est une mesure de facilité, qui reporte toute la responsabilité sur les familles alors qu'il s'agit d'une question de société, et qui aura des effets pervers [...] On prive les familles des moyens de rester en lien avec leur enfant; on fait porter les conséquences de la délinquance d'un enfant sur les autres enfants de la famille. (see Chambon et al. 2002, 5)

The tragic case of Sohane, a seventeen-year-old girl burned to death in the autumn of 2002 by a jealous youth may only have served to reinforce the government's determination in this direction.[9]

The L.O.P.J. aimed to improve the rights of victims of crime, by offering them the same support as the offender. Thus, the victim also had the right to request legal assistance from a duty solicitor *(un avocat commis d'office)* from the moment of lodging a complaint. Furthermore, victims of the most serious offences (e.g. murder, attempted murder, torture, rape, terrorism) were to be allowed legal aid regardless of their financial status, a measure to take immediate effect and for which Perben had allocated 7.5 million Euros, with an

9 The burned body of Sohane was found dumped next to the rubbish bins of a housing estate in Vitry-sur-Seine (Val-de-Marne) on 4 October 2002. She had apparently flouted the authority of her young tormentor, who had doused her in petrol and threatened her with a cigarette lighter.

additional 0.5 million Euros put aside to assist victim support agencies (Prieur 2002, 10). These measures were seen as complementing those of the *loi sur la présomption d'innocence*, which obliged police to inform victims of their right to compensation and to seek assistance from victim support (Article 103), and *juges d'instruction* to inform them of their right to request that specific investigations or reconstitutions be carried out, and to update them at six-monthly intervals as to the progress of their case (Article 109).

A certain number of changes to criminal procedure were brought in: the procedure of *référé-détention*, which prevents a *juge d'instruction* or *juge des libertés et de la détention* from releasing a suspect from remand without informing the *Procureur de la République*, who is granted four hours in which to appeal against the *juge*'s decision to release (see article 38, Annex II). Noteworthy also is the extension of the use of anonymous testimonies. The law of 15 November 2001 on *sécurité quotidienne* introduced a measure whereby witnesses could testify and at the same time retain their anonymity, a measure influenced by the events of 11 September 2001 and aimed at combating terrorism, and only applying in the case of offences carrying a prison sentence of five years or more. The L.O.P.J. extended this provision to cover less serious offences *(délits)* punishable by a three-year prison sentence (Article 39–5). This step was widely criticised by left and right, and denounced by maître Philip Cohen, adviser to the *bâtonnier de l'ordre des avocats de Paris* in these terms: 'On fait le choix d'une société de dénonciation anonyme par des personnes qui agissent derrière leurs rideaux et non pas comme des citoyens responsables.' (Chambon et al. 2002, 5).

In accordance with Chirac's electoral promise, the law created a *juridiction de proximité* for each cour d'appel. These were to be staffed by *juges de proximité*, non-professional *juges* who nonetheless, and contrary to practice in the U.K.'s magistrates courts, would have a legal background (e.g. former barristers and solicitors, perhaps) and would work on a part-time basis, sitting alone, to judge civil cases and minor criminal offences, under the guidance of the *juge d'instance*. This measure cannot be implemented until the precise status of the *juges de proximité* has been finalised.

'Une justice d'en-bas'

A meeting of human rights associations[10] on 15 July 2002 deplored the repressive approach of the L.O.P.J., which stigmatised the lower social classes in a manner reminiscent of the nineteenth century. It was feared that the emphasis on *sécurité* would aggravate racial tensions amongst the young, and the approach to juvenile offenders was deemed to amount to sabotage of the long-term work invested by the *juges des enfants*. The creation of *juges de proximité* ('une sous-justice, rendue par des sous-juges, pour des sous-citoyens', Bruno Marcus, Syndicat des avocats de France, in Prieur 16 July 2002) was criticised, as these non-professional judges would be empowered to impose sentences with far-reaching consequences, such as fines of up to 45,000 Euros, or the withdrawal of a driving licence, and with no appeal possible. The increased recourse to prison shocked maître Thiery Lévy of the *Observatoire international des prisons*:

> Deux ans après une vaste protestation de l'ensemble des partis politiques contre l'état des prisons, on se jette à corps perdus dans le tout carcéral, imitant la politique américaine de pénalisation des laissés-pour-compte. (Thierry Lévy in Prieur 16 July 2002).

For its part, the Paris bar denounced the law which it felt could seriously compromise the presumption of innocence and jeopardise the rights of the defence, considering that it weakened some of the substance of the *loi sur la présomption d'innocence*, and would cause an increase in the number of people incarcerated. To conclude, it felt that the law undermined France's attempts to bring its criminal law in line with the European Convention on Human Rights.

10 The Ligue des droits de l'homme; Syndicat de la magistrature; syndicat des avocats de France; Observatoire des prisons; Association des magistrats de la jeunesse et de la famille; Syndiact des éducateurs S.N.P.E.S–P.J.J–F.S.U.; C.G.T.–pénitentiaire; Mouvement contre le racisme et pour l'amitié entre les peuples.

Conclusion

The measures outlined above show two very different approaches to tackling the problems of crime in France in the late twentieth and early twenty-first centuries. The approach adopted by the justice ministers in question, Guigou and Lebranchu for the left, Perben for the right, communicate, of course, the philosophies of their parties, but they are also a reflection of other influences: Guigou responded to criticisms of human rights emanating from the E.C.H.R., a heavy cross to bear for the former minister of European Affairs; Perben to the issues of *sécurité* dogging the 2002 presidential elections, which so obsessed the electorate and to which politicians seemed to have inadequate responses. Further measures will follow as a result of Perben's *loi sur la criminalité organisée*, passed in 2003. Hot potatoes were the suggestion of relinquishing the presence of the lawyer at the start of the *garde à vue*, and the obligation to notify suspects of their right to silence during police questioning, already repealed in March 2003; the criminalisation of gathering in entrance halls of blocks of flats; and the status of the *repenti* – the 'super grass' given protection for denouncing his accomplices. Seen in this light, and following the announcement of a repressive *loi sur la violence routière* 'pour apprivoiser les barbares de la route' (e.g. prison sentences for those causing fatal road accidents or driving under the influence of drugs or alcohol, responsibility of the vehicle owner to pay speeding fines if his vehicle is caught on camera, regardless of who is at the wheel; Mathieu 2003), it would certainly seem that we may still need to fear the *juges*, or if not them, then the politicians who elaborate the laws. For, as French critics and observers have noted, a considerable number of French citizens may well find themselves not just living in the more secure environment promised them, but also feeling the sharp edge of Perben's sword themselves.

Annex I

Extracts taken from the Loi numéro 2000–516 du 15 juin 2000 renforçant la protection de la présomption d'innocence et les droits des victimes, (Journal Officiel, no. 138, 16 juin 2000)

Article 6: Après l'article 63–4 du même code [du C.P.P.], il est inséré un article 63–5 ainsi rédigé: Art. 63–5. 'Lorsqu'il est indispensable pour les nécessités de l'enquête de procéder à des investigations corporelles internes sur une personne gardée à vue, celles-ci ne peuvent être réalisées que par un médecin requis à cet effet.'

Article 8: Le premier alinéa de l'article 63–1 du même code est complété par une phrase ainsi rédigée: 'La personne gardée à vue est également immédiatement informée qu'elle a le droit de ne pas répondre aux questions qui lui seront posées par les enquêteurs.'

Article 11: L'article 63–4 du même code est ainsi modifié:
1. Au premier alinéa, les mots: 'Lorsque vingt heures se sont écoulées depuis le début de la garde à vue' sont remplacés par les mots: 'Dès le début de la garde à vue ainsi qu'à l'issue de la vingtième heure ...'
3. Après le cinquième alinéa, il est inséré un alinéa ainsi rédigé: 'Lorsque la garde à vue fait l'objet d'une prolongation, la personne peut également demander à s'entretenir avec un avocat à l'issue de la douzième heure de cette prolongation, dans les conditions et selon les modalités prévues aux alinéas précédents.'
4. Au sixième alinéa, les mots: 'Le délai mentionné au premier alinéa est porté à trente-six heures' sont remplacés par les mots: 'L'entretien avec un avocat prévu au premier alinéa ne peut intervenir qu'à l'issue d'un délai de trente-six heures.'
5. Au dernier alinéa, les mots : 'Le délai mentionné au premier alinéa est porté à soixante-douze heures' sont remplacés par les mots: 'L'entretien avec un avocat prévu au premier alinéa ne peut intervenir qu'à l'issue d'un délai de soixante-douze heures.'

Article 14: L'article 4 de l'ordonnance no 45–174 du 2 février 1945 relative à l'enfance délinquante est complété par un VI ainsi rédigé: 'VI. Les interrogatoires des mineurs placés en garde à vue visés à l'article 64 du code de procédure pénale font l'objet d'un enregistrement audiovisuel. L'enregistrement original est placé sous scellés et sa copie est versée au dossier. L'enregistrement ne peut être visionné qu'avant l'audience de jugement, en cas de contestation du contenu du procès-verbal d'interrogatoire, sur décision, selon le cas, du juge d'instruction ou du juge des enfants saisi par l'une des parties'. Les huit derniers alinéas de l'article 114 ne sont pas applicables.

Le fait, pour toute personne, de diffuser un enregistrement original ou une copie réalisée en application du présent article est puni d'un an d'emprisonnement et de 100 000 F d'amende. A l'expiration d'un délai de cinq ans à compter de la date de l'extinction de l'action publique, l'enregistrement original et sa copie sont détruits dans le délai d'un mois.'

Article 19: L'article 80–1 du même code est ainsi rédigé: 'Art.80–1. A peine de nullité, le juge d'instruction ne peut mettre en examen que les personnes à l'encontre desquelles il existe des indices graves ou concordants rendant vraisemblable qu'elles aient pu participer, comme auteur ou comme complice, à la commission des infractions dont il est saisi. Il ne peut procéder à cette mise en examen qu'après avoir préalablement entendu les observations de la personne ou l'avoir mise en mesure de les faire, en étant assistée par son avocat, soit dans les conditions prévues par l'article 116 relatif à l'interrogatoire de première comparution, soit en tant que témoin assisté conformément aux dispositions des articles 113–1 à 113–8. Le juge d'instruction ne peut procéder à la mise en examen de la personne que s'il estime ne pas pouvoir recourir à la procédure de témoin assisté.'

Article 33: Après l'article 113 du code de procédure pénale, il est inséré une sous-section 2 ainsi rédigée: 'Sous-section 2 Du témoin assisté:

Art. 113–2. [...] Toute personne mise en cause par un témoin ou contre laquelle il existe des indices rendant vraisemblable qu'elle ait pu participer, comme auteur ou complice, à la commission des

infractions dont le juge d'instruction est saisi peut être entendue comme témoin assisté.
Art. 113–3. Le témoin assisté bénéficie du droit d'être assisté par un avocat qui est avisé préalablement des auditions et a accès au dossier de la procédure, conformément aux dispositions des articles 114 et 114–1. Il peut également demander au juge d'instruction, selon les modalités prévues par l'article 82–1, à être confronté avec la ou les personnes qui le mettent en cause.

Article 46: L'article 137 du même code est ainsi rédigé: 'Art. 137. La personne mise en examen, présumée innocente, reste libre. Toutefois, en raison des nécessités de l'instruction ou à titre de mesure de sûreté, elle peut être astreinte à une ou plusieurs obligations du contrôle judiciaire. Lorsque celles-ci se révèlent insuffisantes au regard de ces objectifs, elle peut, à titre exceptionnel, être placée en détention provisoire.'

Article 89: I. Après l'article 626 du même code, il est inséré un titre III ainsi rédigé: 'TITRE III DU REEXAMEN D'UNE DECISION PENALE CONSECUTIF AU PRONONCE D'UN ARRET DE LA COUR EUROPEENNE DES DROITS DE L'HOMME Art. 626–1. Le réexamen d'une décision pénale définitive peut être demandé au bénéfice de toute personne reconnue coupable d'une infraction lorsqu'il résulte d'un arrêt rendu par la Cour européenne des droits de l'homme que la condamnation a été prononcée en violation des dispositions de la convention de sauvegarde des droits de l'homme et des libertés fondamentales ou de ses protocoles additionnels, dès lors que, par sa nature et sa gravité, la violation constatée entraîne pour le condamné des conséquences dommageables auxquelles la 'satisfaction équitable' allouée sur le fondement de l'article 41 de la convention ne pourrait mettre un terme.

Article 91: L'article 9–1 du code civil est ainsi rédigé: 'Art. 9–1. Chacun a droit au respect de la présomption d'innocence. Lorsqu'une personne est, avant toute condamnation, présentée publiquement comme coupable de faits faisant l'objet d'une enquête ou d'une instruction judiciaire, le juge peut, même en référé, sans préjudice de la réparation du dommage subi, prescrire toutes mesures, telles que l'insertion d'une rectification ou la diffusion d'un communiqué, aux fins de faire cesser l'atteinte à la présomption d'innocence, et ce aux frais de la personne, physique ou morale, responsable de cette atteinte.'

Article 92: Après l'article 35 bis de la loi du 29 juillet 1881 précitée, il est inséré un article 35 ter ainsi rédigé: 'Art. 35 ter. I. Lorsqu'elle est réalisée sans l'accord de l'intéressé, la diffusion, par quelque moyen que ce soit et quel qu'en soit le support, de l'image d'une personne identifiée ou identifiable mise en cause à l'occasion d'une procédure pénale mais n'ayant pas fait l'objet d'un jugement de condamnation et faisant apparaître, soit que cette personne porte des menottes ou entraves, soit qu'elle est placée en détention provisoire, est punie de 100 000 F d'amende.'

Article 97: I. Après l'article 35 bis de la loi du 29 juillet 1881 précitée, il est inséré un article 35 quater ainsi rédigé: 'Art. 35 quater. La diffusion, par quelque moyen que ce soit et quel qu'en soit le support, de la reproduction des circonstances d'un crime ou d'un délit, lorsque cette reproduction porte gravement atteinte à la dignité d'une victime et qu'elle est réalisée sans l'accord de cette dernière, est punie de 100 000 F d'amende.'

Article 129: Après l'article 720 du code de procédure pénale, il est inséré un article 720–1–A ainsi rédigé: 'Art. 720–1–A. Les députés et les sénateurs sont autorisés à visiter à tout moment les locaux de garde à vue, les centres de rétention, les zones d'attente et les établissements pénitentiaires.'

Annex II

Extracts taken from the Loi n° 2002–1138 du 9 septembre 2002 d'orientation et de programmation pour la justice (Journal Officiel no 211 du 10 septembre 2002, p. 14934)

Article 11: L'article 122–8 du code pénal est ainsi rédigé: 'Art. 122–8. Les mineurs capables de discernement sont pénalement responsables des crimes, délits ou contraventions dont ils ont été reconnus coupables, dans des conditions fixées par une loi particulière qui détermine les mesures de protection, d'assistance, de surveillance et d'éducation dont ils peuvent faire l'objet.Cette loi détermine également les sanctions éducatives qui peuvent être prononcées à l'encontre des mineurs de dix à dix-huit ans ainsi que les peines auxquelles peuvent être condamnés les mineurs de treize à dix-huit ans, en tenant compte de l'atténuation de responsabilité dont ils bénéficient en raison de leur âge.'

Article 23: L'article 34 de l'ordonnance n° 45–74 du 2 février 1945 précitée est ainsi rétabli: 'Art. 34. Lorsque le mineur est placé dans l'un des centres prévus à l'article 33, les allocations familiales sont suspendues. Toutefois, le juge des enfants peut les maintenir lorsque la famille participe à la prise en charge morale ou matérielle de l'enfant ou en vue de faciliter le retour de l'enfant dans son foyer. Les allocations familiales suspendues concernent la seule part représentée par l'enfant délinquant dans le calcul des attributions d'allocations familiales.'

Article 38: I. Après l'article 148–1 du code de procédure pénale, il est inséré un article 148–1–1 ainsi rédigé: 'Art. 148–1–1. Lorsqu'une ordonnance de mise en liberté d'une personne placée en détention provisoire est rendue par le juge des libertés et de la détention ou le juge d'instruction contrairement aux réquisitions du procureur de la République, cette ordonnance est immédiatement notifiée à ce magistrat. Pendant un délai de quatre heures à compter de la notification de l'ordonnance du procureur de la République, et sous réserve de l'application des dispositions du dernier alinéa du présent article, la personne mise en examen ne peut être remise en liberté et cette décision ne peut être adressée pour exécution au chef de l'établissement pénitentiaire.

Bibliography

Bédier, L. (2001), 'La loi renforçant la protection de la présomption d'innocence et les droits des victimes', *Regards sur l'actualité* (Documentation française), Juin 2001, no. 272, pp. 3–16

Bezat, J.-M. 1 June 2000. 'La loi sur la présomption d'innocence est définitivement adoptée', *Le Monde*, p. 7

Ceaux, P. and Prieur, C. 19 June 2001. 'Le nombre de gardes à vue baisse de plus de 10% depuis le début de l'année', *Le Monde*, p. 10

Chambon, F., Krémer, P., Mathieu, M. 7 August 2002. 'La loi sur la justice alarme les syndicats et les associations', *Le Monde*, p. 5

Descombres, V. (1997), 'Chroniques d'outre-nombre', *Pénombre*, avril 1997, No 2, www.penombre.org, accessed 4 March 2003

Fralon, J.-A. 2 January 2001. 'Premières heures d'application, premiers grincements', *Le Monde*, p. 7

Inchauspé, D. (2001), *L'innocence judiciaire – dans un procès, on n'est pas innocent, on le devient*, Paris, Litec

Le Guhenec, F. (2001), 'La loi du 15 juin 2000: entre contraintes et libertés. La réforme la plus importante depuis 1958', *Après-demain*, juin–septembre 2001, no 435–436, pp. 21–24

Loi numéro 2000–516 du 15 juin 2000 renforçant la protection de la présomption d'innocence et les droits des victimes, *Journal Officiel*, no. 138, 16 juin 2000, p. 9 038

Loi numéro 2002–1138 du 9 septembre 2002 d'orientation et de programmation pour la justice, *Journal Officiel*, no. 211, 10 septembre 2002, p. 14 934

Mathieu, M. 16 January 2003. 'Un projet de loi spécifique vise à renforcer la répression de la violence routière', *Le Monde*

Pereira, A. et Prieur, C. 2 January 2001. 'La loi renforçant la présomption d'innocence entre en vigueur', *Le Monde*, p. 7

Premier aperçu de la loi Perben, http://www.dalloz/service/dossier_dalloz.asp?dos=6143

Prieur, C. 13 April 2002. 'Le débat sur la sécurité a accru le nombre de détentions provisoires', *Le Monde*, p. 11

Prieur, C. 13/14 October 2002. 'Le gouvernement veur offrir aux victimes de nouveaux droits', *Le Monde*, p. 10

Prieur, C. 16 July 2002. 'Les associations des droits de l'homme sont consternées par le projet de loi sur la justice', *Le Monde*

Prieur, C. 15 March 2003. 'Les premiers centres éducatifs fermés prêts à accueillir des mineurs', *Le Monde*, p. 10

Prieur, C. 21 November 2002. 'Trente nouvelles prisons doivent être construites avant 2007', *Le Monde*, p. 8

Prieur, C. 2 January 2001. 'Une réforme imposée par le droit européen', *Le Monde*, p. 7

Trouille, H. (2000), 'Holiday Camp or Boot Camp? Where does France stand in the Prison Reform Debate?', *The Justice Professional*, vol. 13 2000, pp. 391–403

Trouille, H. (1994), 'The *juge d'instruction* – a figure under threat or supremely untouchable?', *Modern and Contemporary France*, vol NS2, no. 1, January 1994, pp. 11–19

Vasseur, V. (2000), *Médecin-Chef à la prison de la Santé*, Paris: Le cherche midi éditeur

West, A. (2000), 'Reform of French Criminal Justice', *New Law Journal*, October 20 2000, pp. 1542–1543 (Part I) and November 3 2000, pp. 1630–1631 (Part II)

Pascale Feuillée-Kendall
Helen Trouille

Epilogue – *Faut-il avoir peur des juges?*

Our conclusion, that it is primarily the Executive we should fear rather than the *juge*, and that we should fear *for* the *juge* at least as much as being fearsome of him, is borne out by a brief consideration of recent history.

In the course of the twentieth century, the judiciary has experienced moments of which it is less than proud. We refer specifically to the treatment of members of the French resistance under the Vichy regime and to judgments passed during the Algerian War, times when certain *juges* were prevailed upon by those in positions of authority to act for political ends rather than in the interests of justice. Indeed, it has been said that the twentieth century is a century in which human rights have been seen to be repeatedly violated, despite an increased awareness of the need to observe them. Following these periods reflected upon with shame by the profession, in the nineteen seventies a new generation of *juges* emerged, subsequently referred to as the *juges rouges*[1] after their political leanings, a generation which refused to be cowed by the leading classes of the time. These are the first *juges* bold enough to take on industrialists infringing the law, and to succeed in bringing them to account. The election of François Mitterrand in 1981 and the constitution of a socialist government at last opened new horizons for the judiciary, optimistic of a less-corrupt leading class which would not try to pin their professional wings, subjugating justice to political power. But they were soon to be disappointed, discovering that the leaders of the Left were accompanied by as many scandals as their right-wing predecessors had been (Affaire Urba, Carrefour du

1 Name given to certain members of the left-wing *Syndicat de la magistrature* in the nineteen seventies.

développement). Scandals appeared to abound across the political spectrum, and the *juges* were obliged to accept that they were faced with not simply a dilemma of political allegiance – was one for or against the political party in power? – but an issue of being able to assert their neutrality against the politicians. Consequently, the *juges* were increasingly perceived by the political class as a thorn in their sides. Initiatives taken by successive Justice ministers to reform the system regularly foundered, passed by one administration only to be unpicked by its successor. The late twentieth century is littered with examples of this phenomenon, the last of which is Elisabeth Guigou's *loi sur la présomption d'innocence*, whose reforms are steadily being whittled away by Dominique Perben. There are many other famous names in the campaign for independence, and notable figures who have felt obliged to give up their fight in the face of adversity. Eva Joly left her post as *premier juge d'instruction* at the *Tribunal de grande instance* in Paris, where she was responsible for investigating cases of fraud. Her work had made her so 'inconvenient' that she had become accustomed to being followed and receiving threats to her life. Other *juges d'instruction* such as Eric Halphen[2] and Thierry Jean-Pierre,[3] frustrated by the barriers constantly placed in their way as

2 After investigating the scandal of the H.L.M. de Paris for seven years, and being removed from the case in 2001, Eric Halphen explained the reasons for his subsequent resignation, maintaining that he had been followed and filmed and his telephone tapped, and denouncing a *justice à deux vitesses*:

'Rien n'a changé pour le voleur de sac à main [...] alors que certains détournent des sommes considérables et ne sont pas jugés [...] La même justice pour tous [...] Plusieurs affaires, dont celle des H.L.M., m'ont fait toucher du doigt que cette justice n'existe plus [...] J'ai été calomnié et [...] mon instruction sur l'affaire des H.L.M. a été sabotée. On m'a mis des bâtons dans les roues tout le temps. On a sans cesse voulu m'empêcher d'enquêter.'('Le juge Eric Halphen démissionne'. lundi 14 janvier 2002. 7h23 Paris, A.P.)

3 Thierry Jean-Pierre is now an M.E.P. After his investigation of the Urba Affair, from which he was removed when he began to uncover information embarrassing to the socialist government, he found he was not entrusted with any major cases. In order to 'keep him quiet', he was offered (but refused) promotion in the West Indies, and the Balladur government appointed him to a government *mission sur le blanchiment et la corruption* between 1993 and 1994, deeming him safer inside their fold than outside (see Trouille, H. (1999) 'Spotlight on Thierry Jean-Pierre', *Contemporary French Civilization*, vol. 23 no. 1, pp. 81–94).

they investigated cases of corruption, abandoned their jobs, and endeavoured to embrace a career in politics to tackle the issue from a different angle.

Today, as we wonder about the fate of Jacques Chirac when his final presidential period of office comes to an end and presidential immunity is no longer his privilege, and as we marvel at the decision of the Courts in exonerating Roland Dumas of any involvement in the Elf scandal, we can only hope that, since it is the politicians who make our laws, the *juges* really are, in the words of Antoine Garapon, the last *gardiens des promesses*.[4]

4 Garapon, A. (1996), *Le gardien des promesses,* Paris, Editions Odile Jacob.

Petit lexique français

Action publique: action en justice menée le plus souvent par les procureurs de la République.

Accusatoire: système judiciaire des pays ‘anglo-saxons’ où, dès le début de la procédure, accusation et défense disposent en principe de droits équivalents et de la même marge de manœuvre devant un juge qui n’a qu’un rôle d’arbitre. Le système accusatoire ne connaît pas de juge d’instruction à la différence du système inquisitoire français.

Amnistie: décision législative qui met un terme à l’action publique, ayant pour effet de faire disparaître les poursuites pénales d’une action et qui efface la peine prononcée totalement ou partiellement sans effacer les faits. C’est une sorte de pardon légal.

Appel: possibilité der faire réexaminer une affaire jugée une première fois. Depuis 2000, cette possibilité, qui n’existait que pour les jugements correctionnels et civils, est instaurée pour les jugements rendus par les cours d’assises.

*Arme par destination: tout objet qui peut servir à blesser quelqu’un ou à détruire quelque chose, même si ce n’est pas son usage premier ou principal. La possession d’une bouteille en verre ou d’un morceau de tuyau en plastique par exemple peut constituer un motif d’inculpation, comme armes par destination.

Arrêt: décision rendue par une cour quelle que soit son niveau (cour d’appel, cour d’assises, Cour de Cassation et cour européenne des droits de l’homme).

*Arrêté Préfectoral de Reconduite à la Frontière (A.P.R.F.): mesure administrative qui impose de quitter le territoire français immédiatement et permet à la préfecture de mettre en route une procédure d'expulsion. Soit on procède à une arrestation sans titre de séjour, un A.P.R.F. est alors délivré au cours de la garde-à-vue et l'individu visé a 48 heures pour faire un recours contre cet arrêté au tribunal administratif (T.A.). Soit cet arrêté est signifié à l'individu après l'expiration d'une Invitation à Quitter le Territoire, dans ce cas, ce dernier a sept jour pour déposer un recours au T.A. L'A.P.R.F. arrive par pli recommandé et la préfecture le considérera comme reçu et il n'y aura plus de possibilité d'appel. Le recours au T.A. est suspensif. Tout arrêté sans interjection d'appel est définitif.

Assassinat: meurtre prémédité.

Assesseur: magistrat adjoint à un juge principal pour l'aider dans ses fonctions ou le suppléer en son absence. Le Président consulte ses assesseurs qui sont généralement au nombre de deux.

Audition: c'est le fait pour le juge d'entendre les personnes concernées par un procès: adversaires, témoins ou tiers.

Auxiliaires de justice: personnes qui participent au fonctionnement de la justice sans être fonctionnaires (avocats, huissiers de justice, experts, gérants de tutelles…).

Avocat général: magistrat du Parquet qui représente le ministère public devant les cours d'appel, la cour d'assises, la Cour de Cassation, la chambre de l'Instruction.

Barreau: ensemble des avocats d'un tribunal de grande instance.

Bâtonnier: représentant élu tous les deux ans par les avocats d'un même barreau, exerçant un pouvoir de poursuite disciplinaire sur les autres avocats, consistant à veiller au respect de la déontologie de la profession en jouant un rôle d'arbitre.

*Centre de détention: accueille les condamnés considérés comme présentant les perspectives de réinsertion les meilleures. Le régime de détention est principalement orienté vers la resocialisation des détenus.

*Centre pénitentiaire: c'est un établissement mixte qui comprend au moins deux quartiers à régimes de détention différents (maison d'arrêt, centre de détention et/ou maison centrale).

Chambre d'accusation (appelée aujourd'hui chambre de l'instruction): formation de la cour d'appel qui statue sur les décisions du juge d'instruction susceptibles d'appel. Elle examine obligatoirement l'instruction de toutes les affaires criminelles avant qu'elles ne soient renvoyées le cas échéant devant la cour d'assises. Est composée de trois juges.

Chancellerie: nom donné au ministère de la justice, 'place Vendôme', à Paris.

Citation directe: procédure par laquelle le prévenu est poursuivi devant le tribunal sans qu'il y ait d'instruction et sur le fondement de la procédure d'enquête policière.

Classement sans suite: possibilité offertes aux procureurs de la République de ne pas poursuivre l'auteur d'une infraction.

Collégialité: principe qui consiste pour les juges à rendre leurs décisions après avoir jugé une affaire et en avoir délibéré à plusieurs. Depuis une vingtaine d'années, plusieurs gardes des sceaux ont souhaité étendre le principe de cette collégialité au juge d'instruction, notamment lorsque ce dernier doit instruire une affaire dite 'sensible'.

Code: ouvrage regroupant l'ensemble des textes applicables à une même branche du droit (civil, pénal, de commerce, de procédure civile, de procédure pénale, du travail…).

Commis d'office (avocat): se dit d'un avocat lorsqu'il est désigné par son bâtonnier ou par le président d'un tribunal, pour assurer au pénal la défense d'un individu sans conseil.

Commission rogatoire: acte par lequel le magistrat instructeur délègue ses pouvoirs à un autre magistrat ou à des officiers de police judiciaire en les chargeant d'accomplir à sa place un acte d'instruction (ex: audition d'une victime, complément d'enquête préliminaire…).

Comparution: fait de comparaître devant un juge. En cas de flagrant délit, le délinquant se voit souvent cité en comparution immédiate. La seule condition est que son affaire soit en état d'être jugée.

Comparution immédiate: procédure consistant à juger quelques heures après leur arrestation des délinquants présumés arrêtés en flagrant délit.

Condamné en prison: personne détenue dans un établissement pénitentiaire en vertu d'une condamnation judiciaire définitive.

Confusion des peines: celui qui a commis plusieurs crimes ou délits n'exécute que la peine la plus lourde. Elle ne peut concerner que des faits qui n'ont pas été commis en situation de récidive.

Conseil Supérieur de la Magistrature (C.S.M.): institution présidée par le président de la République qui nomme et sanctionne les magistrats.

Conseiller: magistrat appartenant à une cour ou à un conseil (cour d'appel, Conseil d'État, Cour de Cassation).

Contrôle judiciaire: mesure qui, sans la placer en détention, astreint une personne à laquelle il est reproché d'avoir commis un délit ou un crime à se soumettre à certaines obligations (obligations de ne pas s'absenter de son domicile, ne pas se rendre dans certains lieux, ne pas voir certaines personnes, se soumettre à des mesures de soins…).

Contumace: jugement devant une cour d'assises d'un accusé en fuite.

Cour d'appel: juridiction de deuxième degré.

Cour d'assises: juridiction exclusivement compétente pour connaître des crimes; elles est composée de magistrats professionnels et de juges populaires, tiré au sort sur les listes électorales (le jury). Ces derniers peuvent être récusés selon des règles strictes.

Débats: phase du procès durant laquelle la parole est donnée notamment aux parties ou à leur avocat.

Délibéré: phase terminale de réflexion au cours de laquelle les juges se consultent avant de rendre une décision.

Défense: terme général désignant les avocats des prévenus, mis en examen et accusés.

Délit: infraction pénale plus grave qu'une simple contravention, mais moins grave qu'un crime.

Dépôt: ensemble des cellules qui dépendent des palais de justice et dans lequel attendent les personnes qui doivent être présentées à un magistrat.

Dessaisissement: décision qui consiste à retirer à un juge d'instruction un dossier pour le confier à un autre juge.

Détention provisoire: incarcération d'un mis en examen avant l'ouverture de son procès.

Ecole Nationale de la Magistrature (E.N.M.): unique institution de formation initiale et permanente des magistrats. Elle est située à Bordeaux.

Éducation surveillée: désigne les services qui ont pour mission de prendre en charge l'éducation et la protection des mineurs délinquants.

*Educateur: personnel du ministère de la justice chargé de la réinsertion sociale des jeunes délinquants et du suivi des mineurs en danger. Il conseille les magistrats sur les mesures à appliquer aux jeunes délinquants et mineurs et il intervient dans le suivi des décisions en s'assurant que le jeune évolue correctement dans son nouveau cadre de vie (hébergement en famille d'accueil, institutions spécialisées, foyers…) et en l'aidant à reconstituer les liens qui l'unissent à sa famille et à la société.

Enquête préliminaire: recherches effectuées par la police sous l'autorité exclusive du parquet.

*Enquête sociale: mesure confiée par une juridiction à un enquêteur social pour faire connaître les conditions de vie d'une personne.

Extradition: procédure qui conduit un pays à livrer un ressortissant étranger recherché par la justice de son pays.

Flagrant délit: délit qui est en train de se commettre ou vient de se commettre, constaté par la police judiciaire. Lorsque le fait est punissable d'une peine de prison, le parquet peut présenter rapidement le prévenu devant le juge lors d'une audience dite de comparution immédiate pour qu'il soit jugé.

*Fouille à corps: contrairement à la palpation, la fouille à corps est une fouille complète avec déshabillage, voire toucher rectal. Elle ne peut avoir lieu qu'en cas de garde à vue et doit être effectuée par une femme pour les femmes. Le non respect de cette disposition peut être une cause d'annulation de procédure.

*Foyer d'action éducative: établissement prenant en charge des jeunes en danger ne pouvant plus rester dans leur famille.

Garanties de représentation: garanties démontrant qu'une personne se représentera à une audience ultérieure sans qu'il soit nécessaire de l'incarcérer.

Garde à vue: pour les nécessités d'une enquête, un officier de police judiciaire peut retenir une personne dans les locaux du commissariat ou de la gendarmerie pendant 24 heures maximum si elle est suspectée d'avoir commis un crime ou un délit. Le procureur de la République doit en être informé. Il peut autoriser la prolongation de la garde à vue pour un nouveau délai de 24 heures maximum. Dans les affaires de trafic de stupéfiants ou de terrorisme, sa durée peut être de quatre jours. Les prises de photos ou d'empreintes sont possibles, en revanche, l'A.D.N. doit être demandé à la personne qui peut refuser de le donner (cracher sur un buvard).

Grâce: droit appartenant au seul président de la République de dispenser un condamné de l'exécution de sa peine, totalement ou partiellement.

Greffier: nom donné au fonctionnaire de la justice qui, sans être magistrat, collabore à la mise en forme des procédures, à leur organisation, au secrétariat des juridictions.

Huis clos: audience pénale tenue hors de la présence du public généralement pour préserver la vie intime des personnes (les mineurs). La décision est toujours rendue en audience publique.

Imprescriptibilité: notion s'appliquant aux crimes contre l'humanité qui ne peuvent bénéficier du droit à l'oubli après que vingt ans soient passés.

Incarcérer: mettre en prison une personne.

Infraction: action de violer la loi qu'on classe en trois degrés: la contravention, le délit et le crime.

Inquisitoire: système judicaire à la française dans lequel les magistrats ont l'initiative de la poursuite et de l'instruction.

Intérêts civil: désigne les indemnités accordées aux victimes d'un délit ou d'un crime.

Interrogatoire: acte par lequel le magistrat instructeur interroge le mis en examen sur les faits qu'il est chargé d'instruire.

*Interdiction du territoire français (interdiction d'entrée et de séjour).

*Invitation à Quitter le Territoire (I.Q.T.): cette mesure administrative, qui est transmise par courrier, en général en même temps qu'un refus de séjour, donne un mois pour quitter le territoire.

Juge: magistrat du siège, inamovible.

Juge de l'application des peines (J.A.P.): magistrat en charge du suivi de l'exécution de la peine des condamnés.

Juge des enfants: magistrat en charge, au pénal comme au civil, de tous les dossiers de mineurs.

Juge des libertés et de la détention (J.L.D.): depuis 2000, ce magistrat a repris au juge d'instruction certaines de ses prérogatives (mise en détention provisoire, mise en liberté des prévenus).

Jugement: décision rendue par une juridiction de premier degré. Au sens large, désigne toute décision de justice.

Jurés: citoyen qui fait partie du jury d'une cour d'assises. Le jury comprend neuf jurés désignés par tirages au sort. Il délibère avec la cour (le président et les deux assesseurs, magistrats professionnels), pour se prononcer sur la culpabilité de l'accusé et la peine. Après discussion, la décision est prise par vote à bulletin secret.

Libération conditionnelle: mise en liberté anticipée et sous contrôle du J.A.P. d'un condamné qui a subi une partie de sa peine.

Magistrat: tout membre de l'ordre judiciaire, qu'il dépende du ministère public ou du siège.

Magistrature assise: ensemble des juges du siège qui rendent les jugements, ainsi nommés car ils prennent la parole 'assis'. Ils sont en principe indépendants et inamovibles. Le terme s'oppose à celui de magistrature debout, qui désigne les représentants du ministère public. Ces derniers 'se lèvent' pour prendre la parole.

Maison d'arrêt: reçoit en principe les prévenus et les condamnés dont la peine restant à accomplir est inférieure à un an.

Maison centrale: reçoit les condamnés aux longues peines.

Mandats: ordres écrits délivrés par le magistrat instructeur en vue d'obtenir la comparution ou la mise en détention provisoire du mis en examen. Il en existe quatre sortes:

– Mandat de comparution: il a pour objet de mettre le mis en examen en demeure de se présenter devant le juge à la date et à l'heure indiquées par ce mandat.

– Mandat d'amener: c'est l'ordre donné par le juge à la force publique de conduire immédiatement le mis en examen devant lui.

– Mandat de dépôt: il contient l'ordre d'incarcérer et de détenir un mis en examen qui se trouve déjà à la disposition du juge.

– Mandat d'arrêt: outre l'ordre d'incarcérer et de détenir une personne, il contient l'ordre de l'arrêter d'abord (ceci suppose que celui-ci est en fuite).

*Menace pour l'ordre public: notion assez mal définie juridiquement qui est, de fait, laissée à l'appréciation des autorités administratives. Si elle est invoquée, elle permet une répression accrue. Il n'est pas nécessaire d'avoir été condamné pour en être l'objet; aucune condamnation n'implique a priori le recours à cette notion.

Mineur: enfant, adolescent qui n'a pas atteint la majorité légale fixée à 18 ans.

Ministère public: autre nom pour désigner les magistrats du parquet.

Mise en examen: a remplacé le terme inculpation pour désigner la décision d'un juge d'instruction par laquelle ce dernier notifie à une personne les charges qui pèsent sur elle.

Non-lieu: décision par laquelle un juge d'instruction ou une chambre d'instruction signifie qu'aucune charge n'a été retenue contre la personne mise en examen.

O.P.J.: officier de police judiciaire. Ce policier ou ce gendarme est habilité à procéder à des perquisitions, à entendre des témoins ou des suspects, dans le cadre d'enquêtes judiciaires.

Opportunités des poursuites: pouvoir des magistrats du ministère public de classer sans suite un dossier, ou au contraire d'engager des poursuites judiciaires pour 'une bonne administration de la justice'.

Palpation: contrairement à la fouille à corps, la palpation se fait par toucher extérieur aux vêtements. Elle peut avoir lieu avant un contrôle d'identité. Elle doit être effectuée par une femme pour les femmes.

Parquet: service placé sous l'autorité du procureur de la République représentant les intérêts de la société. Procureurs généraux, procureurs, substituts ont un lien de subordination hiérarchique qui les rattache aux instructions du ministère de la justice.

Pourvoi: acte de procédure ayant pour but de saisir la Cour de Cassation, agissant sur le seul plan du droit.

Présomption d'innocence: principe qui veut que tout mis en examen est présumé innocent tant qu'un tribunal ou une cour ne l'a pas condamné définitivement.

Preuve: élément ou document permettant d'établir la réalité d'un fait ou d'un acte juridique.

Prévenu: personne détenue dans un établissement pénitentiaire qui n'a pas encore été jugée ou dont la condamnation n'est pas définitive.

Procureur de la République: responsable hiérarchique du ministère public dans un tribunal de grande instance.

Procureur général: magistrat situé au sommet de la hiérarchie du ministère public à la cour d'appel, et à la Cour de Cassation.

Protection judiciaire: mesures applicables au mineur délinquant âgé de 16 ans et pouvant se poursuivre au delà de sa majorité (placement, mesure de protection en milieu ouvert).

Proximité: la réforme de la justice de 2002 instaure des juges de proximité chargés de trancher les petits conflits de voisinage et de sanctionner certains délits parmi les moins graves. Ces juges ne sont pas des magistrats professionnels.

Récusé: action visant à refuser la nomination d'un juré en cour d'assises, la déposition d'un témoin lors d'un procès, ou encore à contester la compétence d'un juge ou d'un tribunal.

Relaxe: décision qui reconnaît que le prévenu n'est pas coupable des faits qui lui sont reprochés.

Requête: demande écrite adressée à un magistrat de la part d'un justiciable ou d'un avocat.

Réquisitoire: arguments et demandes formulés par un magistrat du parquet, oralement ou par écrit.

Ressort: espace géographique dépendant d'un tribunal ou d'une cour.

Semi-liberté: ménagement de la peine qui permet au condamné de sortir de l'établissement pénitentiaire pour exercer une activité professionnelle, suivre une formation ou recevoir un traitement médical. Le condamné doit rejoindre quotidiennement l'établissement pénitentiaire.

Service pénitentiaire d'insertion et de probation: il est composé d'éducateurs et d'assistants sociaux chargés des détenus et des sortants de prisons ainsi que des condamnés faisant l'objet de mesures de sursis avec mise à l'épreuve ou de travail d'intérêt général.

Siège: désigne l'ensemble des juges qui rendent des jugements et des arrêts par opposition aux magistrats du parquet.

Substitut: magistrat placé sous l'autorité d'un procureur de la République.

Suspicion légitime (procédure en): permet à une partie dans un contentieux judiciaire de demander le retrait d'un juge en cas de partialité avérée de ce dernier.

Sursis simple: suspension de l'exécution de la peine à condition que l'individu n'ait pas été déjà condamné à une sanction lourde et qu'il ne commette pas d'autre infraction pendant les cinq années suivantes.

Sursis avec mise à l'épreuve: suspension de l'exécution d'une peine d'emprisonnement à condition que le condamné satisfasse à des obligations qui lui sont imposées. A défaut, le sursis sera révoqué et la peine exécutée.

Travail d'intérêt général (T.I.G.): sanction réparatrice qui impose à un mis en examen un certain nombre d'heures de travail, sans contrepartie financière.

Tribunal correctionnel: formation qui, dans un tribunal de grande instance, juge des les délits.

Tribunal de grande instance: on y juge toutes les procédures correctionnelles. On y trouve le procureur de la République, les juges d'instruction, juges pour enfants, et les J.A.P.

Tribunal d'instance: compétence pour certains petits litiges dans le domaine rural.

* Les mots précédés d'une astérisque correspondent à des mesures administratives.

Remerciements à Laurent Greilsamer et Daniel Schneidermann, Jean-François Lacan, l'Académie de Montpellier, Pajol, et les membres de Libertaire.Free.

Notes on Contributors

ROGER BRIOTTET is a Senior Consultant with the United Nations. He advises on Human Rights Law (he was Adviser to the Ombudsman in Haiti) and Administrative Law (for the East Timor Government). A former academic, he is a specialist in French legal issues and has an interest in current reform.

PASCALE FEUILLÉE-KENDALL is Lecturer in French Studies in the Departments of French Studies and Legal Studies at the University of Reading. She worked as a legal consultant in France before moving to England. She has devised a Human Rights option aimed at directing her students towards further study for an LLM. She has published on French Law in the United Kingdom and the United States of America. She has spoken at the Institut Français in London on issues relating to French Law and has appeared on television as a consultant.

JOËLLE GODARD lectures in French Law and Comparative Criminal Procedure, particularly the French, Scottish and English legal systems, in the Department of Private Law, University of Edinburgh (Scotland). She is also Co-director of the Franco-British Lawyers Society.

MALCOLM HARVEY is maître de conférences at the Centre de recherches en terminologie et traduction, Université Lumière Lyon 2 (France). His areas of interest are legal language and translation.

JACQUELINE HODGSON (LLB, Ph.D.) is a senior lecturer in the School of Law, University of Warwick. She has researched and published widely in the area of both French and U.K. criminal justice. Much of her work stems from her own empirical research both in the U.K. (the organisation and practices of criminal defence lawyers; custodial legal advice and the right to silence (for the 1993 Royal

Commission on Criminal Justice); and miscarriages of justice) and in France (the investigation and prosecution of crime). She is currently writing an evaluative empirical account of the French criminal process, supported by the A.H.R.B. and to be published by Hart Publishing.

SIR THOMAS LEGG Q.C. is Co-director of the Franco-British Lawyers Society and was Permanent Secretary of the Lord Chancellor's Department between 1989 and 1998.

PIERRE LUMBROSO is an *avocat* at the *Cour d'appel* in Paris. He has published several books on the rights of the defense in France.

ALEXANDRE NANCHI is a lecturer and researcher in the Faculté de Droit, Université Jean Moulin – Lyon 3, (France).

JAMES RAYMOND was Professor of English and Director of English Composition at the University of Alabama (U.S.A.) from 1973, and Assistant Dean in the Graduate School between 1979–1985. He has published widely on writing and language and in particular on legal writing. He has worked as a lecturer and consultant in legal writing for a large number of legal bodies and associations including the National Academy for Judicial Education, the Arizona Bar Association, the Supreme Court of Alabama, the National Conference of Law Reviews and the National Institute for Corrections, and he has also lectured abroad in Canada, New Zealand and in several African states. He is currently based in New York, where he works as a consultant in legal writing.

GILLES SAINATI is *Secrétaire Général* of the French lawyers' trades union, the *Syndicat de la magistrature*.

FRANCESCA SINISCALCHI has a Law degree and Ph.D. in Comparative and Constitutional Law from the University of Rome (Italy). She also studied the Philosophy of Law at the University of Fribourg (Switzerland) and taught civil Law at the University of Trier (Germany). Since 1994, she has worked as a lawyer-linguist for the

European Union, firstly at the European Parliament, Luxembourg and now at the European Commission in Brussels.

HELEN TROUILLE is Head of French and Lecturer in French Studies in the Department of Languages and European Studies, University of Bradford. Her research focuses on justice in France and the French legal system. She has published, both in the United Kingdom and abroad, on aspects of French criminal justice and in particular on the role of the *juge*. She also acts as a consultant on legal terminology. She is currently writing on the impact on the *juge* of recent reforms, a project supported by the A.H.R.B.

FSC
www.fsc.org
MIX
Papier | Fördert
gute Waldnutzung
FSC® C083411

Kolibri 360 GmbH
Ferdinand-Jühlke-Straße 7
99095 Erfurt, Deutschland
produktsicherheit@kolibri360.de

Druck:
CPI Druckdienstleistungen GmbH
im Auftrag der
Kolibri 360 GmbH
Ferdinand-Jühlke-Str. 7
99095 Erfurt